理想青年

朱光潜

上海文艺出版社

前言

大约近二十年前，在一次大学书展上，我以半价购得洋洋二十卷本的《朱光潜全集》，一路上手提肩扛，颇赢得了些赞叹和钦服的注视。如今，朱光潜先生新的全集早已经出版，我的那套旧版仍然躺卧在书架寂静的角落，仿佛二十年的光阴只是一转身罢了。不过仔细一些，依然可以察觉封皮悄然隐褪的淡黄色泽和书脊上落上的细的尘埃，这转瞬的二十年剩下的难道只有渐渐褪去的光泽和慢慢累积的尘埃？

为了打捞记忆里那些曾经闪亮的片段，也为了把从先生那里获得的教益传递出去，我发心编一本朱光潜先生的集子——首先想到的，是他关于修养的那部分文章。

朱光潜先生对青年的教育和成长特别关注，他说，"我们这个时代的中国青年所负的责任特别繁重，中国事有救与无救，就全要看这一代人的成功与失败"。青年的责任是重大的，如何引导青年培育良好的修养，责任同样重大。为此，他专门写作了《给青年的十二封信》《给现代中国青年》《给〈申报周刊〉的青年读者》等一系列的文章，结合社会现实和自我体认，与青年谈为己为人的修养学问。受过先生谆谆教诲的青年，如今已是耄耋老人，但现在看那些文字，依然可亲可学，因为这不仅是先生对一代青年修养的诊治，更是他对每一代青年人的期望。

一

集子分三个部分，第一部分称作"天地之间"，讲社会人的自我意识与实现。

人生天地间，总要与形形色色的人和物打交道，先前不少人谈论修养，往往拘囿于个人修为涵养的内向自足或只限于待人接物，而朱光潜先生却把修养的范围扩大到人与整个社会的关系。个人修养问题必须立足个体，同时必须面向社会去找答案。

作为一个曾经是青年的"过来人"，朱光潜首先向青年们展示了一个延续了无数代、吞噬了无数青年的残酷的"幻灭三部曲"："青年们常喜欢把社会一切毛病归咎于站在台上的人们，其实在台上的人们也还是受过同样的教育，经过同样的青年阶段，他们也曾同样地埋怨过前一辈子人。由此类推，到我们这一辈子青年们上台时，很可能地仍为下一辈子青年们不满。今日有理想的青年到明日往往变成屈服于事实而抛弃理想的堕落者。"一语道破了古今多少人的通病，那令人哀惋的"追求""彷徨""堕落"辗转循环的三部曲吞噬了多少青年的热情和志向？

在他看来，青年们最大的问题就是没有觉悟，没有认清自己在历史、社会中的位置，只浑浑噩噩随波逐流，醉生梦死。觉悟，就是要认清自己在时空中的位置，认清个人与社会的本位关系，处理好个体与群体的关系，做好相应的训练，并以此作为青年修身立志的基础。为此，朱光潜讨论了中西古今两种不同的伦理观：

中国古代的儒家思想侧重个人本位，认为在家是好人，对社会才是好人，个人好，社会才好；西方近现代思想是社会本位，认为一个人对社会是好人，才算好人，社会好，个人才容易好。西风东渐之后，社会本位逐步成为中国社会的共识，但作为一个喝过"洋墨水"的现代知识分子，朱光潜并不因此简单否定个人本位。他提出了一个很现实的问题：假如一个社会坏到不易收拾的地步，有什么原动力可以改善它呢？这个时候，儒家提倡的个人修养对于社会改良的意义就显得特别重要了。

因而朱光潜既赞同西方式的真美善的追求，也推重儒家"乐的精神和礼的精神"。他认为，儒家通过礼和乐构建了一套完整的教育学和政治学，乐主和，礼主敬，乐的精神在和，礼的精神在序。和是内涵，序是外观，和顺积中，人的情欲、人与人的关系得到调和归于正，则英华外发，礼乐和合是理想之人格修养。朱光潜同样不否认，对于现代公民来说，青年的教育需要在社会、人群中实现，"群育"是教育的主旨之一，青年应当通过处群的训练增进自己的德业修养，承担起对于民族国家的责任。

之所以一再与青年讨论个人与社会的关系，是因为朱光潜认为，"现在中国社会的最大病象，在每个人都埋怨旁人而同时又在跟旁人一样因循苟且。大家都在想：中国社会积弊太深，多数人都醉生梦死，得过且过，纵然有一二人想抵抗潮流，特立独行，也无济于事，倒不如随波逐流，尽量谋个人的安乐。如果中国真要亡的话，那也是'天倒大家当'！"这种心态在当时是普遍的，也是致命的，当代的青年未必能拍着胸脯说自己没有。如何应对青年的这种心理呢？朱光潜提出了此身、此时、此地的"三此主义"：一、此身应该做而且能够做的事，就得由此身担当起，不推诿给旁人。二、此时应该做而且能够做的事，就得在此时做，不拖延到未来。三、此地应该做而且能够做的事，就得在此地做，不推诿到想象中的另一地位去做。"这是朱光潜一以贯之的人生信条，是他个人修养最集中的体现。

这"此身、此时、此地"，是彻彻底底的"个人主义"——自己的责任必须自己担起来，成功是我的成功，失败也是我的失败，不怨天，不尤人，下学而上达。他用饱含感情的文字描述了个人对于社会的价值："我们应明白：社会越恶浊越需要有少数特立独行的人们去转移风气。一个学校里学生纵然十人有九人奢侈，一个俭朴的学生至少可以显出奢侈与俭朴的分别，一个机关的官吏纵然十人有九人贪污，一个清廉的官史至少可以显出贪污与清廉的分别。好坏是非都由相形之下见出。一个社会到了腐败的时候，大家都跟着旁人向坏处走，没有一个人反抗潮流，势必走到一般人完全失去好坏是非分别的意识，而世间便无所谓羞耻事了。所以全社会都坏时，如果有一个好人存在，他的意义与价值是不可测量的。"

同时，"三此主义"也是"现实主义"和"理想主义"的。

说它是"现实主义"，因为朱先生从来不在现实的社会生活之外寻求人生理想价值，他说自己的信条一言以蔽之，"从现世修来世"。他主张立志修身要接受现在的事实，抓住现在的机会，不把现在应做的事情拖延到未来再做。青年树立个人理想更要以尊重事实为基础，不与事实相冲突，维持愿望与能力的平衡；本分人做本分事，脚踏实地，丝毫不带一点浪漫情调。

说它是"理想主义",因为朱先生认为说话做事,一方面要顾及当然,一方面也要顾及可然。为什么很多青年发愿改造现实环境却无法坚持到底,最终反而被环境所改变?因为他们的精神没有超脱现实,一旦无法遂愿,又没有其他道路去寻求安慰,自然要失望悲观,进而向现实妥协。他认为有三种途径可以超脱现实,消除烦闷,一种是信仰,一种是美术,最后一种是天真烂漫的孩子气。

理想投影到现实行动就是学业、职业和事业的问题。朱光潜认为,择学择业首先要考虑个人的禀赋和兴趣,且不可误于名利观念。学业也好,职业也好,大家做事都为的是成就自己的事业。朱先生认为做好事业需要两种德行,一是"公",一是"忠":"公就是公道公理。一个问题的看法,一个事件的处理,都须依据一个客观的普遍的道理,对自己说得过去,对他人也说得过去,无论谁来看,都会觉得这是最合理的解决,学问也好,事业也好,都要尊重这种公道公理,才不会发生弊端……忠是死心塌地地爱护自己的职守,不肯放弃它或者疏忽它。把学问当作敲门砖,把职业当作营私的门径,就是不忠于所学所职,为着势利的引诱,放弃自己的学业或职业去做别的勾当,其行为也正等于汉奸卖国,都是不忠。"

"公""忠"精神的深处,是他对于生命价值的理解。朱光潜认为生命就是一种奋斗,不能奋斗,就失去了生命的意义与价值。能奋斗,则世间很少不能征服的困难。照他看来,人之所以为人,就在能不为最大的抵抗力所屈服。要改造中国社会,第一件工作就是消除懒惰,提倡奋斗精神。晚年的时候,朱光潜给别人题词,就多次题写"朝抵挡力最大的路径走"。这可以看作他一生奋斗的路标，也是他给青年指点的一条出路。

二

集子的第二部分是"理想青年"——青年与社会的关系固然重要，但关键还在青年自身修养的培育。朱光潜深切地感觉到，"中国社会所以腐浊，实由我们人的质料太差，学问、品格、才力，件件都经不起衡量。要把中国社会变好，第一须把人的质料变好。"在他看来，理想的青年需要具有四个方面的修养：运动选手的体格、科学家的头脑、宗教家的热忱、艺术家的胸襟。理想青年的人生也是多方面的，有三个独立的"宇宙"——"道德的宇宙""美术的宇宙""恋爱的宇宙"，青年需要按照不同的宇宙价值标准把自己打理好。

在人生与个人关系上，朱先生秉承"现实主义"的原则，主张"不在生活之外别求生活方法，不在生活之外别求生活目的"。即使在这现实的生活中，他仍然允许两种不同的人生理想和谐同存——"世间人有生来是演戏的，也有生来是看戏的。这演与看的分别主要地在如何安顿自我上面见出"。

但每个人可以走的路只有一条，在人生的岔路口做出选择，认定一个目标需要价值判断。朱先生回忆当年在英国读书时的老师对还是青年的他恳切教诲："大学教育在使人有正确的价值意识，知道权衡轻重。"进而指出，"做人只有两桩难事。一是如何对付别人，一是如何对付自己"，也就是"为己"还是"为人"。

朱光潜甚至宣称，"做学问、做事业，在人生中都只能算是第二桩事。人生第一桩事是生活。我所谓的'生活'是'享受'，是'领略'，是'培养生机'"。

"处世本是立身之一端，对人对物是敬持己则是谦虚……'敬'是对于生命最有价值的东西的眷恋，人类到失去虔敬情感的时候，就不会作向上的企图，使生命成为一种有价值的东西了。青年立志当然要高远，所以要找一座高山去敬仰攀登；立志又往往失之于虚空，所以还要找一座幽谷去承载容纳。谦虚度敬无疑是一味"清热祛火"的良药，说到底它是一种"自知之明"，"意识到人性的尊严而自尊，意识到自我的渺小而自谦，自尊与自谦合一，于是法天行健，自强不息，这就是《易经》所说的'谦尊而光，卑而不可逾。'"朱光潜认为，交友是与他人与社会交际的重要纽带，懂得了"敬"与"谦虚"，责己宜严，责人宜宽，则可多与人做同声相应、同气相求的真朋友、好朋友。

朱光潜对于读书和做学问也多有妙语。他认为天才其实就是知道自己刻苦用功的人，所谓资禀固然是天生的，是种子，但需要修养的努力才能发芽成树，开花结果。学问是由不知求知，由不能求能的工夫，并非读书人的特权，有许多读书人实在并非在做学问，也有许多实在做学问的人并不专靠读书。而学问的好处在于原来有问题的变成没有问题，原来没有问题的也可以变成有问题。前者是未知变成已知，后者是发现貌似已知实际上仍是未知，学问之难在此，学问之乐也在此。

三

集子的第三部分叫"身心之美"。德行学识的修养固然重要，但如果没有健康健全的生理心理素质也是不完善的，对此的漠视也是中国传统文人最为人诟病的地方之一。作为一个美学家和文艺心理学家，除了智育，对美育、体育和心理生理健康的探究提倡是朱光潜论修养新颖的地方。

朱光潜认为，"物有真善美三面，心有知情意三面，教育求在这三方面同时发展，于是有智育、德育、美育三节目。智育叫人研究学问，求知识，寻真理；德育叫人培养良善品格，学做人处世的方法和道理；美育叫人创造艺术，欣赏艺术与自然，在人生世相中寻出丰富的兴趣"。关于三者之间的关系，作者阐述很是精彩：德育并非陈腐条文的遵守，而是至性真情的流露。所以德育从根本做起，必须怡情养性。美感教育的功用就在于怡情养性，所以是德育的基础工夫。严格地说，善与美并不冲突，而且到最高境界，根本是一回事……一个真正有美感修养的人必定同时也有道德修养。

在朱光潜看来，理想的教育应当以人的全面发展为宗旨，德育、智育、美育、群育、体育并重。但由于各种条件的限制和时局的影响，五位一体的教育格局并未构建完成，造成很多青年的心理病态，主要表现为压迫、寂寞和空虚。他认为青年应当承担起应有的勇气，以实事求是的精神努力医治自己的心理疾病，形成健康心理。而对于青年来说，医治心理疾病，舒缓心理压力的一个有效药方就是动，使淤塞的能量得到宣泄，使积弱的灵魂得到振奋。"理想的教育应以发展全人为鹄的。全人包括身心两方面，修养也应同时顾到这两方面。"体格羸弱不仅影响学问事业，"对于一个人的心境脾胃以至于人生观都不免酿成了许多病态"，所以他呼吁："要真正想救中国，慢些谈学问，慢些谈政治，慢些谈道德，第一件要事，先把身体培养强健！要生活，先要储蓄生活力！"

要品味领悟自然社会人生之美，只动是不行的，还要有一个沉静冷静的心态。"现代生活忙碌，而青年又多浮躁。你站在这潮流里，自然也难免跟着旁人乱嚷。不过忙里偶然偷闲，闹中偶然觅静，于身于心，都有极大裨益。"他甚至半开玩笑地说，人在冷静时静观默察，处处触机生悟，便是"地行仙"。除此之外，作者对于青年的情爱、恋爱、婚姻问题都十分关心，给出了一系列的建议，这些建议也很值得当今的青年思忖。

中华民族以刻苦耐劳著称，工作上如此，学习上亦如此。但他认为身心都有其固定周期，需要通过休息、消遣调整，使身心得到休息滋养。栉风沐雨的精神虽然可敬，但对于身心两方面却容易造成危害，上帝还有安息日，何况凡人。"要想任何事做得好，做时必须精神饱满，工作成为乐事。一有倦怠或烦躁的意思，最好就把它搁下休息一会儿，让精神恢复后再来。人须有生趣才能有生机。生趣是在生活中所领略得的的快乐，生机是生活发扬所需要的力量。"消遣是休息的一种，通过游戏、娱乐等方式，让人的精力得到释放，这个放松的过程也是精力涵养的过程，只是少有人知。游戏和娱乐也是休息的一种形式，"一个人如果有正当的游戏和娱乐，对于生活兴趣一定浓厚，心境一定没有忧郁或厌倦，精神一定发扬活泼，做事一定勇往直前"。

如果一个青年在德育、智育、美育、群育、体育各方面都能照朱光潜先生的建议——完善自己的修养，那就是理想的青年，他的人生也就是先生所谓艺术的生活，也就是本色的生活，本色的生命。

书的最后还专门放了朱光潜的自传，阅读这篇自传，我们会发现，朱光潜先生谈修养，与其说是言传，不如说是身教。他实在是将自己此身、此时、此地的切身体会与实践历程讲给我们听，用他一生身教的无言之美启迪、教育着后来的有志青年，使他们警醒、振作。

另外，朱光潜先生当时的用字、用词、标点和部分国外译名与现行并不一致，但基本不影响阅读，因此除译名加注之外，其余一仍其旧，也以见语言之变化过程。

刘广

2019 年 2 月 28 日

目录

天地之间

一番语重心长的话 3
个人本位与社会本位的伦理观 10
乐的精神与礼的精神 17
处群的训练 36
给《申报周刊》的青年读者 45
在混乱中创秩序 50
谈理想与现实 55
谈十字街头 61
消除烦闷与超脱现实 65
学业·职业·事业 74
有志青年要做中小学教师 81
朝抵抗力最大的路径走 86

理想青年

谈理想的青年 97
看戏与演戏 102

谈多元宇宙 118
资禀与修养 123
谈立志 131
谈人生与我 137
谈摆脱 142
谈价值意识 146
谈谦虚 153
谈敬 163
谈英雄崇拜 168
谈交友 174
谈升学与选课 180
谈学问 185
"慢慢走，欣赏啊！" 192

身心之美

谈美感教育 203
谈青年的心理病态 213
谈恻隐之心 221
谈羞恶之心 229

谈动 235
民族的生命力 238
谈体育 243
音乐与教育 249
谈静 255
谈冷静 259
谈性爱问题 268
谈青年与恋爱结婚 275
再谈青年与恋爱结婚 281
谈休息 283
谈消遣 289
游戏与娱乐 295
生命 301

附：作者自传 309

天地之间

一番语重心长的话

——给现代中国青年

我在大学里教书,前后恰已十年,年年看见大批的学生进来,大批的学生出去。这大批学生中平庸的固居多数,英俊有为者亦复不少。我们辛辛苦苦地把一批又一批的训练出来,到毕业之后,他们变成什样的人,做出什样的事呢?他们大半被一个共同的命运注定。有官做官,无官教书。就了职业就困于职业,正当的工作消磨了二三分光阴,人事的应付消磨了七八分光阴。他们所学的原来就不很坚实,能力不够,自然做不出什么真正的事业来。时间和环境又不容许他们继续研究,不久他们原有的那一点浅薄学问也就逐渐荒疏,终身只在忙"糊口"。这样一来,他们的个人生命就平平凡凡地溜过去,国家的文化学术和一切事业也就无从发展。还有一部分人因为生活的压迫和恶势力的引诱,由很可有为的青年腐化为土绅劣豪或贪官污吏,把原来读书人的一副面孔完全换过,为非作歹,恬不知耻,使社会上颓风恶习一天深似一天,教育的功用究竟在哪里呢?

想到这点,我感觉到很烦闷。就个人设想,像我这样教书的人把生命断送在粉笔屑中,眼巴巴地希望造就几个人才出来,得一点精神上的安慰,而年复一年地见到出学校门的学生们都朝一条平凡而暗淡的路径走，毫无补于文化的进展和社会的改善。这种生活有何意义？岂不是自误误人？其次，就国家民族的设想，在这严重的关头，性格已固定的一辈子人似已无大希望，可希望的只有少年英俊，国家耗费了许多人力和财力来培养成千成万的青年，也正是希望他们将来能担负国家民族的重任，而结果他们仍随着前一辈子人的覆辙走，前途岂不很暗淡？

青年们常欢喜把社会一切毛病归咎于站在台上的人们，其实在台上的人们也还是受过同样的教育，经过同样的青年阶段，他们也曾同样地埋怨过前一辈子人。由此类推，到我们这一辈子青年们上台时，很可能地仍为下一辈子青年们不满。今日有理想的青年到明日往往变成屈服于事实而抛弃理想的堕落者。章宗祥领导过留日青年，打过媚敌辱国的蔡钧，而这位章宗祥后来做了外交部长，签订了二十一条卖国条约。汪精卫投过炸弹，坐过牢，做过几十年的革命工作，而这位汪精卫现在做了敌人的傀儡，汉奸的领袖。许多青年们虽然没有走到这个极端，但投身社会之后，投降于恶势力的实比比皆是。这是一个很可伤心的现象。社会变来变去，而组成社会的人变相没有变质，社会就不会彻底地变好。这五六十年来我们天天在讲教育，教育对于人的质料似乎没有发生很好的影响。这一辈子人睁着眼睛蹈前一辈子人的覆辙，下一辈子人仍然睁着眼睛蹈这一辈子人的覆辙，如此循环展转，一报还一报，"长夜漫漫何时旦"呢？

社会所属望最殷的青年们，这事实和问题是值得郑重考虑的！时光向前疾驶，毫不留情去等待人，一转眼青年便变成中年老年，一不留意便陷到许多中年人和老年人的厄运。这厄运是一部悲惨的三部曲。第一部是悬一个很高的理想，要改造社会；第二部是发见理想与事实的冲突，意志与社会恶势力相持不下；第三部便是理想消灭，意志向事实投降，没有改革社会，反被社会腐化。给它们一个简题，这是"追求"、"彷徨"和"堕落"。

青年们，这是一条死路。在你们的天真烂漫的头脑里，它的危险性也许还没有得到深切的了解，你们或许以为自己决不会走上这条路。但是我相信：如果你们没有彻底的觉悟，不拿出强毅的意志力，不下艰苦卓绝的工夫，不作脚踏实地的准备，你们是不成问题地仍走上这条路。数十年之后，你们的生命和理想都毁灭了，社会腐败依然如故，又换了一批像你们一样的青年来，仍是改革不了社会。朋友们，我是过来人，这条路的可怕我并没有夸张，那是绝对不能再走的啊！

耶稣宣传他的福音，说只要普天众生转一个念头，把心地洗干净，一以仁爱为怀，人世就可立成天国。这理想简单到不能再简单，可是也深刻到不能再深刻。极简单的往往是正途大道，因为易为人所忽略，也往往最不易实现。本来是很容易的事而变成最难实现的，这全由于人的愚蠢、怯懦和懒惰。世间事之难就难在人们不知道或是不能够转一个念头，或是转了念头而没有力量坚持到底。幸福的世界里决没有愚蠢者、怯懦者和懒惰者的地位。你要合理地生存，你就要有觉悟、有决心、有奋斗的精神和能力。

"知难行易"，这觉悟一个起点是我们青年所最缺乏的。大家都似在鼓里过日子，闭着眼睛醉生梦死，放弃人类最珍贵的清醒的理性，降落到猪豚一般随人饲养，随人宰割。世间宁有这样痛心的事！青年们，目前只有一桩大事——觉悟——彻底地觉悟！

你们正在做梦，需要一个晴天霹雳把你们震醒，把"觉悟"两字震到你们的耳里去。

"条条大路通罗马"。实现人生和改良社会都不必只有一条路径可走。每个人所走的路应该由他自己审度自然条件和环境需要，逐渐摸索出来，只要肯走，迟早总可以走到目的地。无论你走哪一条路，你都必定立定志向要做人；做现代的中国人，你必须有几个基本的认识。

一、时代的认识——人类社会进化逃不掉自然律。关于进化的自然律，科学家们有不同的看法。依达尔文派学者，生物常在生存竞争中，最适者生存，不适者即归淘汰。依克鲁泡特金，社会的维持和发展全靠各分子能分工互助，互助也是本于天性。这两种相反的主张产生了两种不同的国际政治理想。一种理想是拥护战争，生存既是一种竞争，而在竞争中又只有最适者可生存，则造就最适者与维持最适者都必靠战争，战争是文化进展的最强烈的刺激剂。另一种理想是拥护和平，战争只是破坏，在战争中人类尽量发挥残酷的兽性，愈残酷愈贪摧毁，愈不易团结，愈不易共存共荣；要文化发展，我们需要建设，建设需要互助，需要仁爱，也需要和平。这两种理想各有片面的真理，相反适以相成，不能偏废。我们的时代是竞争最激烈的时代，也是最需要互助的时代。竞争是事实而互助是理想。无论你竞争或是互助，你都要拿出本领来。在竞争中只有最适者才能生存，在互助中最不适者也不见得能坐享他人之成。所谓"最适"就是最有本领，近代的本领是学术思想，是技术，是组织力。无论是个人在国家社会中，或是民族在国际社会中，有了这些本领，才能和人竞争，也才能和人互助，否则你纵想苟且偷生，也必终归淘汰，自然铁律是毫不留情的。

二、国家民族现在地位的认识——我国数千年来闭关自守。固有的文化可以自给自足，而且四围诸国家民族的文化学术水准都比我们的低，不曾感到很严重的外来的威胁。从十九世纪以来，海禁大开，中国变成国际集团中的一分子，局面就陡然大变。我们现在遇到两重极严重的难关。第一，我们固有的文化学术不够应付现时代的环境。我们起初慑于西方科学与物质文明的威力，把固有的文化看得一文不值，主张全盘接受欧化；到现在所接受的还只是皮毛，毫不济事，情境不同，移植的树常不能开花结果，而且从两次大战与社会不安的状况看来，物质文明的误用也很危险，于是又有些人提倡固有文化，以为我们原来固有的全是对的。比较合理的大概是兼收并蓄，就中西两方成就截长补短，建设一种新的文化学术。但是文化学术须有长期的培养，不是像酵母菌可以一朝一夕制造出来的。我们从事于文化学术的人们能力都还太幼稚薄弱，还不配说建设。总之，我们旧的已去，新的未来，在这青黄不接的时候，我们和其他民族竞争或互助，几乎没有一套武器或工具在手里。这是一个极严重的局势。其次，我们现在以全副精力抗战建国。这两重工作中抗战是急需，是临时的；建国是根本，是长久的。多谢贤明领袖的指导与英勇将士的努力，多谢国际局面的转变，我们的抗战已逼近最后的胜利。这是我们的空前的一个好机会，从此我们可以在国际社会中做一个光荣的分子，从此我们可以在历史上开一个新局面。但是这"可以"只是"可能"而不是"必然"，由"可能"变为"必然"，还需要比抗战更艰苦的努力。抗战后还有成千成万的问题亟待解决，有许多恶习积弊要洗清，有许多文化事业和生产事业要建设。我们试问，我们的人才准备能否很有效率地担负这些重大的工作呢？要不然，我们的好机会将一纵即逝，我们的许多光明希望将终成泡影。我们的青年对此须有清晰的认识，须急起直追，抓住好时机不让放过。

三、个人对于国家民族的关系的认识——世界处在这个剧烈竞争的时代，国家民族处在这个一发千钧的关头，我们青年人所处的地位何如呢？有两个重要的前提我们必须认识清楚：

第一，国家民族如果没有出路，个人就决不会有出路；要替个人谋出路，必须先替国家民族谋出路。

第二，个人在社会中如果不能成为有力的分子，则个人无出路，国家民族也无出路。要个人在社会中成为有力的分子，必须有德有学有才，而德行学问才具都须经过艰苦的努力才可以得到。

以往我们青年的错误就在于对这两个前提毫无认识。大家都只为个人打计算，全不替国家民族着想。我们忙着贪图个人生活的安定和舒适，不下工夫培养造福社会的能力，不能把自己所应该做的事做好，一味苟且敷衍，甚至用种种不正当的手段去求个人安富尊荣，钻营、欺诈、贪污，无所不至，这样一来，把社会弄得日渐腐败，国家弄得日渐贫弱。这是一条不能再走的死路，我已一再警告过。我们必须痛改前非，把一切自私的动机痛痛快快地斩除干净，好好地在国家民族的大前提上做工夫。我们须知道，我们事事不如人，归根究竟，还是我们的人不如人。现在要抬高国家民族的地位，我们每个人必须培养健全的身体、优良的品格、高深的学术和熟练的技能,把自己造成社会中一个有力的分子。

　　这是三个最基本的认识。我们必须有这些认识,再加以艰苦卓绝的精神去循序实行,到死不懈,我们个人,我们国家民族,才能踏上光明的大道。最后,我还须着重地说,我们需要彻底的觉悟。

个人本位与社会本位的伦理观

社会由个人集合而成，而个人亦必生存于社会。由前一点说，个人是主体，社会是扩充；由后一点说，社会是主体，个人是附庸。粗略地说，中国传统的伦理思想偏重前一个看法，西方传统的伦理思想偏重后一个看法。

中国思想界最占势力的是道家与儒家。道家思想有两个基本原则：一是极端的自然主义，一是极端的个人主义。惟其偏重自然主义，所以蔑视制度文为。一切都应任其自然，无为而治，凡是制度文为都是不必要的纷扰，我们必须把它们丢开，回到"自然状态"中的浑朴真纯，才能达到太平安乐景象。惟其侧重个人主义，所以蔑视社会。虽说"大患在于有身"，而身究竟贵于天下一切，尊生贵己，长生久视，是道家极重视的一套功夫。"民至老死不相往来"，自然说不到个人转移社会，更说不到社会影响个人。老子所谓"我无为而民自化，我无事而民自富，我无欲而民自朴"，其实并非有所作为，不过人人各安其所，把文化与生活需要降到极低限度，互不侵犯，"共存共荣"而已。道家反对社会，所以反对适用于社会的一切美德如仁义礼智之类。他们的理想是"遗世独立"，"超然物表"，儒家与道家彻底不同的地方在淑世心切，极重有为，要把世界由"自然状态"提升到"文化状态"。但是儒家虽不倡个人主义，而论道德，说仁义，却全从个人本位出发。修身诚意，克己复礼，是基本功夫，齐家治国平天下不过是修身以后的效用。政治只是一种教育，而教育又只是人格感化。季康子问政，孔子回答说："政者正也，子帅以正，孰敢不正？"己立立人，己达达人；达固可兼善天下，穷仍可独善其身。儒家所提倡的美德大半含有社会性，但是他们所着重的却不在它的社会性而在它对于个人修养的重要。比如说仁与敬是儒家所极重视的，仁必有对象，敬亦必有对象，但儒家并不着重仁与敬对于人（社会）的效用，而着重它们在个人内心是美德。儒家颇鄙视功利主义，很有"为道德而道德"的精神。

西方思想界最占势力的是希腊人所传下来的哲学系统和从希伯来所吸收过来的基督教。哲学支流虽多，谈伦理大半从社会本位出发。最显著的是柏拉图和黑格尔，他们都以为国家高于一切，个人幸福应以社会幸福为本。卢梭本是菲薄社会者，也说民约既成，个人意志即须受制于公众意志。近代西方人所提倡的自由似稍替个人主义助声势，但是他们的理想的自由，如穆勒所标榜的，是"最多数人的最大量的幸福"，仍不脱社会本位的看法。至于基督教本是被压迫民族所酝酿成的一种宗教，在欧洲社会开始崩溃时流传到西方，其要义为平等博爱，实针对当时欧洲社会的病象，含有很浓厚的社会革命意味。耶稣被认为救世主，他的受刑是为全人类赎罪。耶稣教徒的理想是天国的实现而不是个人的享乐。耶稣教所以深入人心的原因，除着提出与现实黑暗世界相对照的一个光明灿烂的天国以外，还有同教门中的极强烈的"弟兄感"。总之，耶稣教之成功，正因其是从社会本位出发的宗教。哲学与宗教在西方所以走到侧重社会的方向，原因大概在西方国小，个人与社会的关系易于感觉到，"道德"（morality）一词在西文原义本为"习俗"。近代西方伦理学家以为道德起于人与人的关系，离开社会便无道德可言，甚至有人以为行为之为善为恶，就看他对于社会有益或有害；社会学家以为道德只是社会习俗所逐渐演成的，变其所已然为其所当然，所以伦理学应由规范科学变为自然科学；政治经济学家以为人的好坏大半由于社会环境，说到究竟，个人的道德责任应由社会担负起，要改善个人，先要改善社会。

这两种不同的看法形成中西文化思想的两种不同的类型，中国人侧重个人本位，所以道德的观念特别浓厚，政治法律思想多从伦理思想出发，伦理学与政治学法律学有一个一贯的条理。西方人侧重社会本位，所以法的观念特别浓厚，伦理思想常为政治法律思想所左右，在大哲学家的系统中，政治法律伦理虽亦彼此呼应，而普通伦理学所讲的是一回事，政治学和法律学所讲的又另是一回事，彼此很少关联。

人是社会的动物，他是一个人，也是社会一分子，我们的基本问题有两个：一、离开社会一分子的地位，一个人在人的地位有无道德修养可言呢？二、一个人在社会一分子的地位所表现的道德修养，是否要根据他在人的地位所表现的道德修养呢？中国传统思想对于这两个问题向来予以很肯定的答复。西方思想或是忽略这两个思想，或是根本否认它们有何意义。这两种思想类型各有其环境背景，我们不必武断地加以评价；而且说到类型，都不免普泛粗略，中国人也未尝不偶有从社会本位出发，西方人也未尝不偶有从个人本位出发。不过就大体说，中国人以为一个人

个人本位与社会本位的伦理观

须先是自己是一个好人，对社会才会是好人，个人好，社会才能好；西方人以为一个人对于社会是好人，才算得是好人；社会好，个人就容易好。他们同以人好与社会好为理想，不过着重点不同，我们可以借用物理学的术语说，中国人的伦理观是"离心的"，由内而外的；西方人的伦理观是"向心的"，由外而内的。

这两种看法也可以说不只是中西的分别，而是新旧的分别。很显然的，在西方偏重社会本位的看法到现代更加彰明较著，中国人近来受西方思想的影响，也逐渐倾向社会本位的看法，这也是自然的趋势。文化愈前进，社会组织愈繁复而严密，社会的势力日渐大，个人的力量也就日渐小，在现代情况之下，以个人转移社会较难，以社会转移个人则甚易。我们的问题是：在现代情况之下，假如一个社会坏到不易收拾的地步，有什么原动力可以收拾它，改善它呢？依中国传统的看法，人存则政举，转移风化必赖贤哲，在一个坏的社会中，如果有少数个人敦品励行，标出一个好榜样，使多数人逐渐受感化，造成一个新风气，然后那个社会自然会变好。依一部分西方学者的看法，社会自身本其固有的力量逐渐转变，它所潜藏的弱点就是它向另一方向转变的萌芽，正反相成，新陈代谢，否极自然泰来，比如封建社会到走不通时，自然会转变到近代国家社会；农业社会到走不通时，自然会转变到工业社会；私产社会走不通时，自然会转变到企业公营社会。每阶段的社会有它的特殊理想和道德观念。照这个看法，社会是能以自力更生的有机体，所谓"自力"就是物质条件，物质条件的大势所趋有如排山倒海，人力（至少是个人的力量）是无可如之何的。

总之，社会转变不出两种方式，或由自变，或由人变。这两种方式也并不必彼此冲突。我们承认社会本身有一个常趋转变的大势，同时，我们也不能否认少数人的努力也往往可以促成、延滞或移转这个大势。"时势造英雄，英雄亦造时势。"这句老话究竟不错。……我们必须承认人力可以改造社会，然后我们遇着环境的困难才不会绝望，而我们的努力也才有意义与价值，我们也才能够说：把这世界安排得较合理想一点，是我们每个人的责任。

我特别提出这个问题来谈，用意是在解答目前一般人所最焦虑的一个问题：中国社会如何可以变好呢？多数青年着眼到社会的黑暗一方面，在这问题前面彷徨、苦闷，以至于绝望。在他们看，这社会积弊太深，积重难返，对于每个人是一种推不翻的重压，纵然有少数人的努力也是独木难支大厦，这种心理是必须彻底消除的。我从前曾写过一段话，现在还觉得不错："社会愈恶愈需要有少数特立独行的人们去转移风气。一个学校里学生纵然十人有九人奢侈，一个俭朴的学生至少可以显出奢侈与俭朴的分别；一个机关的官吏纵然十人有九人贪污，一个清严的官吏至少可以显出贪污与清严的分别。好坏是非都由相形之下见出。一个社会到了腐败的时候，大家都跟旁人向坏处走，没有一个人反抗潮流，势必走到一般人完全失去是非好坏分别的意识，而世间便无所谓羞耻事了。所以全社会都坏时，如果有一个好人存在，他的意义与价值是不可测量的。"世间事有因就必有果，种下善因，迟早必得善果。物理的力不灭，精神的力更不灭，它能够由一人而感发十人百人以至无数人。所谓"风气"就是这样培养成的。

要复兴中华民族，我们必须在青年心理中养成对于个人努力的信任。道理原来很简单，分子不健全，团体决不会健全，我们的环境日渐其难，不努力决不能侥幸成功。现在许多人仍妄存侥幸的心理，以为我们在竞存的世界中，纵然没有能力，还可以卖老招牌，充空心大老倌，或是以为我们自己纵然无能，旁人也许会慷慨好施，助我们立国。这种心理最荒唐也最危险。将来我们的生存权必寄托于全民族每个分子的努力，这是确无疑义的天经地义。借自己的努力，艰苦卓绝地奋斗到底，以求征服一切环境困难，达到我们所追求的理想，这是我们所应崇奉的英雄主义。依照这种英雄主义，我们必须尊敬而且维护社会上一切环境困难而能挺身奋斗者，必须鄙弃而且消灭社会上一切侥幸苟安者夤缘幸进者和颓废因循者。社会像生物一样，寄生虫愈多，也就愈易枯朽。无功受禄者与不才而在高位者都是社会的寄生虫，他们日蛀蚀，夜蛀蚀，终久会将社会蛀蚀成枯壳。关于这一点，我觉得政教当局须特别注意，为着自树声势而多引用或扶助一个无品学的青年，便是多奖励一分苟且侥幸的心理，多打消一分艰苦奋斗的精神。这种办法可危及国家命脉，我们当知警惕。

  我个人深切地感觉到中国社会所以腐浊，实由我们人的质料太差，学问、品格、才力，件件都经不起衡量。要把中国社会变好，第一须先把人的质料变好。我并不敢菲薄现代青年，我总觉得现代青年大半仍在鼓里过日子，没有明白自己的责任，更不肯出死力去尽自己的责任，多数人徒以学校为进身干禄之阶，品格固不砥砺，学问也止于浅尝肤受。这种风气必须改变过，中国才真正有希望。改变风气是教育的事，但是教育却不仅是学校的事。学问固然应该多给青年们以良好的影响，而学校以外的政教当局与整个社会也应该少给青年们以不良的影响。在过去，学校与社会都显然没有充分地尽他们的责任，应该自惭的地方甚多，彼此都需要严厉的自省与自责。

我近来读了两部基督教会史，心里颇多感触。耶稣和他的十二门徒与早期神父，除着圣保罗以外，大半出身下层社会，没有什么学问。他们处境又非常困难，内受犹太同胞的倾轧，外受罗马政权的凌虐。然而在三四百年间，他们的势力遍于全欧，五六百年间，他们的传教士远达于中国长安，使耶稣教成为世界文化中一个主要的因素，没有一个更好的实例可以使我们明白少数人的努力能造成弥漫一世的风气。可是我们也要记着早期基督教的神父的努力是如何艰苦卓绝！为着传布他们的信仰，他们赴汤蹈火，居隧道，饱猛兽，前仆后起，以牺牲性命为光荣。无论我们是否相信基督教，他们的精神确可令人闻风兴起。

我们不必需要宗教，但必须有宗教家布道的精神。十几个犹太平民居然调动了全世界，难道十几个有为有守的中国人就不能把中国社会改善么？我们需要救世主，这救世主必定是少数人而不是全社会，而少数人却必有替人类担荷罪孽不惜牺牲身家性命的决心。亚门！

乐的精神与礼的精神

——儒家思想系统的基础

儒家论学问，素重"知类通达"，"豁然贯通"，用流行语来说，他们很注重学术思想要有一贯的系统。他们探讨的范围极广，从心理学、伦理学、教育学、政治学，以至于宇宙哲学与宗教哲学，群经群子都常约略涉及。他们所常提到的观念很多，如忠恕、中庸、智仁勇、仁义礼智信、忠孝慈悌友敬等等；他们设教有德行、言语、政事、文学四科；他们的经典有诗、书、易、礼、春秋。从表面看，头绪似很纷繁，名谓也不一致。但是儒家究竟有没有一两个基本观念把他们的哲学思想维系成一个一贯的系统呢？本篇的用意就在给这个问题以一个肯定的答复，说明乐与礼两个观念如何是基本的，儒家如何从这两个观念的基础上建筑起一套伦理学，一套教育学与政治学，甚至于一套宇宙哲学与宗教哲学。作者的意旨重解说不重评判。

（一）

一般人对于礼乐有一个肤浅而错误的见解，以为礼只是一些客套仪式，而乐也只是弦管歌唱。孔子早见到这个普通的误解，曾郑重地申明说:"礼云礼云,玉帛云乎哉?乐云乐云,钟鼓云乎哉?"在《礼记·孔子闲居》篇里,他特标"无声之乐"与"无礼之礼"。儒家论礼乐,并不沾着迹象,而着重礼乐所表现的精神。礼乐的精神是什么呢?《乐记》里有几段话说得最好:

> 礼节民心,乐和民声。
> 大乐与天地同和,大礼与天地同节。
> 乐者天地之和也,礼者天地之序也。
> 乐自中出,礼自外作。乐自中出故静,礼自外作故文。
> 礼者殊事合敬者也,乐者异文合爱者也。
> 仁近于乐,义近于礼。
> 乐者乐也,君子乐得其道,小人乐得其欲。
> 乐也者情之不可变者也,礼也者理之不可易者也。

《礼记》他篇论礼乐的话尚有几条可引来补充:

> 夫礼所以制中也。——仲尼燕居。
> 言而履之礼也,行而乐之乐也。——仲尼燕居。
> 先王之制礼也以节事,修乐以道志。——礼器。

统观上引诸语,乐的精神是和、静、乐、仁、爱、道志,情之不可变;礼的精神是序、节、中、文、理、义、敬、节事,理之不可易。乐的许多属性都可以"和"字统摄,礼的许多属性都可以"序"字统摄。程伊川也说:"礼只是一个序,乐只是一个和，只此两字含蓄多少义理。"

这"和"与"序"两个观念真是伟大。先说和。欧洲第一位写伦理学专书的亚里士多德就以为人生最高目的是幸福，而幸福是"不受阻挠的活动"，他所谓"活动"意指人性的生发，所谓"不受阻挠"可以解作"自由"，也可以解作"和谐"。从来欧洲人谈人生幸福，多偏重"自由"一个观念，其实与其说自由，不如说和谐，因为彼此自由可互相冲突，而和谐是化除冲突后的自由。和谐是个人修养的胜境。人生来有理智、情感、意志、欲念。这些心理机能性质各异，趋向不同，在普通生活中常起冲突。不特情理可以失调，志欲虽趋一致，就是同一心理机构，未到豁然贯通的境界，理与理可以冲突；未到清明在躬的境界，情与情可以冲突，至于意志分歧，欲念驳杂，尤其是常有之事。一个人内部自行分家吵闹，愁苦由此起，心理变态由此起，罪恶行为也由此起。所以无论从心理卫生的观点看，或是从伦理学的观点看，一个人都需要内心和谐；内心和谐，他才可以是健康的人，才可以是善人，也才可以是幸福的人。社会也是如此。一部人类历史自头至尾是一部战争史，原因是在人类生来有一副自私的恶根性。人与人相等，利害有冲突，意见有分歧，于是欺诈凌虐纷争攘夺种种乱象就因之而起。人与人斗争，阶级与阶级斗争，国与国斗争，闹得一团怨气，彼此不泰平。有些思想家因为社会中有冲突，根本反对社会的存在，也有些思想家为现实辩护，说社会需要冲突才能发展。但是社会已存在，为不可灭的事实，而社会所需要的冲突也必终以和谐为目的。一个有幸福的社会必然是一个无争无怨相安和谐群策群力的社会，因为如此社会才有它的生存理由，才能有最合理的发展。

"和"是个人修养与社会发展的一种胜境,而达到这个胜境的路径是"序"。和的意义源于音乐,就拿音乐来说,"声成文,谓之音",一曲乐调本是许多不同的甚至相反的声音配合起来的,音乐和谐与不和谐,就看这配合有无条理秩序。音乐是一种最高的艺术,像其他艺术一样,它的成就在形式,而形式之所以为形式,可因其具有条理秩序,即中国语所谓"文"。就一个人的内心说,思想要成一个融贯的系统,它必定有条理秩序,人格要成一个完美的有机体,知情意各种活动必须各安其位,各守其分。就一个社会说,分子与分子要和而无争,它也必有制度法律,使每个人都遵照。世间决没有一个无"序"而能"和"的现象。

"和"是乐的精神,"序"是礼的精神。"序"是"和"的条件,所以乐之中有礼。《乐记》说得好"乐者通伦理者也","知乐则几于礼矣"。先秦儒家中,荀子最精于诗礼,也见到这个道理,他说:"凡礼始乎税(从卢校,税训敛),成乎文,终乎悦恔。"(从卢校,恔训快乐)"文"者条理秩序,是礼的精神;"悦恔"即快乐,是乐的精神,礼之至必达于乐。周子在《通书》里也说道:"礼,理也;乐,和也,阴阳和而后理。君君,臣臣,父父,子子,兄兄,弟弟,夫夫,妇妇,万物各得其理而后和,故礼先而乐后。"

乐之中有礼,礼之中也必有乐。"乐自内出,礼自外作"。乐主和,礼主敬,内能和而后外能敬。乐是情之不可变。礼是理之不可易,合乎情然后当于理。乐是内涵,礼是外现,和顺积中,而英华发外,"乐不可以为伪",礼也不可以为伪。内不和而外敬,其敬为乡愿；内不合乎情而外求当于理，其礼为残酷寡恩；内无乐而外守礼，其礼必为拘板的仪式，枯竭而无生命。礼不可以无乐，犹如人体躯壳不可无灵魂，艺术形式不可无实质。《礼器》里有一段说："先王之立礼也，有本有文。忠信，礼之本也；义理，礼之文也。无本不立，无文不行。"忠信仍是"和"的表现，仍是乐的精神。《论语》记有子的话："礼之用，和为贵。""和"是儒家素来认为乐的精神，而有子拿来说礼，也是见到礼中不可无乐。《论语》又记孔子与子夏谈诗，孔子说到"绘事后素"，子夏就说，"礼后乎"！孔子称赞他说："启予者商也。"乐是素，礼是绘。乐是质，礼是文。绘必后于素，文必后于质。

就偏向说，虽是"仁近于乐，义近于礼"，而就本原说，乐与礼同出于仁——儒家所公认的最高美德。孔子说得很明白："人而不仁如礼何？人而不仁如乐何？"仁则内和而外敬，内静而外文。就其诚于中者说，仁是乐，就其形于外者说，仁是礼。所以礼乐是内外相应的，不可偏废。儒家常并举礼乐，如单说一项，也常隐含另一项。"关雎乐而不淫，哀而不伤"，是说乐兼及礼；"丧礼，与其哀不足而礼有余也，不若礼不足而哀有余也"，"拜下礼也，今拜乎上，泰也，虽违众，吾从下"，是说礼兼及乐。

礼乐本是内外相应，但就另一观点说，也可以说是相反相成，其义有三。第一，乐是情感的流露，意志的表现，用处在发扬宣泄，使人尽量地任生气洋溢；礼是行为仪表的纪律，制度文为的条理，用处在调整节制，使人于发扬生气之中不至泛滥横流。乐使人活跃，礼使人敛肃；乐使人任其自然，礼使人控制自然；乐是浪漫的精神，礼是古典的精神；乐是《易》所谓"阳"，"元亨"，

"乾天下之至健","其动也辟",礼是《易》所谓"阴","利贞","坤天下之至顺","其静也翕"。《乐记》以"春作夏长"喻乐,以"秋敛冬藏"喻礼,又说"礼主其减,乐主其盈",都是这个道理。其次乐是在冲突中求和谐,礼是混乱中求秩序;论功用,乐易起同情共鸣,礼易显出等差分际;乐使异者趋于同,礼使同者现其异;乐者综合,礼者分析;乐之用在"化",礼之用在"别"。在宗教大典中,作乐时,无论尊卑长幼,听到乐声,心里都起同样反应,一哀都哀,一乐都乐,大家都化除一切分别想,同感觉到彼此属于一个和气周流的人群;行礼时,则尊卑长幼,各就其位,升降揖让,各守其序,奠祭荐彻,各依其成规,丝毫错乱不得,错乱因为失礼,这时候每人都觉得置身于一个条理井然纪律森然的团体里,而自己站在一个特殊的岗位,做自己所应做的特殊的事。但这是一个浅例,小而家庭,大而国家社会,礼乐在功用上都有这个分别,《乐记》论这个分别最详,最精深的话是:"乐者为同,礼者为异;同则相亲,异则相敬;乐胜则流,礼胜则离。""乐者天地之和也,礼者天地之序也;和故百物皆化,序故群物皆别。"第三,乐的精神是和、乐、仁、爱,是自然,或是修养成自然;礼的精神是序、节、文、制,是人为,是修养所下的功夫。乐本乎情,而礼则求情当于理。原始社会即有乐,礼(包含制度典章)则为文化既具的征兆。就个人说,有礼才能有修养;就社会说,有礼才能有文化。《乐记》中"乐著大始而礼居成物"一句话的意义,就是如此(应与《易·系词》"乾知大始,坤作成物"二语参看)。荀子也说吉凶忧愉之情人所固有,而"文礼隆盛"则为"伪"(荀子所谓"伪"即人为)。

综观以上所述，礼乐相遇相应，亦相友相成。就这两种看法说，礼乐都不能相离。"乐胜则流，礼胜则离"，"达于乐而不达于礼，谓之素，达于礼而不达于乐，谓之偏"。礼经一再警戒人只顾一端的危险。一个理想的人，或是一个理想的社会。必须具备乐的精神和礼的精神，才算完美。

（二）

乐与礼的性质、分别和关系如上所述。儒家的全部哲学思想大半从乐与礼两个观念出发，现在分头来说明。我们在开始即说过，儒家特别看重个人的修养，修身是一切成就的出发点，所以伦理学为儒家哲学的基础。儒家的伦理学又根据他们的心理学。依他们看，生而有性，性是潜能，一切德行都必由此生发，"率性之谓道"，道只是潜能的实现。依现代心理学者看，性既为潜能，本身自无善恶可言，它可以为善，也可以为恶。但儒家以为性的全体是倾向于善的，尽性即可以达道，例如恻隐之心为性所固有，发挥恻隐之心即为仁。至于恶的起源儒家则归之于习。性是静的，感于物而动，于是有情有欲，情欲得其正，可以帮助性向善的方向发展，情欲不得其正，于是真性梏没，习染于恶。所以修养的功夫就在调节性欲，使归于正，使复于性的本来善的倾向。乐与礼就是调节情欲使归于正的两大工具。《乐记》有一段说这道理最透辟：

先王之制礼乐也……将以教民平好恶而反人道之正也。

人生而静，天之性也；感于物而动，性之欲也。物至知知，然后好恶形焉；原恶无节于内，知诱于外，不能反躬，天理灭矣。夫物之感人无穷，而人之于恶无节，则是物至而人化物也。人化物也者灭天理而穷人欲者也。于是有悖逆诈伪之心，有淫佚作乱之事……是故先王之制礼乐，人为之节。……礼节民心，乐和民声。

礼乐的功用都在"平好恶而反人道之正"，不至"灭天理，穷人欲"，宋儒的"以天理之公胜人欲之私"一套理论，都从此出发。在礼与乐之中，儒家本来特别看重乐，因为乐与仁是一体，仁为儒家所认为最高的美德。乐在古代与诗相连。《尧典》中载夔典乐，而教胄子以"诗言志"。周官太师本掌乐，而所教者是"六诗"。儒家说诗的话都可以应用于乐。孔子说诗可以兴观群怨，诗教为温柔敦厚，温柔敦厚者乐之体，兴观群怨者乐之用。孔子论德行最重仁，论教化最重诗乐。道理是一贯的，因为诗的用在感，而感便是仁的发动。（马一浮先生论《论语》中凡答问仁者皆诗教义，甚详且精。惟别诗于乐，合乐于礼，谓礼乐教主孝，书教主政，与本篇立论精神稍异。从本篇的立场说，孝为仁之施于亲，仍是一种和，仍是乐的精神；书以道政事，仍是秩序条理之事，仍是礼的精神。）

诗教有二义，就主者说，"诗言志"，"乐以道志"，"道"即"达"，"言"即"表现"；就受者言，诗可以兴，乐感人深，"兴"与"感"都有"移动"的意思。这两个意义都很重要。就"道"的意义说，人的情欲需要发散，生机需要宣泄，一切文艺都起于这种需要。需要发散而不能发散,需要宣泄而不能宣泄,则抑郁烦闷;情欲不得其正,酿成心理的变态与行为的邪僻。亚里士多德论音乐与悲剧对于情感有宣泄与净化(katharsis)的功用,为近代弗洛伊德派心理学所本。儒家论诗乐特标"道"的功用,实与亚里士多德的见解不谋而合,道则畅,畅则和,所谓"平好恶而反人道之正"。儒家并不主张"戕贼"情欲,于此也可见。其次,就感的意义说,心感于物而后动,动而后"心术形",动为善或动为恶,"是故先王慎所以感之者"。乐感人最深,所以乐对于人的品德影响最大。《乐记》"志微焦杀之音作而民思忧……顺成和动之音作而民慈爱,流辟邪散狄成涤滥之音作而民淫乱"一段说得最详尽。《孝经》谓"移风易俗莫善于乐"。孔子在齐闻韶,三月不知肉味,所以他深感觉到乐的影响之大,颜渊问为邦,他开口就答"乐则韶舞,放郑声",至于"远佞人"还在其次。音乐感人最深,音乐中和,人心也就受他感动而达于中和。乐之中有礼仍有"节"的功用。关雎乐易不淫,哀而不伤;"国风好色而不淫,小雅怨悱而不乱",也正因其有"节",节故能"平好恶而反人道之正"。

儒家本来特别看重乐,后来立论,则于礼言之特详,原因大概在乐与其特殊精神"和"为修养的胜境,而礼为达到这胜境的修养功夫,为一般人说法,对于修养功夫的指导较为切实,也犹如孟子继承孔子而特别重"义"的观念,是同一道理。

礼有三义。第一义是"节",节所以有"序",如上所述。道家任自然,倡无为;儒家则求胜自然,主有为;"为"的功夫就在对于自然的利导与控制。颜渊问为仁,孔子答以"克己复礼"。这句话的意思就是：就自然在己的情欲加以节制使其得其中，得中便是复礼。《檀弓》记子思语："先王之制礼也，过之者俯而就之，不至焉者跂而及之。"《礼器》记孔子语"先王之制礼也，不可多也，不可寡也，唯其称也"。"中"与"称"就是有序有理，恰到好处。从这点我们可以看见礼与儒家所称道的"中庸"关系甚密切。中者不偏，庸者不易，"礼以制中"，为"理之不可易者"，所以中庸仍是礼的精神。亚里士多德在《伦理学》中也特别着重"中"的观念，是一切德行都看成过与不及之"中"，与儒家学说可谓不谋而合。

其次礼有"养"义。这个意义《礼记》和《论语》都未曾提出，孟子曾屡提"养性"，苟得其养，无物不长，"养其大礼为大人"，却未曾明白说养的功夫就是礼。首先著"礼者养也"的是荀子。他说"制礼义……以养人之欲"，"理义文理之所以养情"。这个养的意思极好，他明白说情欲是应该"养"而不应该戕贼的。礼的功用不但使情欲适乎中，而且使他得其养。"适乎中"便是使他"得其养"的唯一方法。中国人把在道德学问方面做功夫叫做"修养"，是从荀孟来的，其意义大可玩味。从"养"的方面想，品格的善与心理的健康是一致的。

第三，礼有"文"义。"文"是"节"与"养"的结果，含"序""理""义"诸义在内。"义者事之宜"，正因其有"理"有"序"，自旁人观之，则为"焕乎有文"。文为诚于中形于外，内和而外敬，和为质，敬仍是文。从"序"与"理"说，礼的精神是科学的；从"义"与"敬"说，礼的精神是道德的；从含四者而为"文"说，礼的精神也是艺术的。孟子有一句很精深的话："始条理者智之事也，终条理者圣之事也"，朱子解为"知得彻然后行得彻"，甚为妥当，其意思与苏格拉底所说"知识即德行"一句名言暗相吻合。其实还不仅此，文艺也始终是条理之事。所以礼融贯真善美为一体。儒家因为透懂礼的性质与功用，所以把伦理学、哲学、美学打成一气，真善美不像在西方思想中成为三种若不相谋的事。

综观以上乐礼诸义，我们可以看出儒家的伦理思想是很康健的，平易近人的。他们只求调节情欲而达于中和，并不主张禁止或摧残。在西方思想中，灵与肉，理智与情欲，往往被看成对敌的天使与魔鬼，一个人于是分成两截。西方人感觉这两方面的冲突似乎特别敏锐，他们的解决方法，如同在两敌国中谋和平，必由甲国消灭乙国。大哲学家如柏拉图，宗教家如中世纪的耶教徒，都把情欲本身看成恶的，以为只有理智是善的，人如果想为善人，必须用理智把情欲压制下去甚至铲除净尽，于是有所谓苦行主义与禁欲主义。佛家似也有这样主张，末流儒家也有误解克己复礼之"克"与"以天礼胜人欲"之"胜"为消除的。这实在是一个不健全的人生理想，因为他要戕贼一部分人性去发展另一部分人性。从文艺复兴以后，西方人也逐渐觉悟到这是错误的，于是提倡所谓"全人"理想。近代心理学家更明白指出压抑情欲的流弊。英儒理查兹（Richards）在他的《文学批评原理》里有一章说得很中肯。他以为人类生来有许多生机(impulses)如食欲性欲哀怜恐惧欢欣愁苦之类。通常某一种生机可自由活动时，相反的生机便须受压抑或消灭。但是压抑消灭是一种可惜的损耗。道德的问题就在如何使相反的生机调和融洽，并行不悖。这需要适宜的组织

(organization)。活动愈多方愈自由，愈调和，则生命亦愈丰富。儒家所提倡的礼乐就是求"对于人类生机损耗最少的组织"。孟子看这道理尤其明白。他主张"尽性"，意思就指人应该发展人类所有的可能性。他反对告子的"性犹杞柳，义犹桮棬"的比喻："如将戕贼杞柳而以为桮棬，则亦将戕贼人以为仁义与"？禁欲主义在儒家看来是"戕贼"，儒家的办法是"节"而不是"禁"。这是人生理想中一个极康健的观念，值得特别表出。

（三）

礼乐的功用这样伟大，所以儒家论教育，大半从礼乐入手。孔子常向弟子们叮咛嘱咐道："小子何莫学夫诗？"考问他的儿子伯鱼说："汝为周南召南矣乎？"陈亢疑惑，孔子教育自己的儿子有一套秘诀，问伯鱼说："子亦有异闻乎？"伯鱼答道："未也。尝独立，鲤趋而过庭，曰：'学诗乎？'对曰：'未也。''不学诗，无以言'。鲤退而学诗。他日又独立，鲤趋而过庭，曰：'学礼乎？'对曰：'未也。''不学礼，无以立。'鲤退而学礼。闻斯二者。"礼乐在孔门教育中是基本学科，于此可见。孔子自己是最深于诗礼的人，我们读《论语》听他的声音笑貌，看他的举止动静，就可以想象到他内心和谐而生活有纪律，恬然自得，蔼然可亲。他在老年的境界尤其是能混化乐与礼的精神，所谓"从心所欲，不逾矩"，"从心所欲"是乐，"不逾矩"是礼。宋儒谈修养理想有两句话说得很好："扩然大公，物来顺应。"非深于乐者不能扩然大公，非深于礼者不能物来顺应。

乐的精神与礼的精神

《孝经》里说："移风易俗，莫善于乐；安上治民，莫善于礼。"礼乐的最大功用，不在个人修养而在教化。教化是兼政与教而言。普通师徒授受的教育，对象为个人，教化的对象则为全国民众；前者目的在养成有德有学的人，后者目的则在化行俗美，政治修明。"群"的观念，不如一般人所想象的，在中国实在发达得很早，而中国先儒所讲的治群与化群的方法也极彻底。他们早就把社会看成个人的扩充；所以论个人修养，他们主张用礼乐；论社会教化，他们仍是主张用礼乐。内仁而外义，内心和谐而生活有秩序纪律，这是个人的伦理的理想，也是社会的政治的理想。实现这个理想，致和以乐，致序以礼，这是个人的修养方法，也是社会的教化方法，所以儒家的教育就是政治，他们的教育学与政治学又都从伦理学出发。《周礼》司徒掌邦教，职务在"敷五典，扰兆民"，"佐王安扰邦国"，不但要"明七教"，还要"齐八政"。教化兼政与教，但着重点在教而不在政，因为教隆自然政举。儒家论修身治国，都从最根本处着眼。

就政与教言，基本在教，就礼与乐言，基本在乐。乐是最原始的艺术，感人不但最深，也最普遍。上文已说到乐有"表现""感动"二义。就表现言，国民的性格与文化状况如何，所表现的音乐也就如何。"是故治世之音安以乐，其政和；乱世之音怨以怒，其政乖；亡国之音哀以思，其民困。"就感动言，音乐的性质如何，所感化成的国民性格与文化状况也就如何。"是故志微噍杀之音作而民思忧，啴谐慢易繁文简节之音作而民康乐，粗厉猛起奋末广贲之音作而民刚毅，廉直劲正庄诚之音作而民肃敬，宽裕肉好顺成和动之音作而民慈爱，流僻邪散狄成涤滥之音作而民淫乱。"音乐关系政教如此其大，所以周官乐有专司，孔子要教化鲁，第一件大事是"正乐"，颜渊问为仁，孔子不说别的，光说"乐则韶舞，放郑声"。古代中国人要明白一国的政教风化，必从研究他的歌乐入手，在自己的国里常采风，在别人的国里必观乐。他们要从音乐窥透一国民的内心生活奥秘，来推断这一国的政教风化好坏，犹如医生看病，不问诊，先按脉。现代人到一国观光，只问政教制度，比起来真是肤浅多了。

乐较礼为基本，因为"乐者为同，礼者为异；同则相亲，异则相敬"，相亲而后能相敬；"乐至则无怨，礼至则不争"，无怨而后能不争。因此儒家论治国，重德化而轻政刑。孔子说："道之以政，齐之以刑，民免而无耻；道之以德，齐之以礼，有耻且格"。"道之以德"是乐教中事，政刑仍属于礼，不过是礼之中比较下乘的节目。

礼的大用在使异者有别，纷者有序。有别有序就是"治"，否则为"乱"。治国在致治去乱，所以不能无礼。《礼记》对于这个道理曾反复陈说："礼者所以定亲疏，决嫌疑，别异同，明是非"；"道德仁义，非礼不成；教训正俗，非礼不备；分争辨讼，非礼不决；君臣上下父子兄弟，非礼不定"。此外类似的话还很多。

礼的范围极广。个人的言行仪表，人与人的伦常关系，人与人交接的仪式和道理，政府的组织与职权，国家的制度与典章，社会的风俗习惯等等都包含在内。所以近代社会科学所讲的几无一不在礼的范围以内，我们读三礼，特别是周礼，更会明白儒家所谓"礼"是一切文化现象的总称。儒家虽特重德化，却亦不废政刑，因为政刑的功用在维持社会的秩序纪律，与礼本是一致。荀子说得很明白:"礼者法之大分,类之纲纪也。"《乐记》也说:"礼以道其志,乐以和其声,政以一其行,刑以防其奸。礼乐刑政,其极一也,所以同民心而出治道也。"儒家所忌讳的不是政刑而是专任政刑。政刑必先之以礼乐。礼乐的功夫到,政刑可以不用;如果没有礼乐而只有政刑,政刑必流于偏枯烦琐残酷,反足以生事滋乱。近代所谓"法的精神"似过于偏重政刑,未免失之狭隘。礼虽是"法之大分"而却不仅是法,有"法的精神"不必有"礼的精神",有"礼的精神"却必有"法的精神",因为礼全而法偏。现在我们中国人以缺乏"法的精神"为世所诟病,其原因仍在缺乏"礼的精神"。所以礼也是救时弊的一剂良药。知道礼,我们才会要求而且努力在紊乱中建设秩序。

(四)

儒家看宇宙,也犹如看个人和社会一样,事物尽管繁复,中间却有一个"序";变化尽管无穷,中间却有一个"和",这就是说,宇宙也有它的礼乐。《乐礼》中有一段语最为朱子所叹赏:"天高地下,万物散殊,而礼制行矣;流而不息,合同而化,而乐兴焉。"这几句话很简单,意义却很深广。宇宙中一切现象,静心想起来,真令人起奇异之感,也令人起雄伟之感。每一事每一物都有它的特殊性与特殊的生命史,有一定的状态,一定的活动,一定的方位,不与任何其他事物全同或相混;所以万事万物杂处在一起,却井井有条,让科学家能把它们区分类别,纳于原理,这便是所谓"天高地下,万物散殊,而礼制行"。事物彼此虽相殊，却并非彼此不相谋；宇宙间充满着的并非无数零星孤立的事物常落在静止状态；任何事物都与其他一切事物有或多或少的关系，每事物虽有一定的状态与方位，而却都在变化无穷，生生不息，事与事相因相续，物与物相生相养，形成柏格森所说的"创化"，这便是所谓"流而不息，合同而化，而乐兴"。所以这两句话说尽宇宙的妙谛。看到繁复中的"序"只有科学的精神就行；看到变动中的"和"却不止是科学的事，必须有一番体验，或者说，有一股宗教的精神。在宇宙中同时看到序与和，是思想与情感的一个极大的成就。《易经》所以重要，道理就在此。《易经》全书要义可以说都包含在上引《乐记》中几句话里面，他所穷究的也就是宇宙中乐与礼。太极生两仪，一阳一阴，一刚一柔，一动一静，于是有乾坤。"刚柔相推而生变化"，于是有"天下之赜"，与"天下之动"。"一阖一辟，往来不穷"；"变动不居，周流六虚"，于是宇宙的生命就这样绵延下去。《易经》以卦与象象征阴阳相推所生的各种变化，带有宗教神秘色彩，似无可疑；但是它的企图是哲学的与科学的；要了解"天下之赜"与"天下之动"，结果它在"天下之赜"中见出"序"（宇宙的礼），在"天下之动"中见出"和"（宇宙之乐）。《易经》未明言礼乐之分，但是《乐记》的"天高地下"一段实本于《易·系词》（注：《乐记》后于《系词》是假定，尚待考证）。我们不妨引来比较：

> 天高地卑，乾坤定矣；卑高以陈，贵贱位矣；动静有常，刚柔断矣；方以类聚，物以群分，吉凶生矣；在天成象，在地成形，变化见矣。是故刚柔相摩，八卦相荡，鼓之以雷霆，

乐的精神与礼的精神

润之以风雨,日月运行,一寒一暑,乾道成男,坤道成女。

——《易系词》

天尊地卑,君臣定矣,卑高已陈,贵贱位矣;动静有常,大小殊矣;方以类聚,物以群分,则性命不同矣,在天成象,在地成形,如此则礼者天地之别也。地气上齐,天气下降,阴阳相摩,天地相荡,鼓之以雷霆,奋之以风雨,动之以四时,暖之以日月,而百化兴焉,如此则乐者天地之和也。

——《礼记·乐记》

先秦儒家以礼乐释《易》,这是一个最早的例。孔子对于宇宙运行所表现的礼乐意味,尝在观赏赞叹。《论语》中"子在川上曰,逝者如斯夫,不舍昼夜!"以及"天何言哉,四时行焉,百物生焉,天何言哉!"两段话都是"学易"有得的话,都是证明宇宙的序与和在他脑里留下的印象很深。

儒家有一个重要的观念,叫做"法天",或是"与天地合德"。人是天生的,一切应该以天为法。人要居仁由义,因为天地有生长敛藏;人要有礼有乐,因为天地有和有序。《乐记》一再说:"大乐与天地同和,大礼与天地同节";"乐由天作,礼以地制";"明于天地然后能兴礼乐";乐者致和,率神而从天;礼者别宜,居鬼而从地。故圣人作乐以应天,制礼以配地。人天一致,原来仍有"和"的意味在内,但这种"和"比一般"和"更为基本的,人对于天的"和"是一种"孝敬",是要酬谢生的大惠。孝天敬天,因为天予我以生命;仁民爱物,因为民物同是天所予的生命。在此看来,人的德行都由孝天出发。张子《西铭》发挥这个意思最精当。他说:"乾称父,坤称母,予兹藐焉;乃混然中处。故天地之塞吾其体,天地之帅吾其性,民吾同胞,物吾与也。大君者吾父母宗子,其大臣,宗子之家相也。"儒家尊天的宗教就根据这个孝天的哲学,与耶稣教在精神上根本实一致。

天地是人类的父母,父母是个人的天地,无天地,人类生命无自来,无父母,个人生命无自来。我们应孝敬父母,与应孝敬天地,理由只是一个,礼所谓"报本反始"。《孝经》一再说:"人之行莫大于孝,孝莫大于严父,严父莫大于配天。""昔者明王事父孝,故事天明,事母孝,故事地察。"在儒家看,这对于所生的孝敬是一切德行之本,敬长慈幼,忠君尊贤,仁民爱物,以至于谨言慎行,都从这一点孝敬出发。拿礼乐来说,乐之和从孝亲起,礼之序从敬亲起。《孝经》说:"爱亲者不敢恶于人,敬亲者不敢慢于人。""不爱其亲而爱他人者,谓之悖德;不敬其亲而敬他人者,谓之悖礼。"

孝敬天地与祖先所以成为一种宗教者,因为它不仅是一种伦理思想而有一套宗教仪式。曾子说:"慎终追远,民德归厚矣。"这是伦理思想;"生则敬养,死则敬享。"一部《礼记》大半都谈丧祭典礼,这是宗教仪式。祭礼以祭天地之郊社禘尝为最隆重。孔子说:"明乎郊社之礼,禘尝之义,治国其如示诸掌乎!"这话初看来像很奇怪,实在含有至理。知道孝敬所生,仁爱才能周流,民德才能归厚。《乐礼》甚至以为礼乐的本原就在此:"乐也者施也,礼也者报也;乐乐其所自生,而礼反其所自始。乐章德,礼报情,反始也。"

"报德反始"意在尊生,一切比较进化的宗教都由这个道理出发，不独儒家的敬天孝亲为然。希腊的酒神教，波斯的拜火教，用意都在尊敬生的来源。佛家戒杀生，以慈悲教世，也还是孝敬所生。耶教徒到中国传教，劝人放弃崇拜祖先，他们似误解耶稣的"弃父母兄弟妻子去求天国"一句话。其实耶教徒之崇拜耶稣，是因为耶稣本是天父爱子，能体贴天父的意思，降世受刑，替天父所造的人类赎"原始罪恶"，免他们陷于永劫；这就是因为他对于天父的孝敬和对于天父的儿女们的仁慈。耶稣是孝慈的象征，耶稣教仍是含有"报本反始"的意味，这一点西方人似不甚注意到。

现在把以上所述的作一个总束。乐的精神在和，礼的精神在序。从伦理学的观点说具有和与序为仁义；从教育学的观点说，礼乐的修养最易使人具有和与序；从政治学的观点说，国的治乱视有无和与序，礼乐是治国的最好工具。人所以应有和与序，因为宇宙有和有序。在天为本然，在人为当然。和与序都必有一个出发点，和始于孝天孝亲，序始于敬天敬亲。能孝才能仁，才能敬，才能孝天孝亲，序始于敬天敬亲。能孝才能仁，才能敬，才能有礼乐，教孝所以"根本反始"，"慎终追远"。这是宗教哲学的基础。儒家最主要的经典是五经。五经所言者非乐即礼。诗属于乐，书道政事，春秋道名分，都属于礼。易融贯礼乐为一体，就其论"天下之赜"言，是礼；就其论"天下之动"言，是乐。礼乐兼备是理想，实际上无论个人与国家，礼胜乐胜以至于礼失乐失的现象都尝发现。我们可以用这个标准评论一个人的修养，一派学术的成就，一种艺术的风格，以至一个文化的类型，但是这里不能详说，读者可以举一反三。

处群的训练

极浅显而正当的道理常易被人忽略。一个民族的性格和一个社会的状况大半是由教育和政治形成的。倘若一个民族的性格不健全，或是一个社会的状况不稳定，那唯一的结论就是教育和政治有毛病。这本是老生常谈，但是在现时中国，从事教育者未必肯承认国民风纪到了现有状态是他们的罪过，从事政治者未必肯承认社会秩序到了现有的状态是他们的罪过。大家都觉得事情弄得很糟，可是都把一切罪过推诿到旁人，不肯自省自疚。没有彻底的觉悟，自然也没有彻底的悔改。这是极危险的现象。讳疾忌医，病就会无从挽救。我们需要一番严厉的自我检讨，然后才能有一番勇猛的振作。

先说教育。我们在过去虽然也曾特标群育为教育主旨之一，试问一般学校里群育工作究竟做到如何程度？从前北京大学常有同班同斋舍同学们从入学到毕业，三四年之中朝夕相见而始终不曾交谈过一句话。他们自己认为这是北京大学的校风，引为值得夸耀的一件事。一直到现在，还有许多学校里同学们相视，不但如路人，甚至为仇雠，偶遇些小龃龉，便摩拳擦掌，挥戈动武。受教育者所受的教育如此，何能望其善处群？更何能希望其为社会组织的领导？我们的教育所产生的人才不能担当未来的艰巨责任，此其一端。

我们的根本错误在把教育狭义化到知识贩卖。学校的全部工作几限于上课应付考试。每期课程多至十数种，每周上课钟点多至三四十小时。教员力疲于讲，学生力疲于听，于是做人的道理全不讲求。就退一步谈知识，也只是一味灌输死板材料，把脑筋看成垃圾箱，尽量地装，尽量地挤塞，全不管它能否消化启发。从前人说读书能变化气质，于今人书读得越多，气质越硬顽不化，这种教育只能产出一些以些许知识技能博一饭碗的人，决不能培养领导社会的真才。

近来颇有人感觉到这种毛病，提倡导师制，要导师于教书之外指点做人的道理，用意本来很善，但是实施起来也并未见功效。这也并不足怪。换汤必须换药，教育止于传授知识一个错误观念不改正，导师仍然是教书匠。导师制起于英国牛津剑桥两大学，这两校的教育宗旨是彰明较著的不重读书，而重养成"君子人"。在这两校里教员和学生上课钟点都很少，社交活动却很多，导师和学生有经常接触的可能。导师对于学生在学业和行为两方面同时负有责任，每位导师所负责指导的学生也不过数人。现在我们的学校把学业和操行分作两件事，学业仍取"集体生产"式整天上班，操行则由权限不甚划分，责任不甚专一，叠床架屋式的导师、训导员、生活指导员和军事教官去敷衍公事。这种办法行不通，因为导师制的真精神不存在，导师制的必需条件不存在。

要改良现状，我们必须把教育的着重点由上课读书移到学习做人方面去，许多庞杂的课程须经快刀斩乱麻的手段裁去，学生至少有一半时间过真正的团体生活，作团体的活动。教师也必须把过去的错误的观念和习惯完全改过，认定自己是在"造人"，不只是在"教书"。每个教师对于所负责造的人须当作一件艺术品看待，须求他对自己可以慰怀，对旁人也可以看得过去。每个学生对于教师须当作自己的造化主，与父母生育有同样的恩惠，知道心悦诚服。这样一来，教师与学生就有家人父子的情感，而学校也就有家庭的和乐的空气了。

这一层做到了，第二步便须尽量增加团体合作的活动。团体合作的活动种类甚多，有几个最重要的值得特别提出。

第一是操业合作。现行教育有一个大毛病，就是许多课程的对象都是个人而不是团体。学生们尽管成群结队，实际上各人一心，每人独自上课，独自学习，独自完成学业，无形中养成个人主义的心习。其实学问像其他事业一样，需要分工合作的地方甚多。材料的收集和整理，问题的商讨，实验的配置，遗误的检举，都必须群策群力。学校对于可分工合作的工作应尽量分配给学生们去合作，团体合作训练的效益是无穷的。一个人如果常有团体合作的训练，在学问上可以免偏陋，在性情上也可以免孤僻；他会有很浓厚而愉快的群的意识，他会深切地感觉到：能尽量发挥群的力量，才能尽量发挥个人的力量。

有几种课程特别宜于团体合作。最显著的是音乐。在我们古代教育中，乐是一个极重要的节目。它的感动力最深，它的最大功用在和。在一个团体里，无论分子在地位年龄教育上如何复杂，乐声一作，男女尊卑长幼都一齐肃容静听，皆大欢喜，把一切界限分别都化除净尽，彼此蔼然一团和气。爱好音乐的人很少是孤僻的人。所以音乐是群育最好的工具。其次是运动。运动相当于中国古代教育中的射。它不但能强健身体,尤其能培养遵秩序纪律的精神。条顿民族如英美德诸国都特好运动,在运动场上他们培养战斗的技术和政治的风度。他们说一个公正的人有"运动家气派"(sportsmanship)。柏拉图在"理想国"里谈教育,二十岁以前的人就只要音乐和运动两种功课。这两种课程应该在各级学校中普遍设立。近来音乐课程仅限于中小学,运动则各校虽有若无,它们的重要性似还没有为教育家们完全了解。音乐和运动是一个民族的生气的表现,不单是群育的必由之径。除非它们在课程中占重要位置,我们的教育不会有真正的改良。

操业合作之外,第二个重要的处群训练便是团体组织。有健全的团体组织,学生们才有多参加团体活动的机会,才能养成热心公益的习惯。一般学校当局常怕学生有团结,以致滋扰生事,所以对于团体组织与活动常设法阻止,以为这就可以息事宁人,也有些学校在名义上各种团体具备,而实际上没有一个团体是健全的组织。多数学生为错误的教育理想所误,只管埋头死读书,认为参加团体活动是浪费时光,甚至于多惹是非,对一切团体活动遂袖手坐观。于是所谓团体便为少数人所操纵,假借团体名义,作种种并非公意所赞同的活动。政治上许多强奸民意假公济私的恶习惯就由此养成。学校里学生自治会应该是一种雏形的民主政府,每个分子都应有参议表决的权利,同时也都应有不弃权的责任。凡关于学生全体利益的事应由学生们自己商讨处理,如起居、饮食、清洁卫生、公共秩序、公众娱乐诸项都无须教职员包办。自治会须有它的法律,有它的风纪,有它的社会制裁力。比如说,有一位同学盗用公物,侮谩师友或是考试舞弊,通常的办法是由学校记过惩处，但是理想的办法是由自治会公审公判，学生团体中须有公是公非，而这种公是公非应有奖励或裁制的力量。民主国家所托命的守法精神必须如此养成。

人群接触，意见难免有分歧，利害难免有冲突，如果各执己见，势必至于无路可通。要分歧和冲突化除，必须彼此和平静气地讨论，在种种可能的结论中寻一个最妥善的结论。民主政治可以说就是基于讨论的政治。学问也贵讨论，因为学问的目的在辨别是非真伪，而这种辨别的功夫在个人为思想，在团体为讨论，讨论可以说是集团的思想。一个理想的学校必须充满着欢喜讨论的空气。每种课程都可以用讨论方式去学习，每种实际问题都可以在辩论会中解决。在欧美各著名大学里，师生们大部分功夫都费于学术讨论会与辩论会，在这中间他们成就他们的学业，养成他们的政治习惯。在学校里是一个辩论家，出学校就是一个良好的议员或社会领袖。我们的一般学生以遇事沉默为美德，遇公众集会不肯表示意见，到公众有决定时，又不肯服从。这是一个必须医治的毛病，而医治必从学校教育下手。

处群训练一半靠教育，一半也要靠政治。社会仍是一种学校，政治对于公民仍是一种教育。政治愈修明，公民的处群训练也就愈坚实。政治体制有多种，最合理想的是民主。民主政治实施于小国家，较易收实效，因为全体人民可以直接参与会议表决，像瑞士的全体公决制。国大民众，民主政治即不能不采取代议方式。代议制的弊病在代议人不一定能代表公众意志，易流于寡头政治的变相。要补救这种弊病，必须力求下层政治组织健全，因为一般人民虽不必尽能直接参加国政，至少可以直接参加和他们最接近的下层行政区域的政治。我国最下层的行政区域是保甲，逐层递升为乡为县为区为省。保甲在历史上向来是自治的单位，它的组织向来带有几分民主精神。我们要奠定民主基础，必须从保甲着手。保甲政治办好，逐层递升，乡、县、区、省以至于国的政治，自然会一步一步地跟着好。英国政治是一个很好的先例。英国民主政治的成功不仅在国会健全，尤其在国会之下的区议会与市议会同样健全。市议会已具国会的雏形，公民在市议会所得的政治训练可逐渐推用于区议会和国会。一般人民因小见大，知道国会和市议会是一样，市民与市政府的关系也和国民与国政府的关系一样，知道国政与市政和己身同样有切身的利害，不容漠视，更不容胡乱处理。

健全下层政治组织自然也不是一件容易事。我们一方面须推广教育，提高人民知识和道德的水准，一方面也要彻底革除积弊，使人民逐渐养成良好的政治习惯。所谓良好的政治习惯是指一方面热心参与政治活动，一方面不作腐败的政治活动。我国一般人民正缺乏这两种政治的习惯，他们不是不肯参加政治活动，就是作腐败的政治活动。比如我们的政府近来何尝不感觉到健全下层政治组织的重要？保甲制正在推行，县政正在实验，下级干部人员经常在受训练。但是积重难返，实施距理想仍甚远。根本的毛病在没有抓住民治精神。民治精神在公事公议公决，而现在保甲政治则由少数公务员包办。一般保甲长和联保主任仍是变相的土豪劣绅，敲诈乡愚，比从前专制时代反而更烈。一般人民没有参与会议表决的机会，还是处在被统治者的地位。下情无由上达，他们只在含冤叫苦。一件事须得做时，就须做得名副其实，否则滋扰生事，不如不做为妙。县政实施本是为奠定民治基础，如果仍采土豪劣绅包办制，则结果适足破坏民治基础。这件事关系我国民治前途极大，我们的政治家不能不有深切的警戒。

民主政治与包办制如水火不相容。消极地说，废除包办制；积极地说，就是政治公开。这要从最下层做起，奠定稳固的基础，然后逐渐推行到最上层。政治公开有两个要义，一是政权委托于贤能，一是民意须能影响政治。先就第一点说，我国历代抡才，不外由考试与选举。考试是最合于民治精神的一种制度，是我国传统政治的一个特色。一个人只要有真才实学，无论出身如何微贱，可以逐级升擢，以至于掌国家大政。因此政权可由平民凭能力去自由竞争，不致为某一特殊阶级所把持乱用。中国过去政权向来在相而不在君，而相大半起家于考试，所以中国传统政体表面上为君主，而实为民主。后来科举专以时文诗赋取士，颇为议者诟病。这只是办法不良，并非考试在原则上有毛病。总理制定建国方略，考试特设专院，实有鉴于考试是中国传统政治中值得发挥光大的一点，用意本至深。但是我们并未能秉承总理遗教，各级公务员大部分未经考试出身，考试中选者也未尽录用，真才埋没，与不才而在高位的情形都不能说没有。这种不公平的待遇不能奖励贫士的努力而徒增长宵小夤缘幸进的恶习，政治上的腐浊多于此种因。要想政得其人，人尽其职，必须彻底革除这种种积弊而尽量推广考试制。至于选举是一般民主国家抡才的常径。选举能否成功，视人民有无政治知识与政治道德。过去我国选举权操纵于各级官吏，名为选举，实为推荐，不像在西方由人民普选。这种办法能否成功，视主其事者能否公允；它的好处在提高选举者的资格，即所以增重选举的责任，提高被选举者的材质。在一般人民未受健全的政治教育以前，我们可以略采从前推荐而加以变通，限制选举者的资格而不必限于官吏，凡是教育健全而信用卓著者都可以联名推选有用人材。选举意在使贤任能，如不公允，由人民贿买或由政府包办，则适足破坏选举的信用与功能，我们必须严禁。民主政治能否成功，就要看选举这个难关能否打破，我们必须有彻底的觉悟。

考试与选举行之得法，一切行政权都由贤能行使，则政治公开的第一要义就算达到。政治公开的第二要义是民意能影响政治。这有两端：第一是议会，第二是舆论。先说议会，民主政治就是议会政治。在西方各国，人民信任议会，议会信任政府；政府对议会负责，议会对人民负责。政府措施不当，议会可以不信任，议会措施不当，人民可以另选。所以政府必须尊重民意，否则立即瓦解。我国从民主政体成立以来，因种种实际困难，正式民意机关至今还未成立。召集国民代表大会，总理遗教本有明文规定，而政府也正在准备促其实现，这还需要全国人民共同努力。最要紧的是要使选举名副其实，不要再有贿买包办的弊病。

我国传统政治本素重舆论。"天视自我民视，天听自我民听"两句话在古代即悬为政治格言。历代言事有专官，平民上诉隐曲，也特有设备，在野清议尤为朝廷所重视。过去君主政体没有很长期地陷于紊乱腐败状态，舆论是一个重要的力量。从前的暴君与现代的独裁政府怕舆论的裁制，常设法加以压迫或控制，结果总是失败。"防民之口，甚于防川"是一点不错的。思想与情感必须有正当的宣泄，愈受阻挠愈一决不可收拾。近代报章流行，舆论更易传播。言论出版自由问题颇引起种种争论。从历史、政治及群众心理各方面看，言论出版必须有合理的自由。舆论与人民程度密切相关，自然也有不健全的时候，我们所应努力的不在钳制舆论，而在教育舆论。是非自在人心，舆论的错误最好还是用舆论去纠正。

以上所述，陈义甚浅，我们的用意不在唱高调而望能实践。如果政治方面没有上述的改革，群的训练就无从谈起。人民必有群的活动，群的意识，必感觉到群的力量，受群的裁制，然后才能养成良好的处群的道德。这是我们施行民治的大工作中的一个基本问题，值得政治家与教育家们仔细思量。

给《申报周刊》的青年读者

朋友们：

《申报周刊》在暑期中成为给学生诸君的赠品，编辑者邀我给诸位写几封信。这番盛意颇使我踌躇。"戏仿自己"，在写作者是低级趣味的表现，我从前已经写过《十二封信》，现在如果再来这一套似不免贻"冯妇下车"之诮。而且说话作文，都要一时兴到，随感随发。预定货品，限期点交，不是我的能力所做得到的事。我只希望，以后我常有兴会和时间和诸位谈心。心里有话时就说，无话时就不说，免得使朋友间的通信成为一种具文。

我常接到青年朋友的信，陈诉他们的烦闷。生在现代中国的青年，烦闷不能说是一种奢侈。一切烦闷都起于理想与现实的冲突。在现代中国，这种冲突比在任何时任何地都较剧烈。第一是内政和外交的不良，以及国民经济的破产，处处都令人对于国家前途悲观失望；第二是社会的不安影响到个人的学问事业。国家前途愈混沌，我们愈感觉到个人前途的渺茫。在学校肄业时代，多数人都受经济的压迫；到毕业以后，每个人都有失业的恐慌。虽然有一副热心肠要替社会做一番事业，社会总是不给你一个机会，纵然有了机会，社会积弊太深，你也往往觉得无从下手，有"独木难支大厦"之感。

理想青年

在这种情形之下，青年总是抱怨环境。说自己不能有成就，有理想不能实现，完全是因为环境恶劣。这种心理未尝不可原谅，但究竟是怯懦懒惰的表现。一个人对于自己须负责任，自己不肯对自己负责任，把一切错都推诿到环境：正犹如中国民族现在不能自拔于贫弱，一味委过于外国的富强一样，都是懦夫的举动。

我相信一个人如果有自信力和奋斗的决心，无论环境如何困难，总可以打出一条生路来。我有一个朋友，从小当兵出身，由小兵而升书记，每月只赚得三元五元钱的口粮，维持他的简单的生活，但他有自信力，有奋斗的决心，在誊写公文之暇看书写作，孳孳不辍，现在已成为中国的数一数二的小说家——沈从文先生。我又有一个朋友，在中学当教员，嫌现在教育制度不好，要自己办一个中学来实现他的"人格教育"的理想，就赤手空拳地求得一块地皮，凑齐一笔基金，盖起一座房屋，创办一个新型学校，后来这个学校因为在江湾被日本兵毁了，他又赤手空拳地把它重建起来，他自己因为学校的事积劳成疾死了，他的理想虽没有完全实现，可是许多青年和许多朋友的头脑里都还深深地印着他办事的毅力和待人的诚恳，觉得中国还有好人，中国还有可为——这是我生平所敬仰的无名英雄，为立达学园牺牲性命的匡互生先生。此外我还可以举许多实例，诸位自己也可以想出许多例子证明一个人如果肯奋斗，一定可以打出一条生路来，环境不是绝对不可征服的。

我们中国人向来有一句老话："有志者事竟成。"在这个紧急关头，我希望每个中国青年都记着这句话。个人不放弃他的自信力和奋斗的决心，全民族不放弃它的自信力和奋斗的决心，都脚踏实地做下去，前途决不像一般人所想象的那么黑暗。

人总要有志气，不过"志"字也容易引起误解。没有长翅膀想飞，没有学过军事学，当过兵，打过仗，而想将来做大元帅，没有循序渐进地学加、减、乘、除、比例、开方而想将来做算学上的发明家，那不是立"志"而是发狂妄的空想。"志"字的意义原来很混，它可以解作"意志"或"决心"(will)，可以解作"愿望"(wish)，也可以解作"目的"(purpose)，即古训所谓"心之所之"。一般青年心目中的"志"，往往全是"愿望"，而"有志者事竟成"一句话中的"志"应该是兼含"意志"和"目的"二义。认清"目的"，和达到"目的"的路，下坚忍不拔的"决心"向那条路去走，不达"目的"不止，这才是"立志"的真正的定义。"愿望"往往只是一种狂妄的妄想。一个小孩子说他将来要做大总统，一个乞丐说他将来成了大阔佬以后要砍他的仇人的脑袋，完全不思量达到这种目的的方法和步骤如何，那决不能算是"立志"。

我很相信卢梭在《爱弥儿》里所说的一段话。他的大意是说人生幸福起于愿望与能力的平衡，一个人应该从幼小就学会在自己的能力范围以内起愿望，想做自己所能做的事，能做自己所想做的事。这番话出诸信任自由的卢梭，我觉得更是青年人难得的针砭。真正的自信力要有自知力做基础。一般青年不患不能自信，而患不能自知；不患没有志向，而患把妄想误认为志向；不患志向不能远大，而患不"度德量力"，不切实，想得到而做不到。

青年人不满意于现在，都欢喜在辽远的未来望出一个黄金时代。这比老年人把黄金时代摆在过去，固然较胜一筹，但是也有一种危险，就是容易走到逃避现实，只一味地在一种可望不可攀的理想世界里做梦。这种办法好像一个穷人不脚踏实地做工作，只在幻想他将来得了航空奖券，怎样去过富豪阔绰的日子。

　　成功的秘诀并不在幻想中树一个很高远的目标，并不在打航空奖券中彩后的计算，而在抓住现在，认清现在环境的事实，认清自己的责任与力量，觉得目前事应该怎样做，就去怎样做，不把现在应做的事拖延到未来再做。时时抓住现在，随机应变，未来的事到时自有办法。对于现在没有办法，对于未来也决不会有办法。因为未来转眼就变成现在，你今天不打今天的计算只打明天的计算；到了明天，今天的机会错过了，今天所应做的事你没有做；明天的环境变迁了，今天所打的明天的计算在明天又不能适用。"延"与"误"两字永远是联在一起写的。

　　我很佩服英国人，他们总是事到头来，才想办法。事没有来到头来，他们总是冷静地等待着，观察着，今天决不打明天的计算。但是他们也决不肯放弃现在的机会，觉得一件事应该去做，就马上去做，不张皇也不迟疑。他们的国家内政外交如此，个人经营的事业也是如此。他们不幻想未来，他们的老谋深算都费在抓住现在和认清现在上面。他们出死力抓住现在，事到头来时，他们总是不慌不忙地处理得很妥当。这种冷静沉着的态度就是值得我们观摩的。

　　每个人都应该有一种生活方法，有一种处理生活的信条。我常把我的信条称为"三此主义"，"三此"者"此身"、"此时"、"此地"。这个主义包含三项事：

　　一、此身应该做而且能够做的事，就得让此身（自己）去做，不推诿给旁人。

二、此时应该做而且能够做的事，就得在此时做，不拖延到未来再做。

三、此地应该做而且能够做的事，就得在此地做，不推诿到想象中的另一种环境去做。

举一个实例来说。我现在当教员，我不幻想到做教育部长时再去设法整顿中国教育，也不把中国教育腐败的责任推诿到教育部长的身上。"不在其位，不谋其政"，但是在何种"位"就应该谋何种"政"，我当教员，就应该做教员分内所应尽的事。

我的信条可以一言以蔽之："从现世修来世。"瞧不起现世，是中世纪耶教徒的错误。如果你让现在长留在地狱的情况里，来世也决不会有天堂。我希望每个中国青年不要让来世的天堂麻醉他的意志，且努力在我们现在这个世界里用自己的力量去实现天堂。

光潜

二十五年七月，北平

在混乱中创秩序

——给《申报周刊》的青年读者（二）

朋友：

在上次信里，我反复说明现代青年应该认清现在和抓住现在，因为我觉得中国已经到了生死存亡的关头，青年们不容再有迟疑观望的余地了。如果我们这一代人再不振作，中国事恐怕就永无救药了。每个人都能见到这层，所缺乏的是抓住现在的决心与毅力。

现在中国社会的最大病象，在每个人都埋怨旁人而同时又在跟旁人一样因循苟且。大家都在想：中国社会积弊太深，多数人都醉生梦死，得过且过，纵然有一二人想抵抗潮流，特立独行，也无济于事，倒不如随波逐流，尽量谋个人的安乐。如果中国真要亡的话，那也是"天倒大家当"！

这种心理是普遍的，也是致命的。要想中国起死回生，我们青年首先应丢开这种心理。我们应明白：社会越恶浊越需要有少数特立独行的人们去转移风气。一个学校里学生纵然十人有九人奢侈，一个俭朴的学生至少可以显出奢侈与俭朴的分别；一个机关的官吏纵然十人有九人贪污，一个清廉的官吏至少可以显出贪污与清廉的分别。好坏是非都由相形之下见出。一个社会到了腐败的时候，大家都跟着旁人向坏处走，没有一个人反抗潮流，势必走到一般人完全失去好坏是非分别的意识，而世间便无所谓羞耻事了。所以全社会都坏时，如果有一个好人存在，他的意义与价值是不可测量的。

自己不肯做好人，不肯努力奋斗，只埋怨环境恶劣，不容自己做好人，这种人对于自己全不肯负责任，没有勇气担当自己的过失。他们的最恰当的名号是——"懦夫"！朋友，你抚躬自问，你能否很忠实大胆地向自己的良心说："我不是这种懦夫"呢？

现在许多青年都埋怨环境，揣其心理，是希望环境生来就美满，使他们一帆风顺地达到成功的目标。环境永远不会美满的。万一它生来就美满，所谓"成功"乃是"不劳而获"，或者说得更痛快一点，乃是像猪豚一样，"被饲而肥"。所以埋怨环境的心理，充其究竟，只是希望过猪豚生活的心理。人比猪豚较高一着，就全在他能不安于秽浊的环境，有一颗灵心，有一股勇气，要去征服自然，改造自然。

据宗教的传说，太初一切皆紊乱（chaos），上帝从紊乱中创出秩序（order），才有宇宙。我很欢喜这个传说，它的历史的真实性姑且不问，它对于人生却无疑地具有一种感发兴起的力量。人的一切有意义有价值的活动，像上帝创世一样，都是从紊乱中创出秩序。人的特长是思想。思想，无论是哲学和科学的，或是日常实用的，都是把本来紊乱的知觉或印象加以秩序化。比如说一个审判官断案，把所有的繁复的事实摆在一块参观互较，找出条理线索来，于是本来散漫的东西都连续起来，成为案情的证据，这就是思想的好例。艺术创作也是思想活动的一种。自然界的材料，无论是内心生活或是外界现象，初呈现于观感时原来都很紊乱，艺术家运用心灵的综合，逐渐把它们理出一个秩序来，创出一个形式来，于是才有艺术作品——一篇文章，一幅画或是一座像。推广一点来说，一切人工设施，一切社会制度，一切合理的生活，都是一种艺术，都是从紊乱中所挣扎出来的秩序。

现在中国社会是一团紊乱，谁也承认。它能否达到秩序，就看中国青年有没有艺术家的要求秩序的热忱以及创造秩序的灵心妙手，从这团紊乱中雕琢一种有秩序的形式出来。凡是紊乱都须经过一番整理，才能现出秩序。现在中国人的大病就在不下手做整理的工夫，只望着目前的紊乱发呆，或是怨天尤人。

我也常拿从紊乱中创秩序的必要和青年朋友们说，他们总是将信将疑。他们闪避责任的借口不外是个人的力量有限。他们想：秩序是全体的事，社会全体紊乱，纵有少数人在局部中创出秩序来，仍无补于全体的紊乱。筹划社会全体的秩序是握有政权者的职责，吾侪小民手无寸铁，对着临头大难，只有束手待毙而已。这种心理仍是希望有"真明天子"出来救中国的心理。"真明天子"是一个渺茫的幻象，纵然他出来了，小百姓们都不是奋发有为的材料，他一个人能把中国事情弄好吗？你如果把现在中国一切灾祸都归咎于政府，你对于这种灾祸之源的政府不设法制裁，它的存在根于你的容忍，到底它的误国的责任还要回到你自己的身上来。如果你说个人无组织，不能做出事来，谁教你不去组织，不去团结，不去造成能表现民意的势力呢？现代各民治国家所享受的自由都不是"天赋的"，都是人民自己挣扎奋斗得来的。你想想看英国的《大宪章》，法国的《人权宣言》，美国的独立，以及苏俄的经济制度的革命，哪一件不是从紊乱中所创出的秩序？哪一件不是人民自己努力奋斗的代价？

全体的紊乱固然可以妨碍局部的秩序，局部的紊乱也未见得可以造成全体的秩序。无论政论家怎么说，我始终坚信全体的秩序要以局部的秩序为基础。清道夫能尽清道的职，警察能尽警察的职，每个行人都守他所应守的规则，一条街道自然有秩序了。一个机关，一个乡村，或是一个国家也是如此。士农工商官吏军警都公而忘私，各尽其责，社会就决不会有紊乱的现象了。

一般青年都不免有几分夸大狂心理，常想到自己做了大总统或是什么总长，中国事就有办法，而他自己的作为也就来了。这是从前人所夸奖的"有大志"，而我们现代青年所应该痛恨深恶的怯懦（因为不敢担负目前的责任）和虚伪（因为夸大是自欺欺人）。一个农家子弟鄙视耕种，一个商家子弟鄙视贸易，或是一个清寒子弟一定要进大学出洋争头衔，多少都是怯懦和虚伪的表现。要做事何处不可做，何必一定要做大总统？要造学问或地位何处不可造，何必一定要大学或留学的头衔？一种职业只要是有益于社会，纵然是挑大粪，或是补破皮鞋，应该和做总统或当大学教授享同样的尊重。把同是有益的职业加以高低评价，是封建社会和虚骄心理的流毒。没有哪一国的青年比中国青年这种流毒更深。现代中国青年如果要谋心理改造，我以为首先应铲除这种流毒。应该认清事业只有益与害的分别，没有贵与贱的分别。

在孙中山先生所说的许多话中最使我念念不忘的，不是他的《建国方略》或是《遗嘱》，而是他在香港大学演讲时所说的一段自供。他在少年时嫌他住的中山（那时叫香山）县的街道龌龊，就自己去做清道夫，拿扫帚去把他的门前和邻近的街道逐渐扫干净。这就是我所说的"在紊乱中创秩序"。孙先生后来奔走革命，仍然不过是本着这种厌恶紊乱要求秩序的精神。在平民的地位，他能够扫清污浊的街道，在握政权的地位，他就能筹划洗清政治上的种种紊乱。在未握政权之前，你且莫作握政权以后的夸大语，或是埋怨现在握权的人，你且自问：现在你能力范围以内的事你是否都尽力做过。

你说你现在无事可做么？你的书桌应该理，你的卧室应该检点干净，你的村子里应该多栽几棵树，你的邻坊子弟不识字的太多，你乡里还有许多土豪劣绅敲诈唆讼，你的表兄还在抽鸦片烟，你的外祖母还说曹锟在做大总统……这些数不尽的事不都是你的事么？

大处着眼，小处下手。时时刻刻都用力去从紊乱中创出秩序，无论你的力量所达到的范围是一间屋，一条街，一个乡村或是一个国家。你能如此，旁人也都能如此（旁人的事你暂且莫管），社会自然有秩序，中国事也自然会改头换面了。

朋友，让我复述前信中的话，从今日起，从此地起，从你自己起！把你目前一切紊乱都按部就班地化成秩序！这是我对于你的最虔敬的祝福语。

光潜

谈理想与事实

——给《申报周刊》的青年读者（五）

朋友：

前几天有一位师范大学朱君来访，闲谈中他向我提出一个很严重的问题："现代社会恶浊，青年人所见到的事实和他自己所抱的理想常相冲突，比如毕业后做事就是一个大难关。如果要依照理想，廉洁自矢，守正不阿，则各机关大半是坏人把持住，你就根本不能插足进去，改造社会自然是谈不到。如果不择手段，依照中国人谋事的习惯法，奔走逢迎，献媚权贵，则你还没有改造社会，就已被社会腐化。我自己也很想将来替社会做一点事，但是又不愿同流合污，想到这一层，心里就万分烦恼。先生以为我们青年人处在这种两难的地位，究竟应该持什么一种态度呢？"

朱君所提出的只是理想与事实的冲突的一端。其实现在中国社会各方面，从家庭、婚姻、教育、内政、外交，以至于整个的社会组织，都处处使人感到事实与理想的冲突。每一个稍有良心的人从少到老都不免在这种冲突中挣扎奋斗，尤其是青年有志之士对于这种冲突特别感到苦恼。大半每个人在年轻时代都是理想主义者，欢喜闭着眼睛，在想象中造成一座堂华美丽的空中楼阁。后来入世渐深，理想到处碰事实的钉子，便不免逐渐牺牲理想而迁就事实。一到老年，事实就变成万能，理想就全置度外。聪敏者唯唯否否，圆滑不露棱角；奸猾者则钻营竞逐，窃禄取宠，行为肮脏而话却说得堂皇漂亮。我们略放眼一看，就可以见出许多"优秀分子"的生命都形成这么一种三部曲的悲剧。

我常想，老年人难得的美德是尊重理想，青年人难得的美德是尊重事实。老年人我们姑且不去管他们，死在等待他们，他们纵然是改进社会的一个大累，不久也就要完事了。"既往不咎，来者可追。"我们这个时代的中国青年所负的责任特别繁重，中国事有救与无救，就全要看这一代人的成功与失败。一发千钧，稍纵即逝。这个时代的中国青年应该认清他们的责任，认清目前的特殊事实，以冷静而沉着的态度去解决事实所给的困难。最误事的是不顾事实而空谈理想。

我还记得那一次我回答朱君的话。我说：什么叫做"理想"？它不外有两种意义：一种是"可望而不可攀，可幻想而不可实现的完美"。比如说，在许多宗教中，理解的幸福是长生不老；它成为理想，就因为实际上没有人能长生不老。另一种是"一个问题的最完美的答案"或是"可能范围以内的最圆满的办法"。比如说，长生不老虽非人力所能达到，强健却是人力所能达到的。就人所能谋的幸福说，强健是一个合理的理想。这两种理想的分别在一个蔑视事实条件，一个顾到事实条件；一个渺茫空洞，一个有方法步骤可循。第一种理想是心理学家所谓想象中的欲望的满足，在宗教与文艺中自有它的重要，可是决不能适用于实际人生。在实际人生中，理想都应该是解决事实困难的最合理的答案。一个理想如果不能解决事实困难，永远与事实困难相冲突，那就可以证明那个理想本身有毛病，或者可以说，它简直不成其为理想。现代青年每遇心里怀着一个"理想"时，应该自己反省一遍，看它是属于我们所说的两种理想中的哪一种。如果它属于前一种，而他要实现它，那末，他就是迂诞、狂妄、浮躁、糊涂，没有别的话。如果它属于后一种，他就应该有决心毅力，有方法程次，按部就班地去使它实现。他就不应该因为理想与事实冲突而生苦恼或怨天尤人。

比如就青年说，有两个问题最切要：第一是怎样去学一点切实的学问？第二是学成之后，怎样找机会去做事？一般青年对于求学问题所感到的困难不外两种。一种是经济困难。在现在经济破产状况之下，十个人就有九个人觉到由小学而中学，由中学而大学这一笔费用不易筹措。天灾人祸，常出意外，多数青年学生都时时有被逼辍学的可能。另一种是学力问题。学校少而应试者多。比如几个稍好的大学每年都有四五千人应试，而录取额最多只有四五百名。十人之中就有九人势须向隅。这两种事实都是与青年学生理想相冲突的。一般青年似乎都以为读书必进大学，甚至于必进某某大学；如果因为经济或学力的欠缺，不能如自己所愿望，便以为学问之途对于自己是断绝了。我以为读书而悬进大学或出洋为最高标准，根本还是深中科举资格观念的余毒。做学问的机会甚多，如果一个人真是一个做学问的材料，他终久总可以打出一条路来。如果不是这种材料，天下事可做的甚多，又何必贪读书的虚荣？就是读书，一个人也只能在自己的特殊经济情形和资禀学力范围之内，选择最适宜的路径。种田、做匠人、当兵、做买卖，以至于更卑微的职业也都要有人去干；干哪一行职业，也都可以得到若干经验学问。哲学家斯宾诺莎不肯当大学教授而宁愿操磨镜的微业以谋生活。这种精神是最值得佩服的。现在中国青年大半仍鄙视普通职业。都希望进大学、出洋、当学者、做官，过舒适的生活。这种风气显然仍是旧日科举时代所流传下来的。学者和官僚愈多，物质消耗愈大、权利竞争愈烈，平民受剥削愈盛，社会也就愈不安宁。我们试平心而论，这是不是目前中国的实在情形？

如果一般青年能了解这番道理，对于择校选科，只求在自己的特殊情形之下，如何学得一副当有用的公民的本领，不一定要勉强预备做学者或官僚，我相信上文所说的第二个问题——做事问题——就不至于像现时那么严重。在中国现在百废待举，一个中学生或大学生何至没有事可做？一个不识字的人还可以种田做买卖，难道一个受教育的人反不如乡下愚夫愚妇？事是很多的，只是受过教育的人不屑于做小事。事没有人做，结果才闹成人没有事做。

我劝青年们多去俯就有益社会的小事，并非劝他们一定不要插足于政治教育以及其他较被优待的职业。这些事也要有人去做，而且应该有纯洁而能干的人去做，现在各种优遇位置大半被一般有势力而无能力的人们把持，新进者不易插足进去。这确是事实，但不是不可变动的事实。恶势力之所以成为势力，大半是靠团结。要打破一种恶势力，一个人孤掌难鸣，也一定要有团结才行。中国青年的毛病在洁身自好者不能团结，能团结者又不免同流合污，所以结果龌龊者胜而纯洁者败。谈到究竟，恶势力在一个社会里能够存在，还要归咎于纯洁分子的惰性太深，抵抗力太小。要挽

谈理想与事实

救目前中国社会种种积弊，有志的纯洁青年们应该团结起来，努力和恶势力奋斗。比如说一乡一县的事业被土豪劣绅把持，当地的优秀青年如果真正能团结奋斗，决不难把事权夺过来。推之一省一国，也是如此。结党、造势力、争权位都不是坏事；坏事是结党而营私，争权位而分赃失职。只要势力造成权位争得以后，自己能光明正大地为社会谋福利，终久总可以博得社会的同情，打倒坏人所造成的恶势力。社会的同情总是站在善人方面，"人之好善，谁不如我？"现在许多人都见到社会上种种积弊和补救的方法，只是每个人都觉得自己力量孤单，见到而做不到。其实这里问题很简单，大家结团结起来就行了。在任何社会，有一分能力总可以做一分事，做不出事来，那是自己没有能力，用不着怨天尤人。

　　理想不应与事实冲突，不但在求学谋事两方面是如此，其他一切也莫不然。比如说政治，现在一般青年都仿佛以为一经"革命"，地狱就可以立刻变成天国。被"革命"的是什么？革命后拿什么来代替？怎样去革命？第一步怎样做？第二步怎样做？遇到难关又怎样去克服？这些问题他们似乎都不曾仔细想过，只是天天在摇旗呐喊。我们天天都听到"革命"的新口号，却没有看见一件真正"革了命"的事迹。关于这一点，目前知识界的"领袖"们似乎说不清他们的罪过，他们教一般青年误认喊革命口号为做革命工作，误认革命为一件无须学识与技能的事业。"革命"两个字在青年心理中已变成一种最空洞不过的"理想"，像道家所说的"太极"，有神秘的面貌而无内容，它和事实毫不接头，自然更谈不到冲突。

政治理想是随时代环境变迁的。我们不要古人为我们打算盘，也大可不必去替后人打算盘。每一个国家的最好的政治理想应该是当时当境的最圆满的应付事实的方法。目前中国所有的是什样的事实？民穷国敝，外患纷乘，稍不振作，即归毁灭。这种事实应该使每个有头脑的中国人觉悟到：在今日谈中国政治，"图存"是第一要义。中国是一个久病之夫，一切摧残元气的举动，一切聊快一时的毁坏，都与"图存"一个基本要义不相容。"社会革命"，"打倒帝国主义"，"永久平等"，"大同平等"，种种方剂都要牵涉到全世界的制度组织。在加入这个全世界的大战线以前，中国人首先须要把自己训练到能荷枪执戟，才可以有资格。

这番话对于现代青年是很苦辣不适口的。我只能向他们说：高调谁也会唱，但是我的良心不容许我唱高调，因为我亲眼看见，调愈唱得高，事愈做得坏，小百姓受苦愈大，而青年也愈感彷徨怅惘。

光潜

谈十字街头

朋友：

岁暮天寒，得暇便围炉嘘烟遐想。今日偶然想到日本厨川白村的《出了象牙之塔》和《走向十字街头》两部书，觉得命名大可玩味。玩味之余，不觉发生一种反感。

所谓《走向十字街头》有两种解释。从前学士大夫好以清高名贵相尚，所以力求与世绝缘，冥心孤往。但是闭户读书的成就总难免空疏虚伪。近代哲学与文艺都逐渐趋向写实，于是大家都极力提倡与现实生活接触。世传苏格拉底把哲学从天上搬到地下，这是"走向十字街头"的一种意义。

学术思想是天下公物，须得流布人间，以求雅俗共赏。威廉·莫里斯和托尔斯泰所主张的艺术民众化，叔琴先生在《一般》诞生号中所主张的特殊的一般化，爱迪生所谓把哲学从课室图书馆搬到茶寮客座，这是"走向十字街头"的另一意义。

这两种意义都含有极大的真理。可是在这"德谟克拉西"呼声极高的时代，大家总不免忘记关于十字街头的另一面真理。

十字街头的空气中究竟含有许多腐败剂，学术思想出了象牙之塔到了十字街头以后，一般化的结果常不免流为俗化(vulgarized)。昨日的殉道者，今日或成为市场偶像，而真纯面目便不免因之污损了。到了市场而不成为偶像，成偶像而不至于破落，都是很难的事。老庄经过流俗化以后，其结果乃为白云观以静坐骗铜子的道士。易学经过流俗化以后，其结果乃为街头摆摊卖卜的江湖客。佛学经过流俗化以后，其结果乃为祈财求子的三姑六婆和秃头肥脑的蠢和尚。这都是世人所共见周知的。不必远说，且看西方科学哲学和文学落到时下一般打学者冒牌的人手里，弄得成何体统！

寂居文艺之宫，固然会像不流通的清水，终久要变成污浊恶臭的。可是十字街头的叫嚣，十字街头的尘粪，十字街头的挤眉弄眼，都处处引诱你汩没自我。臣门如市，臣心就决不能如水。名利声势虚伪刻薄肤浅欺侮等等字样，听起来多么刺耳朵，实际上谁能摆脱得净尽？所以站在十字街头的人们——尤其是你我们青年——要时时戒备十字街头的危险，要时时回首瞻顾象牙之塔。

十字街头上握有最大权威的是习俗。习俗有两种，一为传说(tradition)，一为时尚（fashion）。儒家的礼教，五芝斋的馄饨，是传说；新文化运动，四马路的新装，是时尚。传说尊旧，时尚趋新，新旧虽不同，而盲从附和，不假思索，则根本无二致。社会是专制的，是压迫的，是不容自我伸张的。比方九十九个人守贞节，你一个人偏要不贞，你固然是伤风败俗，大逆不道；可是如果九十九个人都是娼妓，你一个人偏要守贞节，你也会成为社会公敌，被人唾弃的。因此，苏格拉底所以饮鸩，伽利略所以被教会加罪，罗曼·罗兰、罗素所以在欧战期中被人谩骂。

本来风化习俗这件东西，孽虽造得不少，而为维持社会安宁计，却亦不能尽废。人与人相接触，问题就会发生。如果世界只有我，法律固为虚文，而道德也便无意义。人类须有法律道德维持，固足证其顽劣；然而人类既顽劣，道德法律也就不能勾消。所以老庄上德不德绝圣弃智的主张，理想虽高，而究不适于顽劣的人类社会。

习俗对于维持社会安宁，自有相当价值，我们是不能否认的。可是以维持安宁为社会唯一目的，则未免大错特错。习俗是守旧的，而社会则须时时翻新，才能增长滋大，所以习俗有时时打破的必要。人是一种贱动物，只好模仿因袭，不乐改革创造。所以维持固有的风化，用不着你费力。你让它去，世间自有一般庸人懒人去担心。可是要打破一种习俗，却不是一件易事。物理学上仿佛有一条定律说，凡物既静，不加力不动。而所加的力必比静物的惰力大，才能使它动。打破习俗，你须以一二人之力，抵抗千万人之惰力，所以非有雷霆万钧的力量不可。因此，习俗的背叛者比习俗底顺从者较为难能可贵，从历史看社会进化，都是靠着几个站在十字街头而能向十字街头宣战的人。这般人的报酬往往不是十字架，就是断头台。可是世间只有他们才是不朽，倘若世界没有他们这些殉道者，人类早已为乌烟瘴气闷死了。

一种社会所最可怕的不是民众肤浅顽劣，因为民众通常都是肤浅顽劣的。它所最可怕的是没有在肤浅卑劣的环境中而能不肤浅不卑劣的人。比方英国民众就是很沉滞顽劣的，然而在这种沉滞顽劣的社会中，偶尔跳出一二个性坚强的人，如雪莱、卡莱尔、罗素等，其特立独行的胆与识，却非其他民族所可多得。这是英国人力量所在的地方。路易·狄更生尝批评日本，说她是一个没有柏拉图和亚里士多德的希腊，所以不能造伟大的境界。据生物学家说，物竞天择的结果不能产生新种，须经突变(sports)。所谓突变，是指不像同种的新裔。社会也是如此，它能否生长滋大，就看它有无突变式的分子；换句话说，就看十字街头的矮人群中有没有几个大汉。

说到这点，我不能不替我们中国人汗颜了。处人胯下的印度还有一位泰戈尔和一位甘地，而中国满街只是一些打冒牌的学者和打冒牌的社会运动家。强者皇然叫嚣，弱者随声附和，旧者盲从传说，新者盲从时尚，相习成风，每况愈下，而社会之浮浅顽劣虚伪酷毒，乃日不可收拾。在这个当儿，站在十字街头的我们青年怎能免彷徨失措？朋友，昔人临歧而哭，假如你看清你面前的险径，你会心寒胆裂哟！围着你的全是肤浅顽劣虚伪酷毒，你只有两种应付方法：你只有和它冲突，要不然，就和它妥洽。在现时这种状况之下，冲突就是烦恼，妥洽就是堕落。无论走那一条路，结果都是悲剧。

但是，朋友，你我正不必因此颓丧！假如我们的力量够，冲突结果，也许是战胜。让我们相信世界达真理之路只有自由思想，让我们时时记着十字街头肤浅虚伪的传说和时尚都是真理路上的障碍，让我们本着少年的勇气把一切市场偶像打得粉碎！

最后，打破偶像，也并非卤莽叫嚣所可了事。卤莽叫嚣还是十字街头的特色，是肤浅卑劣的表征。我们要能于叫嚣扰攘中：以冷静态度，灼见世弊；以深沉思考，规划方略；以坚强意志，征服障碍。总而言之，我们要自由伸张自我，不要汩没在十字街头的影响里去。

朋友，让我一齐努力罢！

你的朋友　孟实

消除烦闷与超脱现实

王君光祈在本志《学生生活号》发表的《中国人之生活颠倒》那篇文章，把青年烦闷之最大原因，可算说得透辟极了。不过王君的娓娓动听的文笔很遮盖一些美中不足。人生各时期有各时期的嗜好，要有机会自由发展，免得斫丧生机。这话固然含有至理。但是假使吾人都能及时行乐，不至有"过时之感"，世间便可以没有烦闷苦恼么？在王君的意见，欧洲人无论男女老幼都及时行乐，所以他们的生活最愉快。但是我们研究欧洲近代文学，似乎觉得欧洲人心窝里也还有许多忧愁愤懑。罗素到中国看见农夫走贩，和寺庙里罗汉菩萨一样，都满面带着笑容，以为中国人是最能快乐的一个民族，非欧洲人梦想所能及。从这点看起来，各人自己的苦乐，只有各人自己心里晓得。我们不能假定欧洲人没有过时之感，所以就没有烦闷；而推论到烦闷的原因完全由于过时之感，只要及时行乐，便不会有烦闷。

理想上可然的事情，没有限制，事实上竟然的事情，就要受环境的因果律支配。欲望跟着理想走，是一件随时伸缩不可餍足的东西，背着太阳走路，影子比身子总要前一步。欲望和行乐的关系，也很像影子和身子。你今天及时行乐吗？你的欲望已跑前一步了。假使明天有机会餍足今天的欲望，后天又有机会餍足明天的欲望，如此展转下去，有求必应；那么，烦闷自无从发生，王君的原理，自然可以成天经地义。但是世事不尽由人算。实际上我们许多的梦想，到底都石沉云散归于乌有。欲望不餍足，就是失望的代名词；失望又可以说是烦闷的代名词。那么，因为乐到这步田地，望到那步田地，失望便烦闷；我们可以说，今天行乐便种下明天烦闷的种子。这样凭空说话，人家或者要骂我玄之又玄。现在说一个具体的例子。吃了早饭没中饭的穷措大，看见别人食前方丈，便以为到了这步田地，就尽了人生之乐事了。但是他既然狂饮大嚼，看见坐高车驱驷马的人，又想那个人何等阔绰！他自己还没有尝过这种滋味咧！不多会儿，他有马车坐了，又想没有一个很亲爱的很美貌的妻子，人生究竟还没有真正的乐趣。好了，他现在有了妻子了。伉俪间遐情逸致，南面王也不能易其乐呀！可是过了几年，姣且好者变成老而丑了。他又想，"嗳！这究竟还不是我的理想的至乐。"以前希望一件就有一件，尚不免有些儿无聊赖。倘若希望这件，得不了这件，希望那件，得不了那件，生活不更加枯燥无味，不更加惹人烦闷么？实际上失望比得意似乎较普通一点。照我们的理想，世界应该不仅是如此如此。然而现实偏偏不由人算，走他自己的路。感情冷淡的人对于这般情景，还不觉得什么无可奈何，至多不过叹口气说，"天实为之，于人何尤！"于是就是这样了事。可是在富于感情的人看他们亲爱的梦想都不能实现，便有些儿不服气。现实比冰还冷，比铁还硬，哪管你服气不服气哟？现实越发不如人期望，人生就越发枯燥无味。于是失望、丧气、悲观厌世……都蜂拥而来了。总而言之，烦闷生于不能调和理想和现实的冲突。

消除烦闷与超脱现实

少年气盛的人总说"什么烦闷呀,什么调和理想与现实的冲突呀,都是懦夫口里说的话。因为社会黑暗,环境困难,我们才不虚生。不然,我们生在世间就专为过太平日子么?别的人尽管烦闷,我呢,决不屑失望和悲观。我以为人生任务只有奋斗。奋斗到征服环境为止。"我也是极端主张和环境奋斗的一个小卒,可是我同时也相信环境是极不容易征服的。

你看这一阵和环境奋斗过的人!他们面目上毫无有温热气和闪烁的光彩了。或者他们的头脑中也不复有什么高尚的意志和坚强的决心了吧!殷仲堪有一天在园里看见一棵枯树,便深深叹一口气说,"此树婆娑,生意尽矣!物犹如此,人何以堪"?看见没生气的冷冰的行尸走肉,怎么不叫人作同样的感想!但是,我们如何能瞧他们不起。十年前他们也和你和我一样,也很兴会淋漓地用热心毅力去干事,也很有百折不挠的气概咧,不过现在环境把他们征服了罢了。

你再看这一阵和环境奋斗过的人!他们看见世事一天坏似一天,心里虽然不服气,可是心力俱瘁无可如何。个个人都在那边愁着眉毛叹气。这个人说,"神州莽莽,阴霾四布。流离浩劫,人间何世!"那个人说,"皇皇大陆,吾人将于何处觅一片干净土耶!"这个人想,像这样活着,倒不如死,还是把万事丢开,投海去罢。那个人想,世事已不堪问,我姑且寄情于醇酒妇人,借以消愁解闷罢!嗳!谁晓得这种悲观哲学消磨了几多有用之才哟?但是,我们且慢些去怜惜。他们十年前也像你和我一样,也很抱乐观,也时常说,长夜漫漫,终有时旦,只要精诚贯彻,金石都自然会破裂咧。不过现在环境把他们征服了罢了。

我们说话论事，一方面要顾及当然，一方面也要顾及可然。就当然说，环境要降服，理想才可以实现。但是环境如何可以征服，我们也不可不注意。许多人起初都发愿要征服环境，何以后来大半反为环境征服？我们自然会说，因为他们的精神不能坚持到底。但是，他们的精神何以不能坚持到底？我们可以说，因为他们的精神不能超脱现实。一个人如果只能在现实界活动，现实如果顺遂，他自然可以快乐；但是现实如果使他的活动不成功，而他又没有别条路可以去求慰安，他自然要失望悲观。但是，倘若他的精神能够超脱现实，现实的困难当然不能叫他屈服，因为他还可以在精神界求慰安。现实既然不能屈服他的精神，那么，他自然可以坚持到底和环境奋斗了。

超脱现实的方法也很多。最普通的要算宗教信仰。现世一切苦恼不用说罢！灵魂不灭，来世的天堂快乐还不晓得有多么可爱。现在不过是时间的太仓一粟。我们撑持肉体活着，是一件极偶然的现象。在这个撑持肉体活着一顷间，就有一些儿苦痛，那值得愁眉蹙额？不错，现世一切奋斗，眼前似乎没有大的效果。但是，我们不必因此失望灰心，我们现在不过是播种子，将来一定有岁物丰成的日子。这些话是极浅近的极普通的宗教信仰。我自己既不是一个教徒，也不敢和打维护科学招牌的人搬唇舌。不过我很忠实地相信纯粹的宗教对于人类，利害相权，还是利多害少。倘若现世的苦乐不能叫普通人趋善避恶而宗教能够做这件事，为什么宁愿普通人做过恶不去信仰宗教？假使大家都觉得现世烦恼，假使宗教可以安慰他们的精神，为什么把烦恼的人逼到山穷水尽，不知去向？我也十分相信宗教原来是一种自欺。可是这究竟根于人性，不可免的。心理学家对我们说过，就是通常所谓理智 (rationalization)，也大半是自欺的结果，你说宗教靠不住，理智又靠得住么？人类行为大部分都受感情支配。事前并不很揣摩为什么要这样做。事后追维，才找出一些理由来解释庇护自己的以往举动。这种理由和以往举动或毫无关系，不过姑且拉来自宽怀抱罢了。在理论上，吾人生活当全然受理性支配，但是在实际上，吾人生活是不受理性支配的。因为无意识和感情在那儿默化潜移，意识的防范实在鞭长不及马腹。所以想养成道德的习惯，与其锻炼理智，不如陶冶感情。宗教也是一种陶冶感情的工具。宗教何以能陶冶感情呢？感情是一件极活泼的东西，如果不得寄托的处所，来自由活动，便会游离不定。感情游离不定，结果就是精神失常，小而烦闷，大而疯癫。宗教的长处，就在能把游离不定的感情引到一个安顿的地方。这种陶淑作用 (sublimation)，弗洛伊德 (Freud) 和荣格 (Jung) 一派的心理学家说得非常透辟，我在这里也无须多话。不过添一句话代宗教辩护：托尔斯泰、甘地一流的人物，如果没有宗教做他们的精神元素，他们的生活决不像那样可爱、那样能感发兴起；希伯来和穆斯林两个民族，如果没有宗教做团结的线索，他们早当让极艰苦的环境征服了。

这番话谈给科学成见很深的人听，或者不能叫他们相信。那么，他们如果想解除烦闷，就要在美术中寻慰情剂，因为美术也很能使人超脱现实的。美术何以能使人超脱现实呢？一、就创作美术的人说，美术虽借现实做资料，但是对于资料的应用支配，美术家能够本着自己的创造理想，伸缩自由。在现实范围里说话，空中决计不能起楼阁。美术便没有这种限制。所以现实界不能实现的理想,在美术中可以有机会实现。二、就欣赏美术的人说,美术能引起快感,而同时又不会激动进一步的欲望;一方面给心灵以自由活动的机会,一方面又不为实用目的所扰。譬如在实际上看见一个美人,占有欲就蠢蠢欲动。但是看雷阿那多·达·芬奇画的《蒙娜丽莎》,如果曾经受过美术的陶冶,那时心神只像烟笼寒水,迷离恍惚,把世界上一切悲欢苦乐遗忘净尽了,还有什么欲望?我有一次劝一个学数理的朋友偷暇学一点文学,或者他的心绪不像那样干枯烦躁;他说,"写实派文学把黑暗世界越发写得黑暗,读这种文学不叫人更悲观么?"我虽然觉得我生平所经过的极乐心境,是在深夜读含有悲剧元素的文字;但是我那时不能对这位朋友解释这种心理作用,所以我的朋友把我的忠告置之一笑就算了。后来读爱宾浩斯(Ebbinghaus)的心理学美术章,才恍然大悟。吾人生机时时刻刻求活动。生机发泄,感觉愉快;生机抑郁,感觉烦闷。所以遇着悲痛,哭一场就消了劲。生机不一定要在现实界才能发泄,美术也是一个极好的发泄生机的尾闾。在美术中发泄生机,所感的快乐比在现实界还更加纯粹深厚,因为没有实用的目的来滋扰。譬如在现实界看见父子三人都被恶蛇捆绞在一起,心里只有恐惧哀矜种种的不快之感。可是欣赏希腊著名雕刻《拉奥孔》(Laocoon),这种哀矜恐惧虽还有若干存在,但是他们都变成愉快的感觉了。这就是因为心里没有实用目的来烦扰。哀矜恐惧两种感情发泄了,然而心目中没有生死存亡的念头,没有逃脱抵抗的打算,所以虽哀矜恐惧而还能十分愉快。普通人在饮食男女名誉权利场合中生机受了挫折,便不知道向他方面求发泄,所以抑郁,所以烦闷。谁肯宣传美术的福音来救济这些无数在苦海中挣扎的失望者呢?

　　美术不但可以使人超脱现实,还可以使人在现实界领悟天然之美,消受自在之乐。自然界有多少美致,人生有多少妙趣,在粗心浮气的人看,都忽略过去。经美术家一指点,美就确乎是美,妙就确乎是妙。谁没有看过流水?不过在普通人看,流水只是流水罢了,孔子一看到,便叹气说:"逝者如斯夫,不舍昼夜!"这样一指点,滚滚东流的水便含有无限生机,无限悲感。谁没有看见鸟鹊在树林里度日子?陶渊明看见,便推出一种极乐的人生观哲学。"众鸟欣有托,吾亦爱吾庐"两句诗把宇宙写得多么可爱!美术家不但在花明风惠的境界,可以领略鱼跃鸢飞的乐趣,就是在极细微处——甚且在极悲惨处——也能寻出赏心乐事。托尔斯泰是一个最好例子。在他的《战争与和平》里面,那位彼得在牢狱中饥寒交迫,人生之苦,无不备尝。但是一天他看见天上月明如水,牢狱四围的园林山谷都空濛澄澈,一望无际,他就恍然觉悟人生的至乐,不是环境可以磨灭的。在他的《神在爱所在》那篇小说里,一个极穷苦的鞋匠梦见上帝要到他家里来,从天早候到天晚,只有一个扫雪的苦工来分他屋子里的暖气,和一个抱着呱呱哭的孩子的丐妇来分他的几粒豆饭。他就因而觉悟神在爱所在的道理,心里便二十四分的畅快。这不过是偶尔想出来几个例子。其实我所见到的何及恒河一粒沙哟!我相信人肯受美术陶冶,世界和人生决不至枯燥无味。烦闷无形消灭,自然不消说了。

　　除宗教家和美术家以外,最能超脱现实的要算是婴儿。他们高起兴来,就结队搬砖弄瓦呀、捉迷藏呀……玩得不公平,便打一个痛快架,打痛了,便索性哭一场。哭过了,就揩干眼泪,开笑脸再去做别的玩艺。他们天真烂漫，完全趁着一时的兴会做事，绝对不瞻前顾后，所以他们生活最愉快。人生快乐倘若想完备，一定要保存一点孩子气，这种孩子气应用非常之广。孔子有一天问门弟子的志愿，许多人都说一些什么兴邦治国。曾点一个人却说，"春服既成，冠者五六人，童子六七人，浴乎沂，风乎舞雩，咏而归。"孔子听过，便不迟疑地宣布"吾与点也"。曾点的长处就在能保一种天真烂漫的孩子气。孔子称许他，或则也因为"大人者无失其赤子之心"罢。王徽之的故事也是一个好例子。有一晚雪后初晴，月亮照得非常光澈。他忽然想到他的朋友处谈谈心。立刻间他就撑只小船去了。不多会儿到他朋友的门口了，他忽然地又抽身转去。人问他的缘故，他说：我"乘兴而来，兴尽而返"。何足为奇？像这一流人物才晓得人生在世，怎样才能怡情养性，无沾无碍咧！有些人或者骂这种习惯带着臭名士气。他们自然也许有他们的高见。不过我想这种天真烂漫无沾无碍的气象倘若不用到过分，实在对于精神的卫生有许多裨益。人的精力无论属于精神方面或者身体方面，都有一个限度。譬如弓弦，拉到满引的时候，倘若不放松一点，怎么可以再加力？纵使再加力，怎么能不崩折？普通人无论何时何地，都一样地认真到底，不能稍稍放肆一点。所以容易倦怠，容易灰心。孩儿气的好处就在有时使人偶尔把现实的重载卸在旁边，让心灵偷点空儿休息，好预备再出力。

这三个方法，我个人认为可以超脱现实，解除烦闷。别人——科学家和哲学家——也许在别的地方寻出超脱现实解除烦闷的方法，不过我没有经验，不能说话。我和王君光祈的出发点都是给生机以自由活动的机会。不过王君着重的是人生各时期有各时期的嗜好，要随时餍足。所以王君似乎主张生机只可以在现实界活动；如果现实界活动不成功，便使人生烦闷。我的主张是一种补充的办法。我以为生机不仅可以在现实界活动，如果在现实界受了挫折，不一定使人生烦闷，因为他还可以超脱现实在精神界求慰安。就积极方面说，超脱现实，就是养精蓄锐，为征服环境的预备。就消极方面说，超脱现实，就是消愁遣闷，把乐观、热心、毅力都保持住，不让环境征服。在我国现在状况之下，谁晓得有多少失望者与悲观者？我很惭愧这篇文章不能把超脱现实的道理说得透彻，使他们感发兴起；但是我很希望享受过精神上的至乐的人多用工夫来宣传超脱现实的福音，来救济众生咧。

学业·职业·事业

每个有志气的人，在他的生平都不免为三件事操心。在学校时代，他关心学业；离开学校，他关心职业；有了职业，他关心事业。这自然只是一种粗略的分期，也有许多人始终就专在学业、职业或事业上打计算。总之，这三个名词的意义对于一般人大半不成为问题，不过从逻辑的眼光来分析，我们不能说它是三件互不相同的事。它们的关系还须待确定。

先说"业"。《说文》所定的这个字的原始意义是钟架上一块木板，与我们所谈的没有多大关系。就"业"字所常用在的语句看，（如"进德修业"，"业精于勤"，"以农为业"，"成大业"，"创业守成"等等），我们可以看出两点：第一是学业、职业和事业都可以叫做业，第二是这个"业"字含有相当指流行语"工作"一词的意义。佛典常用"业"字，和"行"字同义，凡人为造作通可叫做"业"，例如思想、言语、行为，都可是一种"业"，"业"简直就相当于流行语的活动。我们可以说，"业"是人运用他的力量做一种工作或活动；所进行的工作或活动叫做"业"，工作或活动所成就的结果也可以叫做"业"。

依这种解释看，学业就是学问的工作或活动，职业就是职分所在的工作或活动。工作或活动就是"事"，所以"事业"是只有一个意义的复词，学问是一种事业，职业也还是一种事业。如果事业还另有特殊意义，那就只能指工作或活动的成就。依这种意义说，在职业上可以成就事业，在学问上也还可以成就事业。综上两义，学业与事业，职业与事业，在逻辑上都不应分开；我们至多只能说"事业"比"学业"或"职业"涵义较广泛，不过这也还有问题。

问题在学业与职业是否绝对为两回事。一般人说"职业"，似带有一种误解，以为职业是衣食工具，"谋职业"就等于"谋生活"，也就等于"谋衣食"，这里"职业"和"生活"两个词的意义都同样窄狭化得很离奇可笑。在这种用字的习惯上，我们可以见出一般人的生活理想的低落。顾名思义，"职业"显然是职分以内的事业。所谓"职分"是起于社会的分工合作的需要。社会上有许多事要做，一个人不能同时做许多事，于是这个人种田，那一个人经商，另一个人做工匠，如此分工，每个人有一个"职分"，都能各尽"职分"帮助社会大机器的轮子旋转，以一份工作的效益，换取同群许多份工作的效益，"吾尽所能，各取所需"，于是人与社会两得其便。每个人有一个"职分"，对于那"职分"就负有责任，须把那"职分"以内的事做好。对于"职分"不尽责就是不称职。职与责是不能分开的。

回到原来的问题，学业与职业是否绝对为两回事呢？从两个观点看，它们也不应分开。

第一，从狭义的学业说，学业是某一种专门学术的研究。专门的学术研究需要长久的集中的力量。一个人既研究一种专门学术，他就没有时间精力去干别的事。社会需要学术的进展，就需有一部分人以研究学术为"职业"。做学问是学者的职分以内的事，正如种田是农人的职分以内的事，他们的成就都于社会有益，他们都负有责任在自家职分以内求有成就。照这样看，学业还是可以当作一种职业。

其次，就广义的学业说，学业是每一种职业必有的准备。一切工作（尤其是在近代社会分工很严密的工作）都需要学习，每一行都有一套专门学问，所以你如果想把某一种职分以内的事做好，你就必须先把它学好。不但如此，工作本身也就是学习。有些人以为在学校里学得一种学问，学业便可告结束，以后入社会就职业，只须拿这一套法宝作无尽期的应用。这不但是误解学业，也是误解职业。最亲切最实在的学问大半不是从书本得来，而是从实地亲身经验得来的。古人所谓"到处留心皆学问"，就是有鉴于此。同时，到处留心学问的人可以说"学"与"事"相得益彰，不至犯不学无术的毛病，在职业上才能成就真正的事业。一辈子拘守一部讲义的人决不是一个好教员，一辈子拘守一部步兵操典的人决不是一个好战士，余可类推。所以要想把一种职业做好，必须把职业当作学业看。

依以上的分析，学业、职业和事业应该是三位一体。学业或职业如果不能成为事业，那就空洞无成就。学业和职业如果不能打成一片，学业就只是私人的嗜好，不能成为社会中的一种职分，对社会没有效益；职业也就降为与学问脱节的盲目的衣食营求，干燥无味。

职业与学业一贯，然后所学即所用，所用即所学，人得其事，事得其人，不过这只是理想，事实上一个人的职业往往和他的学业不很相关。这是由于有些学业不能为谋生之具，一个人一方面要忠于一种没有经济价值的学问，一方面又要维持生计，于是不得不就一种与自家专门学问无关的职业。最显著的例子是大哲学家斯宾诺莎，他为着要保持学术思想的自由，拒绝当大学教授，宁愿操磨镜片的职业，借以营生。英国文学家兰姆写得那样一笔风格奇特而隽永的散文，而他的终身职业只是一个公司的书记。波兰小说家康拉德在商船上当过多年的水手。英国诗人蒙罗在伦敦一条小街上经营一个小书店。这种实例在西方很多。这种办法颇有它的长处。不靠所研究的学业来谋生，可以保持学业的独立自由；同时，在本行以外就一种职业，也可以扩大眼界，增加生活经验。在目前中国，一般人囿于浅狭的功利主义，都争着去学可以赚钱的学问，而文哲数理一类虽是冷门但是极重要的学问却很少有人问津，这对于文化学术的全局是一个危险的现象。有志于纯粹学术的人们最好拿斯宾诺莎、兰姆诸人做榜样，一方面埋头做自己的学问，一方面操一种副业，使生计有着落。这种办法的存在，当然显示社会组织有毛病，在社会组织未完善以前我们只有这个办法可采用。将来社会合理化时，我们希望每一项学术工作者都不感受到生活的压迫，每一种学业同时就是一种职业。

在另外一种情形之下，学业与职业也不完全相称，这就是通才就专职。政府行政工作本来也还是一种职业，可是一直到现在，各国还很少在学校里设专门学科去训练议员部长以及其他公务员。在从前中国，政府大小职位，上自宰相，下至县丞，大半依科举履历任命，由科举进身者所读的书大半不外经史诗文，而做的职务却可以彼此相差很远。一榜及第的人有典钱谷的，有主试的，有带兵的，有典刑狱的，有掌漕运的。职务和学问似没有显著的关系。这种情形在目前似还没有经过很大的变更，在英国情形也很类似。一个人在牛津或剑桥毕业了，就可以参加文官考试，及格了，无论所学的是什么，可以被派到任何官厅去服务。如果他想做大一点的官，他可以运动入国会，只要有本领，就不愁没有阁员当。所谓本领也并非专门学术。比如现在首相丘吉尔，做过好久的海军大臣，却没有学过海军，他本来是文人，当过新闻记者。专才学一行才能做一行，通才无须学哪一行才能做哪一行。医工农商等等需要专才，而社会领导工作则需要通才。近代教育似正在徘徊于两种理想之间，一是"职业教育"的理想，一是"自由教育"的理想，学业须包含品格、学识各方面的普遍修养，不能狭窄化到学徒训练。依我个人想，自由教育对于社会领导工作实在比职业教育重要，不过这两种理想也并非绝对不能相容，专门的技术训练和普通的品格学识修养最好是并行不悖。

择学择业对于一个人是一个极重要的问题。首先要考虑的是个人的资禀与兴趣。我曾观察过许多人所学的和所做的全与他们性不相近。有些学文艺的人对于人生世相看不出丝毫情趣，遇事称斤称两，谈吐枯燥无味，他们理应学商业或是法律。有些工程师根本没有科学的头脑，却欢喜做点旧诗，结交大人阔佬，他们理应干政治。如此等类，不胜枚举，性不相近，纵然是努力，也往往劳而无补，对于个人和社会都是精力的浪费。在美国，"职业测验"已成为一种专门学问。一个人对于择学择业如有疑难可以找一个专家通过测验来解决。这种测验容或很幼稚肤浅，但是它的原则是不错的。我们希望测验的方法日趋精密，将来一个人在学一门学问或是就一种职业之先，都仔细经过一番测验，免得走错门路。

一个人的性之所近，大半自己明白。有些人明明知道自己的长短而却不根据它来决定志向，这大半误于名利观念。现在学生们都欢喜学工程或经济，以为出路好，容易赚钱。存这种心理的人根本不配谈学问，也根本不能做好一行职业，因为他们的兴趣不在学业或职业自身的成就，而在它对于个人所能产生的实利。得鱼忘筌，钱赚到手了，学业和事业有无成就却不必管。这种人的毛病都在短见。"行行出状元"，世间宁有哪一种学问不能学好，或是哪一种职业不能做好？宁有其正在学业和事业上有成就的人会穷得要饿死？如果以为某一行比较走时，或比较容易成功，不费多少气力就可以有成就，这也是妄想。世间没有一件有价值的事可以不费力就能学好做好。我们必须谨记着"不问收获，只问耕耘"一句至理名言。下一分功夫，自然有一分成就。世间纵然也偶有不劳而获的事，那是苟且侥幸，除着寄生虫，都不应存苟且侥幸的心理。

此外，我们中国人对于职业向来有一个更错误的观念，以为世间职业有些是天生的高贵，有些是天生的下贱。所以大家都希望做官而不希望做农工兵警。其实职业起于社会的分工合作的需要。社会需要一种职业，那一种职业就对于社会有效益。一个人有无荣誉，不能看他任的什么职业，应该看他在他的职位上是否尽责。一个误国的总统或部长实在抵不上一个勤恳尽职的清道夫。我们通常对于"不才而在高位"者的阔绰排场倍感欣羡，对于老老实实替社会造福的农人工人反存鄙视。这是一种可耻的价值意识的颠倒。

无论在学业或职业中想成就事业，都需要两种基本德行。第一是"公"。公就是公道公理。一个问题的看法，一个事件的处理，都须依据一个客观的普遍的道理，对自己说得过去。对他人也说得过去，无论谁来看，都会觉得这是最合理的解决，学问也好，事业也好，都要尊重这种公道公理，才不至发生弊端。公的反面是私。世间许多人、许多事都败于私心自用。做学问存私心，便为偏见所蒙蔽，寻不着真理；做事存私心，便不免假公济私，贪污苟且，败坏自己的人格，也败坏社会的利益。其次是"忠"。"忠"是死心塌地地爱护自己的职守，不肯放弃它或疏忽它。把学问当作敲门砖，把职业当作营私的门径，就是不忠于所学所职，为着势利的引诱、放弃自己的学业或职业去做别的勾当，其行为也正等于汉奸卖国，都是不忠。忠才能有牺牲的精神，不计私人利害，固守职分所在的岗位，坚持到底，以底于成。忠是基本德行，有了它也就有了两种附带的德行，勤与勇。勤是精进不懈，时时刻刻努力前进，务求把事做好；勇是无畏不屈，遇到任何困难，都必须拼命把它克服。懒怠与怯懦是治学与治事的大忌；它们的病源在缺乏忠诚与忠诚所附带的热情。

每个人都是自己命运的主宰，每个人的江山都依仗自己的奋斗才打得来。这个世界是冷酷无情的，一个人如果想以寄生虫的心习，去侥幸获取只有勤奋的蜂蚁所能获到的花蜜，他终究必归自然淘汰。万一他成功侥幸一时，社会所受的祸害也就更大，一条寄生虫有时可以危害到一个人的性命，凡是关心学业、职业和事业的人，须记起这一番简单的道理。

有志青年要做中小学教师

朋友：

　　我写这封信给你，假定你是一个有志的青年，如果你真正不小看自己，你一定会明白我向你作这封信里的劝告，不是小看了你。你常跟着旁人说，并且你也实在相信，教育是建国的根本工作；可是到你准备职业或是选择职业时，你总觉得当教师，尤其是中小学教师，是穷途末路。你有别的事可干，就干别的事，没有别事可干时，只得当教师。你以为这是不得已，你叫苦，你甚至引以为耻。朋友，你这究竟是什么一回事？这是不是一个矛盾？这矛盾后面是不是藏有虚伪的心理和不彻底的思想？你认为应该做的重要的事而自己不肯去做，希望旁人去做，因为你嫌做这事清苦。这是逃避责任，是自私，是贪图世俗人所谓荣华富贵，是看到危险而不出力救济，只苟偷一日之安。世间事大半误于你这种人和你们存的这种心理。你问一问良心，我这话是否冤枉了你？

　　事要人做，人要想把事做好，第一需要知识和技能，第二需要公正忠诚的性格。社会上一切病况，分析起来，也就不外两种原因。第一是许多必须干的事没有能力足以胜任的人去做，于是就丢下不去做，或是拉一些知识技能不够的人去做，做得有名无实，敷衍公事，等于不做。第二是任事的人偶然也有能力很够的，只是没有公正忠诚的心地，处处为个人利害打算，不惜假公济私，贪污作弊，钻营倾轧，诈取浪费，于是举办的事业愈多，愈扰民害国，播下的毒种子愈蕃衍，总之，做得比不做更坏。"人存则政举"，人不存政就不举，这是古今中外的公例，无法可推翻的。我们现当建国开始，应该做的事很多，工商业要开发，海陆空军要建设，交通网要织得严密，财政要整理，社会组织和行政机构都要合理化——这一切谁都知道，谁都能谈。但是这些事真正做起来，千头万绪，人在哪里？我们所缺乏的并不是人的数量，而是人的质料。如果没有先把人的质料变化过，其他一切且慢谈，谈亦等于空谈。变化人的质料正是教育的工作，也正是教师的工作。建国先须培养建国人，培养建国的人先须培养教师。你尽管觉得这话无深文奥义——大道至理本来都无深文奥义——它却是颠扑不破的大道至理。如果不依这个程序做，我敢说，建国前途希望很渺茫。

政变人的质料必须从头做起。我这些年来都从事高等教育，深深感觉到我们的高等教育建筑在一个极不牢固的基础上。大学生在初入学时，大半都已经在中小学时代被教坏了，要把他们改造成另一样的人，实在不是一件易事。先就功课说，中小学里好像学得很多，却没有一样学得彻底。在一百本中文试卷中，你难找一篇清通的文章；考理工学院的学生数学往往得零分，考外文系的学生英文也往往得零分。基本课程已如此，其他次要课程可想而知。像国文之类课程在中小学里学过十几年，还没有弄清楚，在大学公同必修科中再学一年，你想那怎样会学得好？而且一般学生对于公同必修科都自以为已经学过（已否学好他们都不问），到大学里还要再学一遍，总觉得这是乏味的事，不肯去努力学习。中小学不但没有树立基本课程的基础，而且把学习这些课程的兴趣也打消得干干净净。凡是在大学里任过教的人都感觉到这种苦楚。其次，就品格说，一个人在中小学时期最富于感受性，学好学坏，都很容易，所以他的品格模样在这时期大致已形成，将来不过顺这粗定的模样渐渐发展。现在一般人家庭教育不大讲究，社会影响大半很坏，中小学不但不能弥补家庭的缺陷，纠正社会的坏影响，反而变本加厉，使已成的恶习惯更加坚牢。我知道现在中学生加入流氓组织的颇不少，行动近于流氓的（如嫖、赌、吃烟、写匿名信、敲诈、偷窃之类）更多。一种恶习惯养成很容易，排除却很困难。现在一般大学对于训导固然没有尽职，即使尽职，单就大学本身来改良学风，怕也很难。我们必须从中小学时期就把根基打好，以后才可以因势利导。总之，中小学教育是基层教育，要有健全的中小学，才能有健全的高等教育。中小学教师对于树人大业所负的责任，比大学教授所负的还大得多。

不但在中国，就是欧美各国，能进大学的人比例率都很低，进大学是一种特优权利，只有少数人才能享受，大多数人只能止于小学或中学阶段。所以我们不能把中小学教育当作高等教育的准备，中小学教育应该进可以为高等教育的基础，退可以独立自足。在中小学毕业的人应该就可以成为健全的国民。民主国家的命脉所系究竟还在国民全体。国民全体都健全，社会秩序自然安定，政治基础自然稳固，各种事业自然井井有条，国力也就自然雄厚。中小学教育应该是普及的，这就是说，应该是全体国民教育。全体国民教育没有办得好，人民的知识技能和道德就够不上民主政治，如果采行民主政治，那就有名无实。姑就我国现况来说，我们正在励行新县制，这是认清下层基础的重要，可谓探本求源，但是下层工作人员仍太缺乏，县政府找不着得力的科秘，乡保找不着得力的首长绅耆，于是敷衍公事，敲诈乡愚，蒙蔽上峰的种种现象仍在所不免，所谓新县政的施行，事实距理想仍是太远。这只是一例，其他各种设施亦可作如是观。这种现象决不会改善，如果基础教育没有改善。想改善基础教育，中小学教师的训练、质料、地位、待遇都非提高不可。事在人为，如果一方面政府切实倡导，一方面多数有志青年肯以当中小学教师为终身职志，有十年二十年的工夫，我们能把一切建国事业的基础都打得很结实，这并非一件很难的事。最要紧的是说做就要做，就要切实地做，不能再延误时机。

现在一般有志青年大半不愿当中小学教师，一半固由于中小学教育还没上正轨，还没有挣得它应有的高尚的地位，一半也由于他们自己认识不清。就个人经验说，我当过大学教师，当过中学教师，也当过小学教师，前后比较起来，我觉得当小学教师比当中学教师有趣，当中学教师也比当大学教师有趣。原因很简单，从小学生到大学生，天真纯朴的气象逐渐减少，情感也逐渐凉薄。只要你有可敬爱的地方，年幼的小朋友总是心悦诚服地敬爱你。他叫你一声"老师！"如同叫爸爸妈妈一样的亲热，你的风范，你的言语，对于他的影响比他爸爸妈妈的还更深刻。你对着天真烂漫的一群小人儿，你觉得自己也年青，世故气和不纯洁的心地使你羞惭，你自己也回到你的"赤子之心"。在恶浊的社会中，你处处看见人与人摆假面孔、斗心机、玩恶毒手段；在这还没有染世故气的人群中，你发见人性原来洁白美善，而感觉到它的尊严；并且你有把握，这原来洁白美善的人性是听你手指揉捏成任何形样的，如同一块泥在陶匠手里，也如同世界在创造主手里，上帝给他一条性命，你给他一个人格。再过若干年，他离开你到社会里去，你看他站在他的岗位，做他的事业，尽他的职责，他的一分力量无论是大是小，增加了人类的幸福，世界的光明，你心里知道，这是你种下来的种子，于今开花结果；而且花与果所念念不忘而深致感激的第一是天工造化，其次就是你这位园丁。

朋友，人生最大的快慰是精神上的快慰。精神上的快慰还有比我在这里所描绘的更真实、更深厚么？你舍此不求，要去跟着一般肥头鼠脑的人们求虚名，求高官厚禄，求腐坏你的国家和你自己的种种诱惑，到头来于人何补，于你何补？世间许多颠倒错乱都起于价值意识的错误。我们估定一件事的价值，不凭那件事对于人群的实惠，而凭它的招牌在愚夫愚妇的心目中响亮不响亮。我们羡慕那些在街上撒垃圾的朱门大户，而鄙视拿帚箕的清道夫。这是价值意识的错误，在愚夫愚妇本无足深责，在有志青年就该引以为耻。朋友，认清了中小学教育对于国家民族的重要性，和它给你的精神上的快慰，你就应该有勇气与决心，把这件建国基础的事业当担起！

一个做过中小学教师的朋友。

朝抵抗力最大的路径走

我提出这个题目来谈，是根据一点亲身的经验。有一个时候，我学过做诗填词。往往一时兴到，我信笔直书，心里想到什么，就写什么，写成了自己读读看，觉得很高兴，自以为还写得不坏，后来我把这些处女作拿给一位精于诗词的朋友看，请他批评，他仔细看了一遍后，很坦白地告诉我说："你的诗词未尝不能做，只是你现在所做的还要不得。"我就问他："毛病在哪里呢？"他说："你的诗词都来得太容易，你没有下过工，你欢喜取巧，显小聪明。"听了这话，我捏了一把冷汗，起初还有些不服，后来对于前人作品多费过一点心思，才恍然大悟那位朋友批评我的话真是一语破的。我的毛病确实在没有下过工。我过于相信自然流露，没有知道第一次浮上心头的意思往往不是最好的意思，第一次浮上心头的词句也往往不是最好的词句。意境要经过洗炼，表现意境的词句也要经过推敲，才能脱去渣滓，达到精妙境界。洗炼推敲要吃苦费力，要朝抵抗力最大的路径走。福楼拜自述写作的辛苦说："写作要超人的意志，而我却只是一个人！"我也有同样感觉，我缺乏超人的意志，不能拼死力往里钻，只朝抵抗力最低的路径走。

这一点切身的经验使我受到很深的感触。它是一种失败，然

朝抵抗力最大的路径走

而从这种失败中我得到一个很好的教训。我觉得不但在文艺方面，就在立身处世的任何方面，偷懒取巧都不会有大成就，要有大成就，必定朝抵抗力最大的路径走。

"抵抗力"是物理学上的一个术语。凡物在静止时都本其固有"惰性"而继续静止，要使它动，必须在它身上加"动力"，动力愈大，动愈速愈远。动的路径上不能无抵抗力，凡物的动都朝抵抗力最低的方向。如果抵抗力大于动力，动就会停止，抵抗力纵是低，聚集起来也可以使动力逐渐减少以至于消灭，所以物不能永动，静止后要它续动，必须加以新动力。这是物理学上一个很简单的原理，也可以应用到人生上面。人像一般物质一样，也有惰性，要想他动，也必须有动力。人的动力就是他自己的意志力。意志力愈强，动愈易成功；意志力愈弱，动愈易失败。不过人和一般物质有一个重要的分别：一般物质的动都是被动，使它动的动力是外来的；人的动有时可以是主动，使他动的意志力是自生自发自给自足的。在物的方面，动不能自动地随抵抗力之增加而增加；在人的方面，意志力可以自动地随抵抗力之增加而增加，所以物质永远是朝抵抗力最低的路径走，而人可以朝抵抗力最大的路径走。物的动必终为抵抗力所阻止，而人的动可以不为抵抗力所阻止。

照这样看，人之所以为人，就在能不为最大的抵抗力所屈服。我们如果要测量一个人有多少人性，最好的标准就是他对于抵抗力所拿出的抵抗力，换句话说，就是他对于环境困难所表现的意志力。我在上文说过，人可以朝抵抗力最大的路径走，人的动可以不为抵抗力所阻。我说"可以"不说"必定"，因为世间大多数人仍是惰性大于意志力，欢喜朝抵抗力最低的路径走，抵抗力稍大，他就要缴械投降。这种人在事实上失去最高生命的特征，堕落到无生命的物质的水平线上，和死尸一样东推东倒，西推西倒。他们在道德学问事功各方面都决不会有成就，万一以庸庸得厚福，也是叨天之幸。

人生来是精神所附丽的物质，免不掉物质所常有的惰性。抵抗力最低的路径常是一种引诱，我们还可以说，凡是引诱所以能成为引诱，都因为它是抵抗力最低的路径，最能迎合人的惰性。惰性是我们的仇敌，要克服惰性，我们必须动员坚强的意志力，不怕朝抵抗力最大的路径走。走通了，抵抗力就算被征服，要做的事也就算成功。举一个极简单的例子。在冬天早晨，你睡在热被窝里很舒适，心里虽知道这应该是起床的时候而你总舍不得起来。你不起来，是顺着惰性，朝抵抗力最低的路径走。被窝的暖和舒适，外面的空气寒冷，多躺一会儿的种种借口，对于起床的动作都是很大的抵抗力，使你觉得起床是一件天大的难事。但是你如果下一个决心，说非起来不可，一耸身你也就起来了。这一起来事情虽小，却表示你对于最大抵抗力的征服，你的企图的成功。

这是一个琐屑的事例，其实世间一切事情都可作如此看法。历史上许多伟大人物所以能有伟大成就者，大半都靠有极坚强的意志力，肯向抵抗力最大的路径走。例如孔子，他是当时一个大学者，门徒很多，如果他贪图个人的舒适，大可以坐在曲阜过他安静的学者的生活。但是他毕生东奔西走，席不暇暖，在陈绝过粮，在匡遇过生命的危险，他那副奔波劳碌栖栖遑遑的样子颇受当时隐者的嗤笑。他为什么要这样呢？就因为他有改革世界的抱负，非达到理想，他不肯甘休。《论语》长沮桀溺章最足见出他的心事。长沮桀溺二人隐在乡下耕田，孔子叫子路去向他们问路，他们听说是孔子，就告诉子路说："滔滔者天下皆是也，而谁以易之！"意思是说，于今世道到处都是一般糟，谁去理会它，改革它呢？孔子听到这话叹气说："鸟兽不可与同群，吾非斯人之徒与而谁与？天下有道，丘不与易也。"意思是说，我们既是人就应做人所应该做的事；如果世道不糟，我自然就用不着费气力去改革它。孔子平生所说的话，我觉得这几句最沉痛，最伟大。长沮桀溺看天下无道，就退隐躬耕，是朝抵抗力最低的路径走，孔子看天下无道，就牺牲一切要拼命去改革它，是朝抵抗力最大的路径走。他说得很干脆，"天下有道，丘不与易也"。

再如耶稣，从《新约》中四部《福音》看，他的一生都是朝抵抗力最大的路径走。他抛弃父母兄弟，反抗当时旧犹太宗教，攻击当时的社会组织，要在慈爱上建筑一个理想的天国，受尽种种困难艰苦，到最后牺牲了性命，都不肯放弃了他的理想。在他的生命史中有一段是一发千钧的危机。他下决心要宣传天国福音后，跑到沙漠里苦修了四十昼夜。据他的门徒的记载，这四十昼夜中他不断地受恶魔引诱。恶魔引诱他去争尘世的威权，去背叛上帝，崇拜恶魔自己。耶稣经过四十昼夜的挣扎，终于拒绝恶魔的引诱，坚定了对于天国的信念。从我们非教徒的观点看，这段恶魔引诱的故事是一个寓言，表示耶稣自己内心的冲突。横在他面前的有两路：一是上帝的路，一是恶魔的路。走上帝的路要牺牲自己，走恶魔的路他可以握住政权，享受尘世的安富尊荣。经过了四十昼夜的挣扎，他决定了走抵抗力最大的路——上帝的路。

我特别在耶稣生命中提出恶魔引诱的一段故事，因为它很可以说明宋明理学家所说的天理与人欲的冲突。我们一般人尽善尽恶的不多见，性格中往往是天理与人欲杂糅，有上帝也有恶魔，我们的生命史常是一部理与欲、上帝与恶魔的斗争史。我们常在歧途徘徊，理性告诉我们向东，欲念却引诱我们向西。在这种时候，上帝的势力与恶魔的势力好像摆在天平的两端，见不出谁轻谁重。这是"一发千钧"的时候，"一失足即成千古恨"，一挣扎立即可成圣贤豪杰。如果要上帝的那一端天平沉重一点，我们必须在上面加一点重量，这重量就是拒绝引诱，克服抵抗力的意志力。有些人在这紧要关头拿不出一点意志力，听惰性摆布，轻轻易易地堕落下去，或是所拿的意志力不够坚决，经过一番冲突之后，仍然向恶魔缴械投降。例如洪承畴本是明末一个名臣，原来也很想效忠明朝，恢复河山，清兵入关后，大家都预料他以死殉国，清兵百计劝诱他投降，他原也很想不投降，但是到最后终于抵不住生命的执著与禄位的诱惑，做了明朝的汉奸。再举一个眼前的例子，汪精卫前半生对民族革命很努力，当这次抗战开始时，他广播演说也很慷慨激昂。谁料到他的利禄熏心，一经敌人引诱，就起了卖国叛党的坏心事。依陶希圣的记载，他在上海时似仍感到良心上的痛苦，如果他拿出一点意志力，及早回头，或以一死谢国人，也还不失为知过能改的好汉。但是他拿不出一点意志力，就认错做错，甘心认贼作父。世间许多人失节败行，都像汪精卫洪承畴之流，在紧要关头，不肯争一口气，就马马虎虎地朝抵抗力最低的路径走。

朝抵抗力最大的路径走

这是比较显著的例，其实我们设身处世，随时随地目前都横着两条路径，一是抵抗力最低的，一是抵抗力最大的。比如当学生，不死心塌地去做学问，只敷衍功课，混分数文凭；毕业后不拿出本领去替社会服务，只奔走巴结，夤缘幸进，以不才而在高位；做事时又不把事当事做，只一味因循苟且，敷衍公事，甚至于贪污淫佚，遇钱即抓，不管它来路正当不正当——这都是放弃抵抗力最大的路径而走抵抗力最低的路径。这种心理如充类至尽，就可以逐渐使一个人堕落。我当穷究目前中国社会腐败的根源，以为一切都由于懒。懒，所以苟且因循敷衍，做事不认真；懒，所以贪小便宜，以不正当的方法解决个人的生计；懒，所以随俗浮沉，一味圆滑，不敢为正义公道奋斗；懒，所以遇引诱即堕落，个人生活无纪律，社会生活无秩序。知识阶级懒，所以文化学术无进展；官吏懒，所以政治不上轨道；一般人都懒，所以整个社会都"吊儿郎当"，暮气沉沉。懒是百恶之源，也就是朝抵抗力最低的路径走。如果要改造中国社会，第一件心理的破坏工作是除懒，第一件心理的建设工作是提倡奋斗精神。

生命就是一种奋斗，不能奋斗，就失去生命的意义与价值；能奋斗，则世间很少有不能征服的困难。古话说得好，"有志者事竟成"。希腊最大的演说家是德摩斯梯尼，他生来口吃，一句话也说不清楚，但他抱定决心要成为一个大演说家，他天天一个人走到海边，向着大海练习演说，到后来居然达到了他的志愿。这个实例阿德勒派心理学家常喜援引。依他们说，人自觉有缺陷，就起"卑劣意识"，自耻不如人，于是心中就起一种"男性的抗议"，自己说我也是人，我不该不如人，我必用我的意志力来弥补天然的缺陷。阿德勒派学者用这原则解释许多伟大人物的非常成就，例如聋子成为大音乐家，瞎子成为大诗人之类。我觉得一个人的紧要关头在起"卑劣意识"的时候。起"卑劣意识"是知耻，孔子说得好，"知耻近乎勇"。但知耻虽近乎勇而却不就是勇。能勇必定有阿德勒派所说的"男性的抗议"。"男性的抗议"就是认清了一条路径上抵抗力最大而仍然勇往直前，百折不挠。许多人虽天天在"卑劣意识"中过活，却永不能发"男性的抗议"，只知怨天尤人，甚至于自己不长进，希望旁人也跟着他不长进，看旁人长进，只怀满肚子醋意。这种人是由知耻回到无耻，注定要堕落到十八层地狱，永不超生。

能朝抵抗力最大的路径走，是人的特点。人在能尽量发挥这特点时，就足见出他有富裕的生活力。一个人在少年时常是朝气勃勃，有志气，肯干，觉得世间无不可为之事，天大的困难也不放在眼里。到了年事渐长，受过了一些磨折，他就逐渐变成暮气沉沉，意懒心灰，遇事都苟且因循，得过且过，不肯出一点力去奋斗。一个人到了这时候，生活力就已经枯竭，虽是活着，也等于行尸走肉，不能有所作为了。所以一个人如果想奋发有为，最好是趁少年血气方刚的时候，少年时如果能努力，养成一种勇往直前、百折不挠的精神，老而益壮，也还是可能的。

一个人的生活力之强弱，以能否朝抵抗力最大的路径前进为准，一个国家或是一个民族也是如此。这个原则有整个的世界史证明。姑举几个显著的例，西方古代最强悍的民族莫如罗马人，我们现在说到能吃苦肯干，重纪律，好冒险，仍说是"罗马精神"。因其有这种精神，所以罗马人东征西讨，终于统一了欧洲，建立起一个庞大的殖民帝国。后来他们从殖民地获得丰富的资源，一般罗马公民都可以坐在家里不动而享受富裕的生活，于是变成骄奢淫逸，无恶不为，一到新兴的"野蛮"民族从欧洲东北角向南侵略，罗马人就毫无抵抗而分崩瓦解。再如满人，他们在入关以前过的是骑猎生活，民性最强悍，很富于吃苦冒险的精神，所以到明末张李之乱社会腐败紊乱时，他们以区区数十万人之力就能入主中夏。可是他们做了皇帝之后，一切皇亲国戚都坐着不动吃皇粮，享大位，过舒服生活，不到三百年，一个新兴民族就变成腐败不堪，辛亥革命起，我们就轻轻易易地把他们推翻了。我们如果要明白一个民族能够堕落到什么地步，最好去看看北平的旗人。

我们中华民族在历史上经过许多波折，从周秦到现在，没有哪一个时代我们不遇到很严重的内忧，也没有哪一个时代我们没有和邻近的民族挣扎，我们爬起来蹶倒，蹶倒了又爬起，如此者已不知若干次。从这简单的史实看，我们民族的生活力确是很强旺，它经过不断的奋斗才维持住它的生存权。这一点祖传的力量是值得我们尊重的……

孟子说："天将降大任于斯人也，必先苦其心志，劳其筋骨，饿其体肤，空乏其身，行拂乱其所为，所以动心忍性，增益其所不能。"于今我们的时代是"天将降大任于斯人"的时代了，孟子所说的种种磨折，我们正在亲领身受。我希望每个中国人，尤其是青年们，要明白我们的责任，本着大无畏的精神，不顾一切困难，向前迈进。

理想青年

谈理想的青年

——回答一位青年朋友的询问

朋友：

你问我一个青年应该悬什么样一个标准，做努力进修的根据。我觉得这问题很难笼统地回答，因为人与人在环境、资禀、兴趣各方面都不相同，我们不能定一个刻板公式来适用于每个事例。不过无论一个人将来干哪一种事业，我以为他都需要四个条件。

头一项是运动选手的体格。我把这一项摆在第一，因为它是其他各种条件的基础。我们民族对于体格向来不很注意。无论男女，大家都爱亭亭玉立、弱不禁风那样的文雅。尤其在知识阶级，黄皮刮瘦，弯腰驼背，几乎是一种共同的标志。说一个人是"赳赳武夫"，就等于骂了他。我们都以"精神文明"自豪，只要"精神"高贵，肉体值得什么？这种错误的观念流毒了许多年代，到现在我们还在受果报。我们在许多方面都不如人，原因并不在我们的智力低劣。就智力说，我们比得上世界上任何民族。我们所以不如人者，全在旁人到六七十岁还能奋发有为，而我们到了四十岁左右就逐渐衰朽；旁人可以有时间让他们的学问事业成熟，而我们往往被逼迫中途而废；旁人能作最后五分钟的奋斗，我们处处显得是虎头蛇尾。一个身体羸弱的人不能是一个快活的人，你害点小病就知道；也不能是一个心地慈祥的人，你偶尔头痛牙痛或是大便不通，旁人的言动笑貌分外显得讨厌。如果你相信身体羸弱不妨碍你做一个有道德的人，援甘地为例，那我就要问你：世间数得出几个甘地？而且甘地是否真像你们想象的那样羸弱？一切道德行为都由意志力出发。意志的"力"固然起于知识与信仰，似乎也有几分像水力电力蒸汽力，还是物质的动作发生出来的。这就是说，它和体力不是完全无关。世间意志力最薄弱的人怕要算鸦片烟鬼，你看过几个烟鬼身体壮健？你看过几个烟鬼不时常在打坏主意？意志力薄弱的人都懒，懒是万恶之源。就积极方面说，懒人没有勇气，应该奋斗时不能奋斗，遇事苟且敷衍，做不出好事来。就消极方面说，懒人一味朝抵抗力最低的路径走，经不起恶势力的引诱，惯欢喜做坏事。懒大半由于体质弱，燃料不够，所以马达不能开满。"健全精神宿于健全身体"。身体不健全而希望精神健全，那是希望奇迹。

其次是科学家的头脑。生活时时刻刻要应付环境，环境有应付的必要，就显得它有困难有问题。所以过生活就是解决环境困难所给的问题，做学问如此，做事业如此，立身处世也还是如此。一切问题的解决方法都须遵照一个原则，在紊乱的事实中找出一些条理秩序来，这些条理秩序就是产生答案的线索，好比侦探一个案件，你第一步必须搜集有关的事实，没有事实做根据，你无从破案；有事实而你不知怎样分析比较，你还是不一定能破案。会尊重事实，会搜集事实，会见出事实中间的关系，这就是科学家的本领。要得到这本领，你必须冷静、客观、虚心、谨慎，不动意气，不持成见，不因个人利害打算而歪曲真理。合理的世界才是完美的世界，世界所以有许多不合理的地方，就因为大部分人没有科学的头脑，见理不透。比如说，社会上许多贪污枉法的事，做这种事的人都有一个自私的动机，以为损害了社会，自己可以占便宜。其实社会弄得不稳定了，个人决不能享安乐。所以这种自私的人还是见理不透，没有把算盘打清楚。要社会一切合理化，要人生合理化，必须人人都明理，都能以科学的头脑去应付人生的困难。单就个人来说，一个头脑糊涂的人能在学问或事业上有伟大的成就，我是没有遇见过。

第三是宗教家的热忱。"过于聪明"的人（当然实在还是聪明不够）有时看空了一切，以为是非善恶悲喜成败反正都不过是那么一回事，让它去，干我什么？他们说："安邦治国平天下，自有周公孔圣人。"人人都希望旁人做周公孔圣人，于是安邦治国平天下就永远是一场幻梦。宗教家大半盛于社会紊乱的时代，他们看到人类罪孽痛苦，心中起极大的悲悯，于是发下志愿，要把人类从水深火热中拯救出来，虽然牺牲了自己，也在所不惜。孔子说："鸟兽不可与同群，吾非斯人之徒之与而谁与？天下有道，丘不与易也。"释迦说："我不入地狱，谁入地狱？"这都是宗教家的伟大抱负。他们不但发愿，而且肯拼命去做。耶稣的生平是极好的例证，他为着要宣传他的福音，不惜抛开身家妻子，和犹太旧教搏斗，和罗马帝国搏斗，和人世所难堪的许多艰难困苦搏斗，而终之以一死，终于以一个平民的力量推翻了天下。古往今来，许多成大事业者虽不必都是宗教家，却大半有宗教家的热忱。他们见得一件事应该做，就去做，就去做到底，以坚忍卓绝的精神战胜一切困难，百折不回。我们现在所处的是一个紊乱时代，积重难返，一般人都持鱼游釜中或是鸵鸟把眼睛埋在沙里不去看猎户的态度，苟求一日之安，这时候非有一种极大的力量不能把这局面翻转过来。没有人肯出这种力量，或是能出这力量，除非他有宗教家的慈悲心肠和宗教家的舍己为人奋斗到底的决心毅力。

最后是艺术家的胸襟。自然节奏有起有伏，有张有弛，伏与弛不单是为休息，也不单是为破除单调，而是为精力的生养储蓄。科学易流于冷酷干枯，宗教易流于过分刻苦，它们都需要艺术的调剂。艺术是欣赏，在人生世相中抓住新鲜有趣的一面而流连玩索；艺术也是创造，根据而又超出现实世界，刻绘许多可能的意象世界出来，以供流连玩索。有艺术家的胸襟，才能彻底认识人生的价值，有丰富的精神生活，随处可以吸收深厚的生命力。我们一般人常困于饮食男女功名利禄的营求，心地常是昏浊，不能清明澈照；一个欲望满足了，另一个欲望又来，常是在不满足的状态中，常被不满足驱遣作无尽期的奴隶。名为一个人，实在是一个被动的机械，处处受环境支配，作不得自家的主宰。在被驱遣流转中，我们常是仓皇忙迫，尝无片刻闲暇，来凭高看一看世界，或是回头看一看自己；不消说得，世界对于我们是呆板的，自己对于我们也是空虚的。试问这种人活着有什么意味？能成就什么学问事业？所谓艺术家的胸襟就是在有限世界中做自由人的本领；有了这副本领，我们才能在急忙流转中偶尔驻足作一番静观默索，作一番反省回味，朝外可以看出世相的庄严，朝内可以看出人心的伟大。并且不仅看，我们还能创造出许多庄严的世相、伟大的人心。在创造时，我们依然是上帝，所以创造的快慰是人生最大的快慰。创造的动机是要求完美。迫令事实赶上理想；我们要把现实人生、现实世界改造得比较完美，也还是起于艺术的动机。

如果一个人具备这四大条件，他就不愧为完人了。我并不认为他是超人，因为体育选手、科学家、宗教家、艺术家都不是神话中的人物，而是世间有血有肉的真实人物。以往有许多人争取过这些名号的。人家既然可以做得到，我就没有理由做不到。我们不能妄自菲薄，自暴自弃。

看戏与演戏

——两种人生理想

莎士比亚说过,世界只是一个戏台。这话如果不错,人生当然也只是一部戏剧。戏要有人演,也要有人看:没有人演,就没有戏看;没有人看,也就没有人肯演。演戏人在台上走台步,作姿势,拉嗓子,嬉笑怒骂,悲欢离合,演得酣畅淋漓,尽态极妍;看戏人在台下呆目瞪视,得意忘形,拍案叫好,两方皆大欢喜,欢喜的是人生煞是热闹,至少是这片刻光阴不曾空过。

世间人有生来是演戏的,也有生来是看戏的。这演与看的分别主要地在如何安顿自我上面见出。演戏要置身局中,时时把"我"抬出来,使我成为推动机器的枢纽,在这世界中产生变化,就在这产生变化上实现自我;看戏要置身局外,时时把"我"搁在旁边,始终维持一个观照者的地位,吸纳这世界中的一切变化,使它们在眼中成为可欣赏的图画,就在这变化图画的欣赏上面实现自我。因为有这个分别,演戏要热要动,看戏要冷要静。打起算盘来,双方各有盈亏:演戏人为着饱尝生命的跳动而失去流连玩味,看戏人为着玩味生命的形象而失去"身历其境"的热闹。能入与能出,"得其圜中"与"超以象外",是势难兼顾的。

看戏与演戏

这分别像是极平凡而琐屑，其实却含着人生理想这个大问题的大道理在里面。古今中外许多大哲学家、大宗教家和大艺术家对于人生理想费过许多摸索，许多争辩，他们所得到的不过是三个不同的简单的结论：一个是人生理想在看戏，一个是它在演戏，一个是它同时在看戏和演戏。

先从哲学说起。

中国主要的固有的哲学思潮是儒道两家。就大体说，**儒家能看戏而却偏重演戏，道家根本藐视演戏，会看戏而却也不明白地把看戏当作人生理想**。看戏与演戏的分别就是《中庸》一再提起的知与行的分别。知是道问学，**是格物穷理，是注视事物变化的真相**；行是尊德行，**是修身齐家治国平天下，是在事物中起变化而改善人生**。前者是看，后者是演。儒家在表面上同时讲究这两套功夫，他们的祖师孔子是一个实行家，也是一个艺术家。放下他着重礼乐诗的艺术教育不说，就只看下面几段话：

> 子在川上曰，逝者如斯夫，不舍昼夜！
>
> 鸢飞戾天，鱼跃于渊，言其上下察也。
>
> 天何言哉，四时行焉，百物生焉，天何言哉！
>
> 今夫天，斯昭昭之多，及其无穷也，日月星辰系焉，万物覆焉；今夫地，一撮土之多，及其广厚，载华岳而不重，振河海而不泄，万物载焉。

对于自然奥妙的赞叹，我们就可以看出儒家很能作阿波罗式的观照，不过儒家究竟不以此为人生的最终目的，人生的最终目的在行,知不过是行的准备。他们说得很明白,"物格而后知至,知至而后意诚,意诚而后心正,心正而后身修",以至于家齐国治天下平。"自明诚,谓之教",由知而行,就是儒家所着重的"教"。孔子终身周游奔走,"三月无君,则皇皇如也",我们可以想见他急于要扮演一个角色。

道家老庄并称。老子抱朴守一,法自然,尚无为,持清虚寂寞,观"众妙之门",玩"无物之象",五千言大半是一个老于世故者静观人生物理所得到的直觉妙谛。他对于宇宙始终持着一个看戏人的态度。庄子尤其是如此。他齐是非,一生死,逍遥于万物之表,大鹏与鱼,姑射仙人与庖丁,物无大小,都触目成象,触心成理,他自己却"凄然似秋,暖然似春",哀乐毫无动于衷。他得力于他所说的"心斋";"心斋"的方法是"若一志,无听之以耳,而听之以心",它的效验是"虚室生白,吉祥止止"。他在别处用了一个极好的譬喻说:"至人之用心若镜,不将不逆,应而不藏。"从这些话看,我们可以看出老子所谓"抱朴守一",庄子所谓"心斋",都恰是西方哲学家与宗教家所谓"观照"(contemplation)与佛家所谓"定"或"止观"。不过老庄自己虽在这上面做功夫,却并不想以此立教,或是因为立教仍是有为,或是因为深奥的道理可亲证而不可言传。

理想青年看戏与演戏在西方,古代及中世纪的哲学家大半以为人生最高目的在观照,就是我们所说的以看戏人的态度体验事物的真相与真理。头一个人明白地作这个主张的是柏拉图。在《会饮》那篇熔哲学与艺术于一炉的对话里,他假托一位女哲人传心灵修养递进的秘诀。那全是一种分期历程的审美教育,一种知解上的冒险长征。心灵开始玩索一朵花,一个美人,一种美德,一门学问,一种社会文物制度的殊相的美,逐渐发现万事万物的共相的美。到了最后阶段,"表里精粗无不到",就"一旦豁然贯通",长征者以一霎时的直觉突然看到普涵普盖,无始无终的绝对美——如佛家所谓"真如"或"一真法界"——他就安息在这绝对美的观照里,就没入这绝对美里而与它合德同流,就借分享它的永恒的生命而达到不朽。这样,心灵就算达到它的长征的归宿,一滴水归原到大海,一个灵魂归原到上帝,柏拉图的这个思想支配了古代哲学,也支配了中世纪耶稣教的神学。

柏拉图的高足弟子亚里士多德在《伦理学》里想矫正师说,却终于达到同样的结论。人生的最高目的是至善,而至善就是幸福。幸福是"生活得好,做得好"。它不只是一种道德的状态,而且是一种活动;如果只是一种状态,它可以不产生什么好结果,比如说一个人在睡眠中;惟其是活动,所以它必见于行为。"犹如在奥林匹克运动会中,夺锦标的不是最美最强悍的人,而是实在参加竞争的选手。"从这番话看,亚里士多德似主张人生目的在实际行动。但是在绕了一个大弯子以后,到最后终于说,幸福是"理解的活动",就是"取观照的形式的那种活动",因为人之所以为人在他的理解方面,理解是人类最高的活动,也是最持久、最愉快,最无待外求的活动。上帝在假设上是最幸福的,上帝的幸福只能表现于知解,不能表现于行动。所以在观照的幸福中,人类几与神明比肩。说来说去,亚里士多德仍然回到柏拉图的看法:人生的最高目的在看而不在演。

在近代德国哲学中,这看与演的两种人生观也占了很显著的地位。整个的宇宙,自大地山河以至于草木鸟兽,在唯心派哲学家看,只是吾人知识的创造品。知识了解了一切,同时就已创造了一切,人的行动当然也包含在内。这就无异于说,世间一切演出的戏都是在看戏人的一看之中成就的,看的重要可不言而喻。叔本华在这一"看"之中找到悲惨人生的解脱。据他说,人生一切苦恼的源泉就在意志,行动的原动力。意志起于需要或缺乏,一个缺乏填起来了,另一个缺乏就又随之而来,所以意志永无餍足的时候。欲望的满足只"像是扔给乞丐的赈济,让他今天赖以过活,使他的苦可以延长到明天"。这意志虽是苦因,却与生俱来,不易消除,唯一的解脱在把它放射为意象,化成看的对象。意志既化成意象,人就可以由受苦的地位移到艺术观照的地位,于是罪孽苦恼变成庄严幽美。"生命和它的形象于是成为飘忽的幻象掠过他的眼前,犹如轻梦掠过朝睡中半醒的眼,真实世界已由它里面照耀出来,它就不再能蒙昧他。"换句话说,人生苦恼起于演,人生解脱在看。尼采把叔本华的这个意思发挥成一个更较具体的形式。他认为人类生来有两种不同的精神,一是日神阿波罗的,一是酒神狄奥尼索斯的。日神高踞奥林波斯峰顶,一切事物借他的光辉而得形象,他凭高静观,世界投影于他的眼帘如同投影于一面镜,他如实吸纳,却恬然不起忧喜。酒神则趁生命最繁盛的时节,酣饮高歌狂舞,在不断的生命跳动中忘去生命的本来注定的苦恼。从此可知日神是观照的象征,酒神是行动的象征。依尼采看,希腊人的最大成就在悲剧,而悲剧就是使酒神的苦痛挣扎投影于日神的慧眼,使灾祸罪孽成为惊心动魄的图画。从希腊悲剧,尼采悟出"从形象得解脱"(redemption through appearance）的道理。世界如果当作行动的场合，就全是罪孽苦恼；如果当作观照的对象，就成为一件庄严的艺术品。

如果我们比较叔本华、尼采的看法和柏拉图、亚里士多德的看法，就可看出古希腊人与近代德国人的结论相同，就是人生最高目的在观照；不过着重点微有移动，希腊人的是哲学家的观照，而近代德国人的是艺术家的观照。哲学家的观照以真为对象，艺术家的观照以美为对象。不过这也是粗略的区分。观照到了极境，真也就是美，美也就是真，如诗人济慈所说的，所以柏拉图的心灵精进在最后阶段所见到的"绝对美"就是他所谓"理式"（idea）或真实界（reality）。

宗教本重修行，理应把人生究竟摆在演而不摆在看，但是事实上世界几个大宗教没有一个不把观照看成修行的不二法门。最显著的当然是佛教。在佛教看，人生根本孽是贪嗔痴。痴又叫做"无明"。这三孽之中，无明是最根本的，因为无明，才执著法与我，把幻相看成真实，把根尘当作我有，于是有贪有嗔，陷于生死永劫。所以人生究竟解脱在破除无明以及它连带的法我执。破除无明的方法是六波罗蜜（意谓"度"，"到彼岸"，就是"度到涅槃的岸"），其中初四——布施、持戒、忍辱、精进——在表面上似侧重行，其实不过是最后两个阶段——禅定、智慧——的预备，到了禅定的境界，"止观双运"，于是就起智慧，看清万事万物的真相，断除一切孽障执著，到涅槃（圆寂），证真如，功德就圆满了。佛家把这种智慧叫做"大圆镜智"，《佛地经论》作这样解释：

> 如圆镜极善摩莹，鉴净无垢，光明遍照；如是如来大圆

镜智于佛智上一切烦恼所知障垢永出离故,极善摩莹;为依止定所摄持故,鉴净无垢;作诸众生利乐事故,光明遍照。

如圆镜上非一众多诸影像起,而圆镜上无诸影像,而此圆镜无动无作;如是如来圆镜智上非一众多诸智影起,圆镜智上无诸智影,而此智镜无动无作。

这譬喻很可以和尼采所说的阿波罗精神对照,也很可以见出大乘佛家的人生理想与柏拉图的学说不谋而合。人要把心磨成一片大圆镜,光明普照,而自身却无动无作。

佛教在中国,成就最大的一宗是天台,最流行的一宗是净土。天台宗的要义在止观,净土宗的要义在念佛往生,都是在观照上做修持的功夫。所谓"止观"就是静坐摄心入定,默观佛法与佛相,净土则偏重念佛名,观佛相,以为如此即可往生西方极乐世界(所谓"净土")。依《文殊般若经》说:

若善男子善女子,应在空间处,舍诸乱意,随佛方所,端身正向,不取相貌,系心一佛,专称名字,念无休息,即是念中,能见过现未来三世诸佛。

这种凝神观照往往产生中世纪耶教徒所谓"灵见"(visions),对象或为佛相,或为庄严宝塔,或为极乐世界。佛家往往用文字把他们的"灵见"表现成想象丰富的艺术作品,像《无量寿经》、《阿弥陀经》之类作品大抵都是这样产生出来的。往生净土是他们的最后目的,其实这净土仍是心中幻影,所谓往生仍是在观照中成就，不一定在地理上有一种搬迁。

这一切在耶稣教中都可以找到它的类似。耶稣自己，像释迦一样，是经过一个长期静坐默想而后证道的。"天国就在你自己心里"，这句话也有唤醒人返求诸心的倾向。不过早期的神父要和极艰窘的环境奋斗，精力大半耗于奔走布道和避免残杀。到了三世纪以后，耶稣教的神学逐渐与希腊哲学合流，形成所谓"新柏拉图派"的神秘主义，于是观照成为修行的要诀。依这派的学说，人的灵魂原与上帝一体，没有肉体感官的障碍，所以能观照永恒真理。投生以后，它就依附了肉体，就有欲也就有障。人在灵方面仍近于神，在肉方面则近于兽，肉是一切罪孽的根源，灵才是人的真性。所以修行在以灵制欲，在离开感官的生活而凝神于思想与观照，由是脱尽尘障，在一种极乐的魂游 (ecstasy) 中回到上帝的怀里，重新和他成为一体。中世纪神学家把"知"看成心灵的特殊功能，唯一的人神沟通的桥梁。"知"有三个等级：感觉 (cognitio)、思考 (medtiatio) 和观照 (contemplatio)。观照是最高的阶段，它不但不要假道于感觉，也无须用概念的思考，它是感觉和思考所不能跻攀的知的胜境，一种直觉，一种神佑的大彻大悟。只有借这观照，人才能得到所谓"神福的灵见"(beatific vision)，见到上帝，回到上帝，永远安息在上帝里面。达到这种"神福的灵见"，一个耶教徒就算达到人生的最高理想。

这种哲学或神学的基础，加上中世纪的社会扰乱，酿成寺院的虔修制度。现世既然恶浊，要避免它的熏染，僧侣于是隐到与人世隔绝的寺院里，苦行持戒，默想现世的罪孽，来世的希望和上帝的博大仁慈。他们的经验恰和佛教徒的一样，由于高度的自催眠作用,默想果然产生了许多"灵见";地狱的厉鬼,净界的烈焰,天堂的神仙的福境,都活灵活现地现在他们的凝神默索的眼前。这些"灵见"写成书,绘成画,刻成雕像,就成中世纪的灿烂辉煌的文学与艺术。在意大利,成就尤其烜赫。但丁的《神曲》就是无数"灵见"之一,它可以看成耶稣教的《阿弥陀经》。

我们只举佛耶两教做代表就够了。道教本着长生久视的主旨,后来又沿袭了许多佛教的虔修秘诀;回教本由耶教演变成的,特别流连于极乐世界的感官的享乐。总之,在较显著的宗教中,或是因为特重心灵的知的活动,或是寄希望于比现世远较完美的另一世界,人生的最高理想都不摆在现世的行动而摆在另一世界的观照。宗教的基本精神在看而不在演。

最后,谈到文艺,它是人生世相的返照,离开观照,就不能有它的生存。文艺说来很简单,它是情趣与意象的融会,作者寓情于景,读者因景生情。比如说,"昔我往矣,杨柳依依,今我来思,雨雪霏霏"一章诗写出一串意象、一幅景致、一幕戏剧动态。有形可见者只此,但是作者本心要说的却不只此,他主要的是要表现一种时序变迁的感慨。这感慨在这章诗里虽未明白说出而却胜于明白说出;它没有现身却无可否认地是在那里。这事细想起来,真是一个奇迹。情感是内在的,属我的,主观的,热烈的,变动不居,可体验而不可直接描绘的;意象是外在的,属物的,客观的,冷静,成形即常住,可直接描绘而却不必使任何人都可借以有所体验的。如果借用尼采的譬喻来说,情感是狄奥尼索斯的活动,意象是阿波罗的观照;所以不仅在悲剧里(如尼采所说的),在一切文艺作品里,我们都可以见出达奥尼苏斯的活动投影于阿波罗的观照,见出两极端冲突的调和,相反者的同一。但是在这种调和与同一中,占有优势与决定性的倒不是狄奥尼索斯而是阿波罗,是狄奥尼索斯沉没到阿波罗里面,而不是阿波罗沉没到狄奥尼索斯里面。所以我们尽管有丰富的人生经验,有深刻的情感,若是止于此,我们还是站在艺术的门外,要升堂入室,这些经验与情感必须经过阿波罗的光辉照耀,必须成为观照的对象。由于这个道理,观照(这其实就是想象,也就是直觉)是文艺的灵魂;也由于这个道理,诗人和艺术家们也往往以观照为人生的归宿。我们试想一想:

目送飞鸿,手挥五弦,俯仰自得,游心太玄。

——嵇康

仰视碧天际,俯瞰渌水滨,寥阒无涯观,寓目理自陈。大矣造化工,万殊莫不均。群籁虽参差,适我无非新。

——王羲之

采菊东篱下,悠然见南山,山气日夕佳,飞鸟相与还。此中有真意,欲辨已忘言。

——陶潜

侧身天地长怀古,独立苍茫自咏诗。

——杜甫

从诸诗所表现的胸襟气度与理想,就可以明白诗人与艺术家如何在静观默玩中得到人生的最高乐趣。

就西方文艺来说,有三部名著可以代表西方人生观的演变:

在古代是柏拉图的《会饮》，在中世纪是但丁的《神曲》，在近代是歌德的《浮士德》。《会饮》如上文已经说过的，是心灵的审美教育方案；这教育的历程是由感觉经理智到慧解，由殊相到共相，由现象到本体，由时空限制到超时空限制；它的终结是在沉静的观照中得到豁然大悟，以及个体心灵与弥漫宇宙的整一的纯粹的大心灵合德同流。由古希腊到中世纪，这个人生理想没有经过重大的变迁，只是加上耶教神学的渲染。《神曲》在表面上只是一部游记，但丁叙述自己游历地狱、净界与天堂的所见所闻；但是骨子里它是一部寓言，叙述心灵由罪孽经忏悔到解脱的经过，但丁自己就象征心灵，三界只是心灵的三种状态，地狱是罪孽状态，净界是忏悔洗刷状态，天堂是得解脱蒙神福状态。心灵逐步前进，就是逐步超升，到了最高天，它看见玫瑰宝座中坐的诸圣诸仙，看见圣母，最后看见了上帝自己。在这"神福的灵见"里，但丁（或者说心灵）得到最后的归宿，他"超脱"了，归到上帝怀里了，《神曲》于是终止。这种理想大体上仍是柏拉图的，所不同者柏拉图的上帝是"理式"，绝对真实界本体，无形无体的超时超空的普运周流的大灵魂；而但丁则与中世纪神学家们一样，多少把上帝当作一个人去想：他糅合神性与人性于一体，有如耶稣。

从但丁糅合柏拉图哲学与耶教神学，把人生的归宿定为"神福的灵见"以后，过了五百年到近代，人生究竟问题又成为思辨的中心，而大诗人歌德代表近代人给了一个彻底不同的答案。就人生理想来说，《浮士德》代表西方思潮的一个极大的转变。但丁所要解脱的是象征情欲的三猛兽和象征愚昧的黑树林。到浮士德，情境就变了，他所要解脱的不是愚昧而是使他觉得腻味的丰富的知识。理智的观照引起他的心灵的烦躁不安。"物极思返",浮士德于是由一位闭户埋头的书生变成一位与厉鬼定卖魂约的冒险者,由沉静的观照跳到热烈而近于荒唐的行动。在《神曲》里,象征信仰与天恩的贝雅特里齐,在《浮士德》里于是变成天真而却蒙昧无知的玛嘉丽特。在《神曲》里是"神福的灵见",在《浮士德》里于是变成"狂飙突进"。阿波罗退隐了,狄奥尼索斯于是横行无忌。经过许多放纵不羁的冒险行动以后,浮士德的顽强的意志也终于得到净化,而净化的原动力却不是观照,而是一种有道德意义的行动。他的最后的成就也就是他的最高的理想的实现,从大海争来一片陆地,把它垦成沃壤,使它效用于人类社会。这理想可以叫做"自然的征服"。

这浮士德的精神真正是近代的精神,它表现于一些睥睨一世的雄才怪杰,表现于一些掀天动地的历史事变。各时代都有它的哲学辩护它的活动,在近代,尼采的超人主义唤起许多癫狂者的野心,扬谛理(Gentile)的"为行动而行动"的哲学替法西斯的横行奠定了理论的基础。

这真是一个大旋转。从前人恭维一个人,说"他是一个肯用心的人"(a thoughtful man),现在却说"他是一个活动分子"(an active man)。这旋转是向好还是向坏呢?爱下道德判断的人们不免起这个疑问。答案似难一致。自幸生在这个大时代的"活动分子"会赞叹现代生命力的旺盛。而"肯用心的人"或不免忧虑信任盲目冲动的危险。这种见解的分歧在骨子里与文艺方面古典与浪漫的争执是一致的。古典派要求意象的完美,浪漫派要求情感的丰富,还是冷静与热烈动荡的分别。文艺批评家们说,这分别是粗浅而村俗的，第一流文艺作品必定同时是古典的与浪漫的，必定是丰富的情感表现于完美的意象。把这见解应用到人生方面，显然的结论是：理想的人生是由知而行，由看而演，由观照而行动。这其实是一个老结论。苏格拉底的"知识即德行"，孔子的"自明诚"，王阳明的"知行合一"，意义原来都是如此。但是这还是侧重行动的看法。止于知犹未足，要本所知去行，才算功德圆满。这正犹如尼采在表面上说明了日神与酒神两种精神的融合，实际上仍是以酒神精神沉没于日神精神，以行动投影于观照。所以说来说去，人生理想还只有两个，不是看，就是演；知行合一说仍以演为归宿，日神酒神融合说仍以看为归宿。

近代意大利哲学家克罗齐另有一个看法，他把人类心灵活动分为知解（艺术的直觉与科学的思考）与实行（经济的活动与道德的活动）两大阶段，以为实行必据知解，而知解却可独立自足。一个人可以终止于艺术家，实现美的价值；可以终止于思想家，实现真的价值；可以终止于经济政治家，实现用的价值，也可以终止于道德家，实现善的价值。这四种人的活动在心灵进展次第上虽是一层高似一层，却各有千秋，各能实现人生价值的某一面。这就是说，看与演都可以成为人生的归宿。

这看法容许各人依自己的性之所近而抉择自己的人生理想，我以为是一个极合理的看法。人生理想往往决定于各个人的性格。最聪明的办法是让生来善看戏的人们去看戏，生来善演戏的人们来演戏。上帝造人，原来就不只是用一个模型。近代心理学家对于人类原型的分别已经得到许多有意义的发现，很可以作解决本问题的参考。最显著的是荣格的"内倾"与"外倾"的分别。内倾者（introvert）倾心力向内，重视自我的价值，好孤寂，喜默想，无意在外物界发动变化；外倾者（extrovert）倾心力向外，重视外界事物的价值，好社交，喜活动，常要在外物界起变化而无暇反观默省。简括地说，内倾者生来爱看戏，外倾者生来爱演戏。

人生来既有这种类型的分别，人生理想既大半受性格决定，生来爱看戏的以看为人生归宿，生来爱演戏的以演为人生归宿，就是理所当然的事了。双方各有乐趣，各是人生的实现，我们各不妨阿其所好，正不必强分高下，或是勉强一切人都走一条路。人性不只是一样，理想不只是一个，才见得这世界的恢阔和人生的丰富。犬儒派哲学家第欧根尼（Diogenes）静坐在一个木桶里默想，勋名盖世的亚力山大帝慕名去访他，他在桶里坐着不动。客人介绍自己说："我是亚力山大帝。"他回答说："我是犬儒第欧根尼。"客人问："我有什么可以帮你的忙？"他回答："只请你站开些，不要挡着太阳光。"这样就匆匆了结一个有名的会晤。亚力山大帝觉得这犬儒甚可羡慕，向人说过一句心里话："如果我不是亚力山大，我很愿做第欧根尼。"无如他是亚力山大，这是一件前生注定丝毫不能改动的事，他不能做第欧根尼。这是他的悲剧，也是一切人所同有的悲剧。但是这亚力山大究竟是一个了不起的人物，是亚力山大而能见到做第欧根尼的好处。比起他来，第欧根尼要低一层。"不要挡着太阳光！"那句话含着几多自满与骄傲，也含着几多偏见与狭量啊！

要较量看戏与演戏的长短，我们如果专请教于书本，就很难得公平。我们要记得：柏拉图、庄子、释迦、耶稣、但丁……这一长串人都是看戏人，所以留下一些话来都是袒护看戏的人生观。

此外还有更多的人，像秦始皇、大流士、亚力山大、忽必烈、拿破仑……以及无数开山凿河、垦地航海的无名英雄毕生都在忙演戏，他们的人生哲学表现在他们的生活，所以不曾留下话来辩护演戏的人生观。他们是忠实于自己的性格，如果留下话来，他们也就势必变成看戏人了。据说罗兰夫人上了断头台，才想望有一支笔可以写出她的临终的感想。我们固然希望能读到这位女革命家的自供，可是其实这是多余的。整部历史，这一部轰轰烈烈的戏，不就是演戏人们的最雄辩的供状么？

英国散文家斯蒂文森 (R.L. Stevenson) 在一篇叫做《步行》的小品文里有一段话说得很美，可惜我的译笔不能传出那话的风味，它的大意是：

我们这样匆匆忙忙地做事，写东西，挣财产，想在永恒时间的嘲笑的静默中有一刹那使我们的声音让人可以听见，我们竟忘掉一件大事，在这件大事之中这些事只是细目，那就是生活。我们钟情，痛饮，在地面来去匆匆，像一群受惊的羊。可是你得问问你自己：在一切完了之后，你原来如果坐在家里炉旁快快活活地想着，是否比较更好些。静坐着默想——记起女子们的面孔而不起欲念，想到人们的丰功伟业，快意而不羡慕，对一切事物和一切地方有同情的了解，而却安心留在你所在的地方和身份——这不是同时懂得智慧和德行，不是和幸福住在一起吗？说到究竟，能拿出会游行来开心的并不是那些扛旗子游行的人们，而是那些坐在房子里眺望的人们。

这也是一番袒护看戏的话。我们很能了解斯蒂文森的聪明的打算，而且心悦诚服地随他站在一条线上——我们这批袖手旁观的人们。但是我们看了那出会游行而开心之后，也要深心感激那些扛旗子的人们。假如他们也都坐在房子里眺望，世间还有什么戏可看呢？并且，他们不也在开心么？你难道能否认？

谈多元宇宙

朋友：

你看到"多元宇宙"这个名词，也许联想到詹姆斯的哲学名著。但是你不用骇怕我谈玄，你知道我是一个不懂哲学而且厌听哲学的人。今天也只是吃家常便饭似的，随便谈谈，与詹姆斯毫无关系。

年假中朋友们来闲谈，"言不及义"的时候，动辄牵涉到恋爱问题。各人见解不同，而我所援以辩护恋爱的便是我所谓"多元宇宙"。

什么叫做"多元宇宙"呢？

人生是多方面的，每方面如果发展到极点，都自有其特殊宇宙和特殊价值标准。我们不能以甲宇宙中的标准，测量乙宇宙中的价值。如果勉强以甲宇宙中的标准，测量乙宇宙中的价值，则乙宇宙便失其独立性，而只在乙宇宙中可尽量发展的那一部分性格便不免退处于无形。

各人资禀经验不同，而所见到的宇宙，其种类多寡，量积大小，也不一致。一般人所以为最切己而最推重的是"道德的宇宙"。"道德的宇宙"是与社会俱生的。如果世间只有我，"道德的宇宙"便不能成立。比方没有父母，便无孝慈可言，没有亲友，便无信义可言。人与人相接触以后，然后道德的需要便因之而起。人是社会的动物，而同时又秉有反社会的天性。想调剂社会的需要与利己的欲望，人与人中间的关系不能不有法律道德为之维护。因有法律存在，我不能以利己欲望妨害他人，他人也不能以利己欲望妨害我，于是彼此乃宴然相安。因有道德存在，我尽心竭力以使他人享受幸福，他人也尽心竭力以使我享受幸福，于是彼此乃欢然同乐，社会中种种成文的礼法和默认的信条都是根据这个基本原理。服从这种礼法和信条便是善，破坏这种礼法和信条便是恶。善恶便是"道德的宇宙"中的价值标准。

我们既为社会中人，享受社会所赋予的权利，便不能不对于社会负有相当义务，不能不趋善避恶，以求达到"道德的宇宙"的价值标准的最高点。在"道德的宇宙"中，如果能登峰造极，也自能实现伟大的自我，孔子、苏格拉底和耶稣诸人的风范所以照耀千古。

但是"道德的宇宙"决不是人生唯一的宇宙，而善恶也决不能算是一切价值的标准，这是我们中国人往往忽略的道理。

比方在"科学的宇宙"中，善恶便不是合适的价值标准。"科学的宇宙"中的适当价值标准只是真伪。科学家只问：我的定律是否合于事实？这个结论是否没有讹错；他们决问不到："物体向地心下坠"合乎道德吗？"勾方加股方等于弦方"有些不仁不义罢？固然"科学的宇宙"也有时和"道德的宇宙"相抵触。但是科学家只当心真理而不顾社会信条。伽利略宣传哥白尼地动说，达尔文主张生物是进化而不是神造的，就教会眼光看，他们都是不道德的，因为他们直接的辩驳圣经，间接的摇动宗教和它的道德信条。可是伽利略和达尔文是"科学的宇宙"中的人物，从"道德的宇宙"所发出来的命令，他们则不敢奉命唯谨。科学家的这种独立自由的态度到现代更渐趋明显。比方伦理学从前是指导行为的规范科学，而近来却都逐渐向纯粹科学的路上走，它们的问题也逐渐由"应该或不应该如此？"变为"实在是如此或不如此？"了。

其次，"美术的宇宙"也是自由独立的。美术的价值标准既不是是非，也不是善恶，只是美丑。从希腊以来，学者对于美术有三种不同的见解。一派以为美术含有道德的教训，可以陶冶性情。一派以为美术的最大功用只在供人享乐。第三派则折衷两说，以为美术既是教人道德的，又是供人享乐的。好比药丸加上糖衣，吃下去又甜又受用。这三种学说在近代都已被人推翻了。现代美术家只是"为美术而言美术"（art for art's sake）。意大利美学泰斗克罗齐并且说美和善是绝对不能混为一谈的。因为道德行为都是起于意志，而美术品只是直觉得来的意象，无关意志，所以无关道德。这并非说美术是不道德的，美术既非"道德的"，也非"不道德的"，它只是"超道德的"。说一个幻想是道德的，或者说一幅画是不道德的，是无异于说一个方形是道德的，或者说一个三角形是不道德的，同为毫无意义。美术家最大的使命求创造一种意境，而意境必须超脱现实。我们可以说，在美术方面，不能"脱实"便是不能"脱俗"。因此，从"道德的宇宙"中的标准看，曹操、阮大铖、李波·李披（Fra Lippo Lippi）和拜伦一般人都不是圣贤，而从"美术的宇宙"中的标准看，这些人都不失其为大诗家或大画家。

再其次，我以为恋爱也是自成一个宇宙；在"恋爱的宇宙"里，我们只能问某人之爱某人是否真纯，不能问某人之爱某人是否应该。其实就是只"应该不应该"的问题，恋爱也是不能打消的。从生物学观点看，生殖对于种族为重大的利益，而对于个体则为重大的牺牲。带有重大的牺牲，不能不兼有重大的引诱，所以性欲本能在诸本能中最为强烈。我们可以说，人应该生存，应该绵延种族，所以应该恋爱。但是这番话仍然是站在"道德的宇宙"中说的，在"恋爱的宇宙"中，恋爱不是这样机械的东西，它是至上的，神圣的，含有无穷奥秘的。在恋爱的状态中，两人脉搏的一起一落，两人心灵一往一复，都恰能忻合无间。在这种境界，如果身家财产学业名誉道德等等观念渗入一分，则恋爱真纯的程度便须减少一分。真能恋爱的人只是为恋爱而恋爱，恋爱以外，不复另有宇宙。

"恋爱的宇宙"和"道德的宇宙"虽不必定要不能相容，而在实际上往往互相冲突。恋爱和道德相冲突时，我们既不能两全，应该牺牲恋爱呢，还是牺牲道德呢？道德家说，道德至上，应牺牲恋爱。爱伦凯一般人说，恋爱至上，应牺牲道德。就我看，这所谓"道德至上"与"恋爱至上"都未免笼统。我们应该加上形容句子说，在"道德的宇宙"中道德至上，在"恋爱的宇宙"中恋爱至上。所以遇着恋爱和道德相冲突时，社会本其"道德的宇宙"的标准，对于恋爱者大肆其攻击诋毁，是分所应有的事，因为不如此则社会赖以维持的道德难免隳丧；而恋爱者整个的酣醉于"恋爱的宇宙"里，毅然不顾一切，也是分所应有的事，因为不如此则恋爱不真纯。

"恋爱的宇宙"中，往往也可以表现出最伟大的人格。我时常想，能够恨人极点的人和能够爱人极点的人都不是庸人。日本民族是一个有生气的民族，因他们中间有人能够以嫌怨杀人，有人能够为恋爱自杀。我们中国人随在都讲"中庸"，恋爱也只能达到温汤热。所以为恋爱而受社会攻击的人，立刻就登报自辩。这不能不算是根性浅薄的表征。

朋友，我每次写信给你都写到第六张信笺为止。今天已写完第六张信笺了，可是如果就在此搁笔，恐怕不免叫人误解，让我在收尾时郑重声明一句罢。恋爱是至上的，是神圣的，所以也是最难遭遇的。"道德的宇宙"里真正的圣贤少，"科学的宇宙"里绝对真理不易得，"美术的宇宙"里完美的作家寥寥，"恋爱的宇宙"里真正的恋爱人更是凤毛麟角。恋爱是人格的交感共鸣，所以恋爱真纯的程度以人格高下为准。一般人误解恋爱，动于一时飘忽的性欲冲动而发生婚姻关系，境过则情迁，色衰则爱弛，这虽是冒名恋爱，实则只是纵欲。我为真正恋爱辩护，我却不愿为纵欲辩护；我愿青年应该懂得恋爱神圣，我却不愿青年在血气未定的时候，去盲目地假恋爱之名寻求泄欲。

意长纸短，你大概已经懂得我的主张了罢？

你的朋友　孟实

资禀与修养

拉丁文中有一句名言："诗人是天生的不是造作的。"这句话本有不可磨灭的真理，但是往往被不努力者援为口实。迟钝人说，文学必须靠天才，我既没有天才，就生来与文学无缘，纵然努力，也是无补费精神。聪明人说，我有天才，这就够了，努力不但是多余的，而且显得天才还有缺陷，天才之所以为天才，正在它不费力而有过人的成就。这两种心理都很普遍，误人也很不浅。文学的门本是大开的。迟钝者误认为它关得很严密不敢去问津；聪明者误认为自己生来就在门里，用不着摸索。他们都同样地懒怠下来，也同样地被关在门外。

从前有许多迷信和神秘色彩附丽在"天才"这个名词上面，一般人以为天才是神灵的凭借，与人力全无关系。近代学者有人说它是一种精神病，也有人说它是"长久的耐苦"。这个名词似颇不易用科学解释。我以为与其说"天才"，不如说"资禀"。资禀是与生俱来的良知良能，只有程度上的等差，没有绝对的分别，有人多得一点，有人少得一点。所谓"天才"不过是在资禀方面得天独厚，并没有什么神奇。莎士比亚和你我相去虽不可以道里计，他所有的资禀你和我并非完全没有，只是他有的多，我们有的少。若不然，他和我们在智能上就没有共同点，我们也就无从了解他、欣赏他了。除白痴以外，人人都多少可以了解欣赏文学，也就多少具有文学所必需的资禀。不单是了解欣赏，创作也还是一理。文学是用语言文字表现思想情感的艺术，一个人只要有思想情感，只要能运用语言文字，也就具有创作文学所必须的资禀。

就资禀说，人人本都可以致力于文学；不过资禀有高有低，每个人成为文学家的可能性和在文学上的成就也就有大有小。我们不能对于每件事都能登峰造极，有几分欣赏和创作文学的能力，总比完全没有好。要每个人都成为第一流文学家，这不但是不可能，而且也大可不必；要每个人都能欣赏文学，都能运用语言文字表现思想情感，这不但是很好的理想，而且是可以实现和应该实现的理想。一个人所应该考虑的，不是我究竟应否在文学上下一番功夫（这不成为问题，一个人不能欣赏文学，不能发表思想情感，无疑地算不得一个受教育的人），而是我究竟是专门做文学家，还是只要具备一个受教育的人所应有的欣赏文学和表现思想情感的能力？

这第二个问题确值得考虑。如果只要具备一个受教育的人所应有的欣赏文学和表现思想情感的能力，每个人只须经过相当的努力，都可以达到，不能拿没有天才做借口；如果要专门做文学家，他就要自问对文学是否有特优的资禀。近代心理学家研究资禀，常把普遍智力和特殊智力分开。普遍智力是施诸一切对象而都灵验的，像一把同时可以打开许多种锁的钥匙；特殊智力是施诸某一种特殊对象而才灵验的，像一把只能打开一种锁的钥匙。比如说，一个人的普遍智力高，无论读书、处事或作战、经商，都比低能人要强；可是读书、处事、作战、经商各需要一种特殊智力。尽管一个人件件都行,如果他的特殊智力在经商,他在经商方面的成就必比做其他事业都强。对于某一项有特殊智力,我们通常说那一项为"性之所近"。一个人如果要专门做文学家就非性近于文学不可。如果性不相近而勉强去做文学家,成功的固然并非绝对没有,究竟是用违其才;不成功的却居多数,那就是精力的浪费了。世间有许多人走错门路,性不近于文学而强作文学家,耽误了他们在别方面可以有为的才力,实在很可惜。"诗人是天生的不是造作的"这句话,对于这种人确是一个很好的当头棒。

但是这句话终有语病。天生的资禀只是潜能,要潜能成为事实,不能不借人力造作。好比花果的种子,天生就有一种资禀可以发芽成树、开花结实,但是种子有很多不发芽成树、开花结实的,因为缺乏人工的培养。种子能发芽成树、开花结实,有一大半要靠人力,尽管它天资如何优良。人的资禀能否实现于学问事功的成就,也是如此。一个人纵然生来就有文学的特优资禀,如果他不下功夫修养,他必定是苗而不秀,华而不实。天才愈卓越,修养愈深厚,成就也就愈伟大。比如说李白、杜甫对于诗不能说是无天才,可是读过他们诗集的人都知道这两位大诗人所下的功夫。李白在人生哲学方面有道家的底子,在文学方面从《诗经》、《楚辞》直到齐梁体诗,他没有不费苦心模拟过。杜诗无一字无来历为世所共知。他自述经验说,"读书破万卷,下笔如有神"。西方大诗人像但丁、莎士比亚、歌德诸人,也没有一个不是修养出来的。莎士比亚是一般人公评为天才多于学问的,但是谁能测量他的学问的深浅?医生说,只有医生才能写出他的某一幕;律师说,只有学过法律的人才能了解他的某一剧的术语。你说他没有下功夫研究过医学、法学等等？我们都惊讶他的成熟作品的伟大，却忘记他的大半生精力都费在改编前人的剧本，在其中讨诀窍。这只是随便举几个例。完全是"天生"的而不经"造作"的诗人，在历史上却无先例。

孔子有一段论学问的话最为人所称道："或生而知之，或学而知之，或困而知之，及其知之一也。"这话确有至理，但亦看"知"的对象为何。如果所知的是文学，我相信"生而知之"者没有，"困而知之"者也没有，大部分文学家是有"生知"的资禀，再加上"困学"的功夫，"生知"的资禀多一点，"困学"的功夫也许可以少一点。牛顿说："天才是长久的耐苦。"这话也须用逻辑眼光去看，长久的耐苦不一定造成天才，天才却有赖于长久的耐苦。一切的成就都如此，文学只是一例。

天生的是资禀，造作的是修养；资禀是潜能，是种子；修养使潜能实现，使种子发芽成树，开花结实。资禀不是我们自己力量所能控制的，修养却全靠自家的努力。在文学方面，修养包涵极广，举其大要，约有三端：

第一是人品的修养。人品与文品的关系是美学家争辩最烈的问题，我们在这里只能说一个梗概。从一方面说，人品与文品似无必然的关系。魏文帝早已说过："古今文人类不护细行。"刘彦和在《文心雕龙·程器》篇里一口气就数了一二十个没有品行的文人，齐梁以后有许多更显著的例，像冯延巳、严嵩、阮大铖之流还不在内。在克罗齐派美学家看，这也并不足为奇。艺术的活动出于直觉，道德的活动出于意志；一为超实用的，一为实用的，二者实不相谋。因此，一个人在道德上的成就不能裨益也不能妨害他在艺术上的成就，批评家也不应从他的生平事迹推论他的艺术的人格。

但是从另一方面说，言为心声，文如其人。思想情感为文艺的渊源，性情品格又为思想情感的型范，思想情感真纯则文艺华实相称，性情品格深厚则思想情感亦自真纯。"仁者之言霭如"，"诐辞知其所蔽"。屈原的忠贞耿介，陶潜的冲虚高远，李白的徜徉恣肆，杜甫的每饭不忘君国，都表现在他们的作品里面。他们之所以伟大，就因为他们的一篇一什都不仅限于某一时会即景生情偶然兴到的成就，而是整个人格的表现。不了解他们的人格，就决不能彻底了解他们的文艺。从这个观点看，培养文品在基础上下功夫就必须培养人品。这是中国先儒的一致主张，"文以载道"说也就是从这个看法出来的。

人是有机体，直觉与意志，艺术的活动与道德的活动恐怕都不能像克罗齐分得那样清楚。古今尽管有人品很卑鄙而文艺却很优越的，究竟是占少数，我们可以用心理学上的"双重人格"去解释。在甲重人格（日常的）中一个人尽管不矜细行，在乙重人格（文艺的）中他却谨严真诚。这种双重人格究竟是一种变态，如论常例，文品表现人品是千真万确的事实。所以一个人如果想在文艺上有真正伟大的成就，他必须有道德的修养。我们并非鼓励他去做狭隘的古板的道学家，我们也并不主张一切文学家在品格上都走一条路。文品需要努力创造，各有独到，人品亦如此，一个文学家必须有真挚的性情和高远的胸襟，但是每个人的性情中可以特有一种天地，每个人的胸襟中可以特有一副丘壑，不必强同而且也决不能强同。

其次是一般学识经验的修养。文艺不单是作者人格的表现，也是一般人生世相的返照。培养人格是一套功夫，对于一般人生世相积蓄丰富而正确的学识经验又另是一套功夫。这可以分两层说。一是读书。从前中国文人以能熔经铸史为贵，韩愈在《进学解》里发挥这个意思，最为详尽。读书的功用在储知蓄理，扩充眼界，改变气质。读的范围愈广，知识愈丰富，审辨愈精当，胸襟也愈恢阔。在近代，一个文人不但要博习本国古典，还要涉猎近代各科学问，否则见解难免偏蔽。这事固然很难。我们第一要精选，不浪费精力于无用之书；第二要持恒，日积月累，涓涓终可成江河；第三要有哲学的高瞻远瞩，科学的客观剖析，否则食而不化，学问反足以梏没性灵。其次是实地观察体验。这对于文艺创作或比读书还更重要。从前中国文人喜游名山大川，一则增长阅历，一则吸纳自然界瑰奇壮丽之气与幽深玄妙之趣。其实这种"气"与"趣"不只在自然中可以见出，在一般人生世相中也可得到。许多著名的悲喜剧与近代小说所表现的精神气魄并不让于名山大川。观察体验的最大的功用还不仅在此，尤其在洞达人情物理。文学超现实而却不能离现实，它所创造的世界尽管有时是理想的，却不能不有现实世界的真实性。近代写实主义者主张文学须有"凭证"，就因为这个道理。你想写某一种社会或某一种人物，你必须对于那种社会那种人物的外在生活与内心生活都有彻底的了解，这非多观察多体验不可。要观察得正确，体验得深刻，你最好投身他们中间，和他们过同样的生活。你过的生活愈丰富，对于人性的了解愈深广，你的作品自然愈有真实性，不致如雾里看花。

第三是文学本身的修养。"工欲善其事，必先利其器"。文学的器具是语言文字。我们第一须认识语言文字，其次须有运用语言文字的技巧。这事看来似很容易，因为一般人日常都在运用语言文字；但是实在极难，因为文学要用平常的语言文字产生不平常的效果。文学家对于语言文字的了解必须比一般人都较精确，然后可以运用自如。他必须懂得字的形声义、字的组织以及音义与组织对于读者所生的影响。这要包涵语文学、逻辑学、文法、美学和心理学各科知识。从前人做文言文很重视小学（即语文学），就已看出工具的重要。我们现在做语体文比较做文言文更难。一则语言文字有它的历史渊源，我们不能因为做语体文而不研究文言文所用的语文，同时又要特别研究流行的语文；一则文言文所需要的语文知识有许多专书可供给，流行的语文的研究还在草创，大半还靠作者自己努力去摸索。在现代中国，一个人想做出第一流文学作品，别的条件不用说，单说语文研究一项，他必须有深厚的修养。他必须达到有话都可说出而且说得好的程度。

运用语言文字的技巧一半根据对于语言文字的认识，一半也要靠虚心模仿前人的范作。文艺必止于创造，却必始于模仿，模仿就是学习。最简捷的办法是精选模范文百篇左右（能多固好；不能多，百篇就很够），细心研究每篇的命意布局分段造句和用字，务求透懂，不放过一字一句，然后把它熟读成诵，玩味其中声音节奏与神理气韵，使它不但沉到心灵里去，还须沉到筋肉里去。这一步做到了，再拿这些模范来模仿（从前人所谓"拟"），模仿可以由有意的渐变为无意的，习惯就成了自然。入手不妨尝试各种不同的风格，再在最合宜于自己的风格上多下功夫，然后融合各家风格的长处，成就一种自己独创的风格。从前做古文的人大半经过这种训练，依我想，做语体文也不能有一个更好的学习方法。

以上谈文学修养，仅就其大者略举几端，并非说这就尽了文学修养的能事。我们只要想一想这几点所需要的功夫，就知道文学并非易事，不是全靠天才所能成功的。

谈立志

抗战以前与抗战以来的青年心理有一个很显然的分别：抗战以前，普通青年的心理变态是烦闷，抗战以来，普通青年的心理变态是消沉，烦闷大半起于理想与事实的冲突。在抗战以前，青年对于自己前途有一个理想，要有一个很好的环境求学，再有一个很好的职业做事；对于国家民族也有一个理想，要把侵略的外力打倒，建设一个新的社会秩序。这两种理想在当时都似很不容易实现，于是他们急躁不耐烦，失望，以至于苦闷。抗战发生时，我们民族毅然决然地拼全副力量来抵挡侵略的敌人，青年们都兴奋了一阵，积压许久的郁闷为之一畅。但是这种兴奋到现在似已逐渐冷静下去，国家民族的前途比从前光明，个人求学就业也比从前容易，虽然大家都硬着脖子在吃苦，可是振作的精神似乎很缺乏。在学校的学生们对功课很敷衍，出了学校就职业的人们对事业也很敷衍，对于国家大事和世界政局没有像从前那样关切。这是一个很可忧虑的现象，因为横在我们面前的还有比抗敌更艰难的局面，需要更坚决更沉着的努力来应付，而我们青年现在所表现的精神显然不足以应付这种艰难的局面。

如果换过方式来说，从前的青年人病在志气太大，目前的青年人病在志气太小，甚至于无志气。志气太大，理想过高，事实迎不上头来，结果自然是失望烦闷；志气太小，因循苟且，麻木消沉，结果就必至于堕落。所以我们宁愿青年烦闷，不愿青年消沉。烦闷至少是对于现实的欠缺还有敏感，还可以激起努力；消沉对于现实的欠缺就根本麻木不仁，决不会引起改善的企图。但是说到究竟，烦闷之于消沉也不过是此胜于彼，烦闷的结果往往是消沉，犹如消沉的结果往往是堕落。目前青年的消沉与前五六年青年的烦闷似不无关系。烦闷是耗费心力的，心力耗费完了，连烦闷也不曾有，那便是消沉。

一个人不会生来就烦闷或消沉的，因为人都有生气，而生气需要发扬，需要活动。有生气而不能发扬，或是活动遇到阻碍，才会烦闷和消沉。烦闷是感觉到困难，消沉是无力征服困难而自甘失败。这两种心理病态都是挫折以后的反应。一个人如果经得起挫折，就不会起这种心理变态。所谓经不起挫折，就是没有决心和勇气，就是意志薄弱。意志薄弱经不起挫折的人往往有一套自宽自解的话，就是把所有的过错都推诿到环境。明明是自己无能，而埋怨环境不允许我显本领；明明是自己甘心做坏人，而埋怨环境不允许我做好人。这其实是懦夫的心理，对于自己全不肯负责任。环境永远不会美满的，万一它生来就美满，人的成就也就无甚价值。人所以可贵，就在他不像猪豚，被饲而肥，他能够不安于污浊的环境，拿力量来改变它、征服它。

普通人的毛病在责人太严、责己太宽。埋怨环境还由于缺乏自省自责的习惯。自己的责任必须自己担当起，成功是我的成功，失败也是我的失败。每个人是他自己的造化主，环境不足畏，犹如命运不足信。我们的民族需要自力更生。我们每个人也是如此。

我们的青年必须先有这种觉悟，个人和国家民族的前途才有希望。能责备自己，信赖自己，然后自己才会打出一个江山来。

我们有一句老话："有志者事竟成。"这话说得很好，古今中外在任何方面经过艰苦奋斗而成功的英雄豪杰都可以做例证。志之成就是理想的实现。人为的事实都必基于理想，没有理想决不能成为人为的事实。譬如登山，先须存念头去登，然后一步一步地走上去，最后才会达到目的地。如果根本不起登的念头，登的事实自无从发生。这是浅例。世间许多行尸走肉浪费了他们的生命，就因为他们对于自己应该做的事不起念头。许多以教育为事业的人根本不起念头去研究，许多以政治为事业的人根本不起念头为国民谋幸福。我们的文化落后，社会紊乱，不就由于这个极简单的原因么？这就是上文所谓"消沉"、"无志气"。"有志者事竟成"，无志者事就不成。

不过"有志者事竟成"一句话也很容易发生误解，"志"字有几种意义：一是念头或愿望 (wish)，一是起一个动作时所存的目的 (purpose)，一是达到目的的决心 (will, determination)。譬如登山，先起登的念头，次要一步一步地走，而这走必步步以登为目的，路也许长，障碍也许多，须抱定决心，不达目的不止，然后登的愿望才可以实现，登的目的才可以达到。"有志者事竟成"的志，须包含这三种意义在内：第一要起念头，其次要认清目的和达到目的之方法，第三是抱必达目的之决心。很显然的，要事之成，其难不在起念头，而在目的之认识与达到目的之决心。

有些人误解立志只是起念头。一个小孩子说他将来要做大总统，一个乞丐说他成了大阔佬要砍他的仇人的脑袋，所谓"癞蛤蟆想吃天鹅肉",完全不思量达到这种目的所必有的方法或步骤,更不抱定循这方法步骤去达到目的之决心,这只是狂妄,不能算是立志。世间有许多人不肯学乘除加减而想将来做算学的发明家,不学军事学当兵打仗而想将来做大元帅东征西讨,不切实培养学问技术而想将来做革命家改造社会,都是犯这种狂妄的毛病。

如果以起念头为立志,则有志者事竟不成之例甚多。愚公尽可移山,精卫尽可填海,而世间确实有不可能的事情。我们必须承认"不可能"的真实性。所谓"不可能",就是俗语所谓"没有办法",没有一个方法和步骤去达到所悬想的目的。没有认清方法和步骤而想达到那个目的,那只是痴想而不是立志,志就是理想,而理想的理想必定是可实现的理想。理想普通有两种意义,一是"可望而不可攀,可幻想而不可实现的完美",比如许多宗教都以长生不老为人生理想,它成为理想,就因为事实上没有人长生不老。理想的另一意义是"一个问题的最完美的答案",或是"可能范围以内的最圆满的解决困难的办法"。比如长生不老虽非人力所能达到,而强健却是人力所能达到的,就人的能力范围来说,强健是一个合理的理想。这两种意义的分别在一个蔑视事实条件,一个顾到事实条件,一个渺茫无稽,一个有方法步骤可循。严格地说,前一种是幻想痴想而不是理想,是理想都必顾到事实。在理想与事实起冲突时,错处不在事实而在理想。我们必须接受事实,理想与事实背驰时,我们应该改变理想。坚持一种不合理的理想而至死不变只是匹夫之勇,只是"猪武"。我特别着重这一点,因为有些道德家在盲目地说坚持理想,许多人在盲目地听。

我们固然要立志,同时也要度德量力。卢梭在他的教育名著

谈立志

《爱弥儿》里有一段很透辟的话，大意是说人生幸福起于愿望与能力的平衡。一个人应该从幼时就学会在自己能力范围以内起愿望，想做自己所能做的事，也能做自己所想做的事。这番话出诸浪漫色彩很深的卢梭尤其值得我们玩味。卢梭自己有时想入非非，因此吃过不少的苦头，这番话实在是经验之谈。许多烦闷，许多失败，都起于想做自己所不能做的事，或是不能做自己所想做的事。

志气成就了许多人，志气也毁坏了许多人。既是志，实现必不在目前而在将来。许多人拿立志远大作借口，把目前应做的事延宕贻误。尤其是青年们欢喜在遥远的未来摆一个黄金时代，把希望全寄托在那上面，终日沉醉在迷梦里，让目前宝贵的时光与机会错过，徒贻后日无穷之悔。我自己从前有机会学希腊文和意大利文时，没有下手，买了许多文法读本，心想到四十岁左右时当有闲暇岁月，许我从容自在地自修这些重要的文字，现在四十过了几年了，看来这一生似不能与希腊文和意大利文有缘分了，那箱书籍也恐怕只有摆在那里霉烂了。这只是一例，我生平有许多事叫我追悔，大半都像这样"志在将来"而转眼即空空过去。"延"与"误"永是连在一起，而所谓"志"往往叫我们由"延"而"误"。所谓真正立志，不仅要接受现在的事实，尤其要抓住现在的机会。如果立志要做一件事，那件事的成功尽管在很远的将来，而那件事的发动必须就在目前一顷刻。想到应该做，马上就做，不然，就不必发下一个空头愿。发空头愿成了一个习惯，一个人就会永远在幻想中过活，成就不了任何事业，听说抽鸦片烟的人想头最多，意志力也最薄弱。老是在幻想中过活的人在精神方面颇类似烟鬼。

我在很早的一篇文章里提出我个人做人的信条，现在想起，觉得其中仍有可取之处，现在不妨趁此再提出供读者参考。我把我的信条叫做"三此主义"，就是此身，此时，此地。一、此身应该做而且能够做的事，就得由此身担当起，不推诿给旁人。二、此时应该做而且能够做的事，就得在此时做，不拖延到未来。三、此地（我的地位，我的环境）应该做而且能够做的事，就得在此地做，不推诿到想象中的另一地位去做。

这是一个极现实的主义。本分人做本分事，脚踏实地，丝毫不带一点浪漫情调。我相信如果我们能够彻底地照着做，不至于很误事。西谚说得好："手中的一只鸟，值得林中的两只鸟。"许多"有大志"者往往为着觊觎林中的两只鸟，让手中的一只鸟安然逃脱。

谈人生与我

朋友：

  我写了许多信，还没有郑重其事地谈到人生问题，这是一则因为这个问题实在谈滥了，一则也因为我看这个问题并不如一般人看得那样重要。在这最后一封信里我所以提出这个滥题来讨论，并不是要说出一番什么大道理，只不过把我自己平时几种对于人生的态度随便拿来做一次谈料。

  我有两种看待人生的方法。在第一种方法里，我把我自己摆在前台，和世界一切人和物在一块玩把戏；在第二种方法里，我把我自己摆在后台，袖手看旁人在那儿装腔作势。

  站在前台时，我把我自己看得和旁人一样，不但和旁人一样，并且和鸟兽虫鱼诸物也都一样。人类比其他物类痛苦，就因为人类把自己看得比其他物类重要。人类中有一部分人比其余的人苦痛，就因为这一部分人把自己看得比其余的人重要。比方穿衣吃饭是多么简单的事，然而在这个世界里居然成为一个极重要的问题，就因为有一部分人要亏人自肥。再比方生死，这又是多么简单的事，无量数人和无量数物都已生过来死过去了。一个小虫让车轮压死了，或者一朵鲜花让狂风吹落了，在虫和花自己都决不值得计较或留恋，而在人类则生老病死以后偏要加上一个苦字。

这无非是因为人们希望造物主宰待他们自己应该比草木虫鱼特别优厚。

因为如此着想，我把自己看作草木虫鱼的侪辈，草木虫鱼在和风甘露中是那样活着，在炎暑寒冬中也还是那样活着。像庄子所说，它们"诱然皆生，而不知其所以生；同焉皆得，而不知其所以得"。它们时而戾天跃渊，欣欣向荣，时而含葩敛翅，晏然蛰处，都顺着自然所赋予的那一副本性。它们决不计较生活应该是如何，决不追究生活是为着什么，也决不埋怨上天待它们特薄，把它们供人类宰割凌虐。在它们说，生活自身就是方法，生活自身也就是目的。

从草木虫鱼的生活，我觉得一个经验。我不在生活以外别求生活方法，不在生活以外别求生活目的。世间少我一个，多我一个，或者我时而幸运，时而受灾祸侵逼，我以为这都无伤天地之和。你如果问我，人们应该如何生活才好呢？我说，就顺着自然所给的本性生活着，像草木虫鱼一样。你如果问我，人们生活在这幻变无常的世相中究竟为着什么？我说，生活就是为着生活，别无其他目的。你如果向我埋怨天公说，人生是多么苦恼呵！我说，人们并非生在这个世界来享幸福的，所以那并不算奇怪。

这并不是一种颓废的人生观。你如果说我的话带有颓废的色彩，我请你在春天到百花齐放的园子里去，看看蝴蝶飞，听听鸟儿鸣，然后再回到十字街头，仔细瞧瞧人们的面孔，你看谁是活泼，谁是颓废？请你在冬天积雪凝寒的时候，看看雪压的松树，看看站在冰上的鸥和游在水中的鱼，然后再回头看看遇苦便叫的那"万物之灵"，你以为谁比较能耐苦持恒呢？

我拿人比禽兽，有人也许目为异端邪说。其实我如果要援引"经典"，称道孔孟以辩护我的见解，也并不是难事。孔子所谓"知命"，孟子所谓"尽性"，庄子所谓"齐物"，宋儒所谓"廓然大公，物来顺应"，和希腊廊下派哲学，我都可以引申成一篇经义文，做我的护身符。然而我觉得这大可不必。我虽不把自己比旁人看得重要，我也不把自己看得比旁人分外低能，如果我的理由是理由，就不用仗先圣先贤的声威。

以上是我站在前台对于人生的态度。但是我平时很欢喜站在后台看人生。许多人把人生看作只有善恶分别的，所以他们的态度不是留恋，就是厌恶。我站在后台时把人和物也一律看待，我看西施、嫫母、秦桧、岳飞也和我看八哥、鹦鹉、甘草、黄连一样，我看匠人盖屋也和我看鸟鹊营巢、蚂蚁打洞一样，我看战争也和我看斗鸡一样，我看恋爱也和我看雄蜻蜓追雌蜻蜓一样。因此，是非善恶对我都无意义，我只觉得对着这些纷纭扰攘的人和物，好比看图画，好比看小说，件件都很有趣味。

这些有趣味的人和物之中自然也有一个分别。有些有趣味，是因为它们带有很浓厚的喜剧成分；有些有趣味，是因为它们带有很深刻的悲剧成分。

我有时看到人生的喜剧。前天遇见一个小外交官，他的上下巴都光光如也，和人说话时却常常用大拇指和食指在腮旁捻一捻，像有胡须似的。他们说这是官气，我看到这种举动比看诙谐画还更有趣味。许多年前一位同事常常很气愤地向人说："如果我是一个女子，我至少已接得一尺厚的求婚书了！"偏偏他不是女子，这已经是喜剧；何况他又麻又丑，纵然他幸而为女子，也决不会有求婚书的麻烦，而他却以此沾沾自喜，这总算得喜剧之喜剧了。这件事和英国文学家哥尔德斯密斯的一段逸事一样有趣。他有一次陪几个女子在荷兰某一个桥上散步，看见桥上行人个个都注意他同行的女子，而没有一个睬他自己，便板起面孔很气愤地说："哼，在别地方也有人这样看我咧！"如此等类的事，我天天都见得着。在闲静寂寞的时候，我把这一类的小小事件从记忆中召回来，寻思玩味，觉得比抽烟饮茶还更有味。老实说，假如这个世界中没有曹雪芹所描写的刘姥姥，没有吴敬梓所描写的严贡生，没有莫里哀所描写的达尔杜弗和阿尔巴贡，生命更不值得留恋了。我感谢刘姥姥、严贡生一流人物，更甚于我感谢钱塘的潮和匡庐的瀑。

其次，人生的悲剧尤其能使我惊心动魄；许多人因为人生多悲剧而悲观厌世，我却以为人生有价值正因其有悲剧。我在几年前做的《无言之美》里曾说明这个道理，现在引一段来：

> 我们所居的世界是最完美的，就因为它是最不完美的。这话表面看去，不通已极。但是实含有至理。假如世界是完美的，人类所过的生活——比好一点，是神仙的生活，比坏一点，就是猪的生活——便呆板单调已极，因为倘若件件事都尽美尽善了，自然没有希望发生，更没有努力奋斗的必要。人生最可乐的就是活动所生的感觉，就是奋斗成功而得的快慰。世界既完美，我们如何能尝创造成功的快慰？这个世界之所以美满，就在有缺陷，就在有希望的机会，有想象的田地。换句话说，世界有缺陷，可能性才大。

这个道理李石岑先生在《一般》三卷三号所发表的《缺陷论》里也说得很透辟。悲剧也就是人生一种缺陷。它好比洪涛巨浪，令人在平凡中见出庄严，在黑暗中见出光彩。假如荆轲真正刺中秦始皇，林黛玉真正嫁了贾宝玉，也不过闹个平凡收场，那得叫千载以后的人歆歔赞叹？以李太白那样天才，偏要和江淹戏弄笔墨，作了一篇"反恨赋"，和"上韩荆州书"一样庸俗无味。毛声山评《琵琶记》，说他有意要做"补天石"传奇十种，把古今几件悲剧都改个快活收场，他没有实行，总算是一件幸事。人生本来要有悲剧才能算人生，你偏想把它一笔勾销，不说你勾销不去，就是勾销去了，人生反更索然寡趣。所以我无论站在前台或站在后台时，对于失败，对于罪孽，对于殃咎，都是一幅冷眼看待，都是用一个热心惊赞。

朋友，我感谢你费去宝贵的时光读我的这信，如果你不厌倦，将来我也许常常和你通信闲谈，现在让我暂时告别罢！

你的朋友　孟实

谈摆脱

朋友：

近来研究黑格尔讨论悲剧的文章，有时拿他的学说来印证实际生活，颇觉欣然有会意。许久没有写信给你，现在就拿这点道理作谈料。

黑格尔对于古今悲剧，最推尊希腊索福克勒斯 (Sophocles) 的《安提戈涅》(Antigone)。安提戈涅的哥哥因为争王位，借重敌国的兵攻击他自己的祖国忒拜，他在战场中被打死了。忒拜新王克瑞翁 (Creon) 悬令，如有人敢收葬他，便处死罪，因为他是一个国贼。安提戈涅很像中国的聂嫈，毅然不避死刑，把她哥哥的尸骨收葬了。安提戈涅又是和克瑞翁的儿子海蒙 (Haemon) 订过婚的，她被绞以后，海蒙痛恨她，也自杀了。

黑格尔以为凡悲剧都生于两理想的冲突，而安提戈涅是最好的实例。就克瑞翁说，做国王的职责和做父亲的职责相冲突。就安提戈涅说，做国民的职责和做妹妹的职责相冲突。就海蒙说，做儿子的职责和做情人的职责相冲突。因此冲突，故三方面结果都是悲剧。

黑格尔只是论文学，其实推广一点说，人生又何尝不是一种理想的冲突场？不过实在界和舞台有一点不同，舞台上的悲剧生

谈摆脱

于冲突之得解决,而人生的悲剧则多生于冲突之不得解决。生命途程上的歧路尽管千差万别,而实际上只有一条路可走,有所取必有所舍,这是自然的道理。世间有许多人站在歧路上只徘徊顾虑,既不肯有所舍,便不能有所取。世间也有许多人既走上这一条路,又念念不忘那一条路。结果也不免差误时光。"鱼我所欲,熊掌亦我所欲,二者不可得兼,舍鱼而取熊掌可也。"有这样果决,悲剧决不会发生。悲剧之发生就在既不肯舍鱼,又不肯舍熊掌,只在那儿垂涎打算盘。这个道理我可以举几个实例来说明:

"禾"是一个大学生,很好文学,而他那一班的功课有簿记、有法律,都是他所厌恶的。他每见到我便愁眉蹙额的说:"真是无聊!天天只是预备考试!天天只是读这些没有意味的课本!"我告诉他,"你既不欢喜那些东西,便把它们丢开就是了。"他说:"既然花了家里的钱进学堂,总得要勉强敷衍考试才是。"我说:"你要敷衍考试,就敷衍考试是了。"然而他天天嫌恶考试,天天又在那儿预备考试。

我有一个幼时的同学恋爱了一个女子。他的家庭极力阻止他。他每次来信都向我诉苦。我去信告诉他说,"你既然爱她,便毅然不顾一切去爱她就是了。"他又说:"家庭骨肉的恩爱就能够这样恝然置之么?"我回复他说:"事既不能两全,你便应该趁早疏绝她。"但是他到现在还是犹豫不知所可,还是照旧叫苦。

"禹"也是一个旧相识。他在衙门里充当一个小差事。他很能做文章,家里虽不丰裕,也还不至于没有饭吃。衙门里案牍和他的脾胃不很合,而且妨碍他著述。他时常觉得他的生活没有意味,和我谈心时,不是说,"唉,如果我不要就这个事,这本稿子久已写成了。"就是说:"这事简直不是人干的,我回家陪妻子吃糙米饭去了!"像这样的话我也不知道听他说过多少回数,但是他还是依旧风雨无阻的去应卯。

这些朋友的毛病都不在"见不到"而在"摆脱不开"。"摆脱不开"便是人生悲剧的起源。畏首畏尾,徘徊歧路,心境既多苦痛,而事业也不能成就。许多人的生命都是这样模模糊糊的过去的。要免除这种人生悲剧,第一须要"摆脱得开"。消极说是"摆脱得开",积极说便是"提得起",便是"抓得住"。认定一个目标,便专心致志的向那里走,其余一切都置之度外,这是成功的秘诀,也是免除烦恼的秘诀。现在姑且举几个实例来说明我所谓"摆脱得开"。

释迦牟尼当太子时,乘车出游,看到生老病死的苦状,便恍然解悟人生虚幻,把慈父娇妻爱子和王位一齐抛开,深夜遁入深山,静坐菩提树下,冥心默想解脱人类罪苦的方法。这是古今第一个知道摆脱的人。其次如苏格拉底,如耶稣,如屈原,如文天祥,为保持人格而从容就死,能摆脱开一般人所摆脱不开的生活欲,也很可以廉顽立懦。再其次如希腊第欧根尼提倡克欲哲学,除一个饮水的杯子和一个盘坐的桶子以外,身旁别无长物,一日见童子用手捧水喝,他便把饮水的杯子也掷碎。犹太斯宾诺莎学说与犹太教义不合,犹太教徒行贿不遂,把他驱逐出籍,他以后便专靠磨镜过活。他在当时是欧洲第一个大哲学家,海得尔堡大学请他去当哲学教授,他说,"我还是磨我的镜子比较自由。"所以谢绝教授的位置。这是能为真理为学问摆脱一切的。卓文君逃开富家的安适,去陪司马相如当垆卖酒,是能为恋爱摆脱一切的。张翰在齐做大司马东曹掾,一天看见秋风乍起,想起吴中菰菜莼羹鲈鱼脍,立刻就弃官归里。陶渊明做彭泽令,不愿束带见督邮,向县吏说:"我岂能为五斗米折腰向乡里小儿!"立即解绶辞官。这是能摆脱禄位以行吾心所安的。英国小说家司各特早年颇致力于诗,后读拜伦著作,知道自己在诗的方面不能有大成就,便丢开音律专去做他的小说。这是能为某一种学问而摆脱开其他学问之引诱的。孟敏堕甑,不顾而去。郭林宗问他的缘故,他回答说:"甑已碎,顾之何益?"这是能摆脱过去失败的。

斯蒂文森论文,说文章之术在知遗漏(the art of omitting),其实不独文章如是,生活也要知所遗漏。我幼时,有一位最敬爱的国文教师看出我不知摆脱的毛病,尝在我的课卷后面加这样的批语:"长枪短戟,用各不同,但精其一,已足制胜,汝才有偏向,姑发展其所长,不必广心博骛也。"十年以来,说了许多废话,看了许多废书,做了许多不中用的事,走了许多没有目标的路,多尝试,少成功,回忆师训,殊觉赧然,冷眼观察,世间像我这样暗中摸索的人正亦不少。大节固不用说,请问街头那纷纷群众忙的为什么?为什么天天做明知其无聊的工作,说明知其无聊的话,和明知其无聊的朋友假意周旋?在我看来,这都由于"摆脱不开"。因为人人都"摆脱不开",所以生命便成了一幕最大的悲剧。

朋友,我写到这里,已超过寻常篇幅,把上面所写的翻看一过,觉得还没有把"摆脱"的道理说得透。我只谈到粗浅处,细微处让你自己暇时细心体会。

你的朋友　孟实

谈价值意识

——"物有本末，事有终始，知所先后，则近道矣。"

我初到英国读书时，一位很爱护我的教师——辛博森先生——写了一封很恳切的长信，给我讲为人治学的道理，其中有一句话说："大学教育在使人有正确的价值意识，知道权衡轻重。"于今事隔二十余年，我还很清楚地记得这句看来颇似寻常的话。在当时，我看到了有几分诧异，心里想：大学教育的功用就不过如此么？这二三十年的人生经验才逐渐使我明白这句话的分量。我有时虚心检点过去，发现了我每次的过错或失败都恰是当人生歧路，没有能权衡轻重，以至去取失当。比如说，我花去许多工夫读了一些于今看来是不值得读的书，做了一些于今看来是不值得做的文章，尝试了一些于今看来是不值得尝试的事，这样地就把正经事业耽误了。好比行军，没有侦出要塞，或是侦出要塞而不尽力去击破，只在无战争重要性的角落徘徊摸索，到精力消耗完了还没碰着敌人，这岂不是愚蠢？

我自己对于这种愚蠢有切身之痛，每衡量当世人物，也欢喜审察他们是否有没有犯同样的毛病。有许多在学问思想方面极为我所敬佩的人，希望本来很大，他们如果死心塌地做他们的学问，成就必有可观。但是因为他们在社会上名望很高，每个学校都要请他们演讲，每个机关都要请他们担任职务，每个刊物都要请他们做文章，这样一来，他们不能集中力量去做一件事，用非其长，长处不能发展，不久也就荒废了。名位是中国学者的大患。没有名位去挣扎求名位，旁驰博骛，用心不专，是一种浪费；既得名位而社会视为万能，事事都来打搅，惹得人心花意乱，是一种更大的浪费。"古之学者为己，今之学者为人。"在"为人""为己"的冲突中，"为人"是很大的诱惑。学者遇到这种诱惑，必须知所轻重，毅然有所取舍，否则随波逐流，不旋踵就有没落之祸。认定方向，立定脚跟，都需要很深厚的修养。

"正其谊不谋其利，明其道不计其功"，是儒家在人生理想上所表现的价值意识。"学也禄在其中"，既学而获禄，原亦未尝不可；为干禄而求学，或得禄而忘学便是颠倒本末。我国历来学子正坐此弊。记得从前有一个学生刚在中学毕业，他的父亲就要他做事谋生，有友人劝阻他说："这等于吃稻种。"这句聪明话可表现一般家长视教育子弟为投资的心理。近来一般社会重视功利，青年学子便以功利自期，入学校只图混资格作敲门砖，对学问没有浓厚的兴趣，至于立身处世的道理更视为迂阔而远于事情。这是价值意识的混乱。教育的根基不坚实，影响到整个社会风气以至于整个文化。轻重倒置，急其所应缓，缓其所应急，这种毛病在每个人的生活上，在政治上，在整个文化动向上都可以看见。近来我看了英人贝尔的《文化论》(Clive Bell: *Civilization*)，其中有一章专论价值意识为文化要素，颇引起我的一些感触。贝尔专从文化观点立论，我联想到"价值意识"在人生许多方面的意义。这问题值得仔细一谈。

自然界事物纷纭错杂，人能不为之迷惑，赖有两种发见，一是条理，一是分寸。条理是联系线索，分寸是本末轻重。有了条理，事物才能分别类居，不相杂乱；有了分寸，事物才能尊卑定位，各适其宜。条理是横面上的秩序，分寸是纵面上的等差。条理在大体上是纯理活动的产品，是偏于客观的；分寸的鉴别则有赖于实用智慧，常为情感意志所左右，带有主观的成分。别条理，审分寸，是人类心灵的两种最大的功能。一般自然科学在大体上都是别条理的事，一般含有规范性的学术如文艺伦理政治之类都是审分寸的事。这两种活动有时相依为用，但是别条理易，审分寸难。一个稍有逻辑修养的人大半能别条理，审分寸则有待于一般修养。它不仅是分析，而且是衡量；不仅是知解，而且是抉择。"厩焚，子退朝，曰'伤人乎？'不问马"这件事本很琐细，但足见孔子心中所存的分寸，这种分寸是他整个人格的表现。

所谓审分寸，就是辨别紧要的与琐屑的，也就是有正确的价值意识。"价值"是一个哲学上的术语，有些哲学家相信世间有绝对价值，永驻常在，不随时空及人事环境为转移，如康德所说的道德责任，黑格尔所说的永恒公理。但是就一般知解说，价值都有对待，高下相形，美丑相彰，而且事物自身本无价值可言，其有价值，是对于人生有效用，效用有大小，价值就有高低。这所谓"效用"自然是指极广义的，包含一切物质的和精神的实益，不单指狭义功利主义所推崇的安富尊荣之类。作为这样的解释，价值意识对于人生委实是重要。人生一切活动，都各追求一个目的，我们必须先估定这目的有无追求的价值。如果根本没有价值而我们去追求，只追求较低的价值，我们就打错了算盘，没有尽量地享受人生最大的好处。有正确的价值意识，我们对于可用的力量才能作最经济的分配，对于人生的丰富意味才能尽量榨取。人投生在这个世界里如入珠宝市，有任意采取的自由，但是货色无穷，担负的力量不过百斤。有人挑去瓦砾，有人挑去钢铁，也有人挑去珠玉，这就看他们的价值意识如何。

价值意识的应用范围极广。凡是出于意志的行为都有所抉择，有所摒弃。在各种可能的途径之中择其一而弃其余，都须经过价值意识的审核。小而衣食行止，大而道德学问事功，无一能为例外。

价值通常分为真善美三种。先说真，它是科学的对象。科学的思考在大体上虽偏于别条理，却也须审分寸。它分析事物的属性，必须辨别主要的与次要的；推求事物的成因，必须辨别自然的与偶然的；归纳事例为原则，必须辨别貌似有关的与实际有关的。苹果落地是常事，只有牛顿抓住它的重要性而发明引力定律；蒸汽上腾是常事，只有瓦特抓住它的重要性而发明蒸汽机。就一般学术研究方法说，提纲挈领是一套紧要的功夫，囫囵吞枣必定是食而不化。提纲挈领需要很锐敏的价值意识。

次说美，它是艺术的对象。艺术活动通常分欣赏与创造。欣赏全是价值意识的鉴别，艺术趣味的高低全靠价值意识的强弱。趣味低，不是好坏无鉴别，就是欢喜坏的而不了解好的。趣味高，只有真正好的作品才够味，低劣作品可以使人作呕。艺术方面的爱憎有时更甚于道德方面的爱憎，行为的失检可以原谅，趣味的低劣则无可容恕。至于艺术创造更步步需要谨严的价值意识。在作品酝酿中，许多意象纷呈，许多情致泉涌，当兴高采烈时，它们好像八宝楼台，件件惊心夺目，可是实际上它们不尽经得起推敲，艺术家必能知道割爱，知道剪裁洗炼，才可披沙拣金。这是第一步。已选定的材料需要分配安排，每部分的分量有讲究，各部分的先后位置也有讲究。凡是艺术作品必有头尾和身材，必有浓淡虚实，必有着重点与陪衬点。"譬如北辰，居其所，而众星拱之。"艺术作品的意思安排也是如此。这是第二步。选择安排可以完全是胸中成竹，要把它描绘出来，传达给别人看，必借特殊媒介，如图画用形色，文学用语言。一个意思常有几种说法，都可以说得大致不差，但是只有一种说法，可以说得最恰当妥帖。艺术家对于所用媒介必有特殊敏感，觉得大致不差的说法实在是差以毫厘、谬以千里，并且在没有碰着最恰当的说法以前，心里就安顿不下去，他必肯呕出心肝去推敲，这是第三步。在实际创造时，这三个步骤虽不必得如此清楚，可是都不可少，而且每步都必有价值意识在鉴别审核。每个大艺术家必同时是他自己的严厉的批评者。一个人在道德方面需要良心，在艺术方面尤其需要良心。良心使艺术家不苟且敷衍，不甘落下乘。艺术上的良心就是谨严的价值意识。

再次说善，它是道德行为的对象。人性本可与为善，可与为恶，世间善人少而不善人多，可知为恶易而为善难。为善所以难者，道德行为虽根于良心，当与私欲相冲突，胜私欲需要极大的意志力。私欲引入朝抵抗力最低的路径走，而道德行为往往朝抵抗力最大的路径走。这本有几分不自然。但是世间终有人为履行道德信条而不惜牺牲一切者，即深切地感觉到善的价值。"朝闻道，夕死可矣。"孔子醇儒，向少作这样侠士气的口吻，而竟说得如此斩截者，即本于道重于生命一个价值意识。古今许多忠臣烈士宁杀身以成仁，也是有鉴于此。从短见的功利观点看，这种行为有些傻气。但是人之所以为人，就贵在这点傻气。说浅一点，善是一种实益，行善社会才可安宁，人生才有幸福。说深一点，善就是一种美，我们不容行为有瑕疵，犹如不容一件艺术作品有缺陷。求行为的善，即所以维持人格的完美与人性的尊严。善的本身也有价值的等差。"礼与其奢也宁俭，丧与其奢也宁戚。"重在内心不在外表。"男女授受不亲，嫂溺援之以手"，重在权变不在拘守条文。"人尽夫也，父一而已"，重在孝不在爱。忠孝不能两全时，先忠而后孝。以德报怨，即无以报德，所以圣人主以直报怨。"其父攘羊，其子证之"，为国法而伤天伦，所以圣人不取。子夏丧子失明而丧亲民无所闻，所以为曾子所呵责。孔子自己的儿子死只有棺，所以不肯卖车为颜渊买椁。齐人拒嗟来之食，义本可嘉，施者谢罪仍坚持饿死，则为太过。有无相济是正当道理，微生高乞醯以应邻人之求，不得为直。战所以杀敌制胜，宋襄公不鼓不成列，不得为仁。这些事例有极重大的，有极寻常的，都可以说明权衡轻重是道德行为中的紧要功夫。道德行为和艺术一样，都要做得恰到好处。这就是孔子所谓"中"，孟子所谓"义"。中者无过无不及，义者事之宜。要事事得其宜而无过无不及，必须有很正确的价值意识。

真善美三种价值既说明了，我们可以进一步谈人生理想。每个人都不免有一个理想，或为温饱，或为名位，或为学问，或为德行，或为事功，或为醇酒妇人，或为斗鸡走狗，所谓"从其大体者为大人，存其小体者为小人"。这种分别究竟以什么为标准呢？哲学家们都承认：人生最高目的是幸福。什么才是真正的幸福？对于这问题也各有各的见解。积学修德可被看成幸福，饱食暖衣也可被看成幸福。究竟谁是谁非呢？我们从人的观点来说，须认清人的高贵处在哪一点。很显然地，在肉体方面，人比不上许多动物，人之所以高于禽兽者在他的心灵。人如果要充分地表现他的人性，必须充实他的心灵生活。幸福是一种享受。享受者或为肉体，或为心灵。人既有肉体，即不能没有肉体的享受。我们不必如持禁欲主义的清教徒之不近人情，但是我们也须明白：肉体的享受不是人类最上的享受，而是人类与鸡豚狗彘所共有的。人类最上的享受是心灵的享受。哪些才是心灵的享受呢？就是上文所述的真善美三种价值。学问、艺术、道德几无一不是心灵的活动，人如果在这三方面达到最高的境界，同时也就达到最幸福的境界。一个人的生活是否丰富，这就是说，有无价值，就看他对于心灵或精神生活的努力和成就的大小。如果只顾衣食饱暖而对于真善美漫不感觉兴趣，他就成为一种行尸走肉了。这番道理本无深文奥义，但是说起来好像很迂阔。灵与肉的冲突本来是一个古老而不易化除的冲突。许多人因顾到肉遂忘记灵，相习成风，心灵生活便被视为怪诞无稽的事。尤其是近代人被"物质的舒适"一个观念所迷惑，大家争着去拜财神，财神也就笼罩了一切。"哀莫大于心死"，而心死则由于价值意识的错乱。我们如想改正风气，必须改正教育，想改正教育，必须改正一般人的价值意识。

谈谦虚

说来说去，做人只有两桩难事，一是如何对付他人，一是如何对付自己。这归根还只是一件事，最难的事还是对付自己，因为知道如何对付自己，也就知道如何对付他人，处世还是立身的一端。

自己不易对付，因为对付自己的道理有一个模棱性，从一方面看，一个人不可无自尊心，不可无我，不可无人格。从另一方面看，他不可有妄自尊大心，不可执我，不可任私心成见支配。总之，他自视不宜太小，却又不宜太大，难处就在调剂安排，恰到好处。

自己不易对付，因为不容易认识，正如有力不能自举，有目不能自视。当局者迷，旁观者清。我们对于自己是天生成的当局者而不是旁观者，我们自囿于"我"的小圈子，不能跳开"我"来看世界，来看"我"，没有透视所必需的距离，不能取正确观照所必需的冷静的客观态度，也就生成地要执迷，认不清自己，只任私心、成见、虚荣、幻觉种种势力支配，把自己的真实面目弄得完全颠倒错乱。我们像蚕一样，作茧自缚，而这茧就是自己对于自己所错认出来的幻象。真正有自知之明的人实在不多见。"知人则哲"，自知或许是哲以上的事。"知道你自己"一句古训所以被称为希腊人最高智慧的结晶。

"知道你自己",谈何容易!在日常自我估计中,道理总是自己的对,文章总是自己的好,品格也总是自己的高,小的优点放得特别大,大的弱点缩得特别小。人常"阿其所好",而所好者就莫过于自己。自视高,旁人如果看得没有那么高,我们的自尊心就遭受了大打击,心中就结下深仇大恨。这种毛病在旁人,我们就马上看出;在自己,我们就熟视无睹。

希腊神话中有一个故事。一位美少年纳西司(Narcissus)自己羡慕自己的美,常伏在井栏上俯瞰水里自己的影子,愈看愈爱,就跳下去拥抱那影子,因此就落到井里淹死了。这寓言的意义很深永。我们都有几分"纳西司病",常因爱看自己的影子堕入深井而不自知。照镜子本来是好事,我们对于不自知的人常加劝告:"你去照照镜子看!"可是这种忠告是不聪明的,他看来看去,还是他自己的影子,像纳西司一样,他愈看愈自鸣得意,他的真正面目对于他自己也就愈模糊。他的最好的镜子是世界,是和他同类的人。他认清了世界,认清了人性,自然也就会认清自己,自知之明需要很深厚的学识经验。

德尔斐神谕宣示希腊说:苏格拉底是他们中间最大的哲人,而苏格拉底自己的解释是:他本来和旁人一样无知,旁人强不知以为知,他却明白自己的确无知,他比旁人高一着,就全在这一点。苏格拉底的话老是这样浅近而深刻,诙谐而严肃。他并非说客套的谦虚话,他真正了解人类知识的限度。"明白自己无知"是比得上苏格拉底的那样哲人才能达到的成就。有了这个认识,他不但认清了自己,多少也认清了宇宙。孔子也仿佛有这种认识。

他说:"吾有知乎哉,无知也。"他告诉门人:"知之为知之,不知为不知,是知也。"所谓"不知之知"正是认识自己所看到的小天地之外还有无边世界。

这种认识就是真正的谦虚。谦虚并非故意自贬身价,作客套应酬,像虚伪者所常表现的假面孔;它是起于自知之明,知道自己所已知的比起世间所可知的非常渺小,未知世界随着已知世界扩大,愈前走发见天边愈远。他发见宇宙的无边无底,对之不能不起崇高雄伟之感,反观自己渺小,就不能不起谦虚之感,谦虚必起于自我渺小的意识,谦虚者的心目中必有一种为自己所不知不能的高不可攀的东西,老是要抬着头去望它。这东西可以是全体宇宙,可以是圣贤豪杰,也可以是一个崇高的理想。一个人必须见地高远,"知道天高地厚"才能真正地谦虚;不知道天高地厚的人就老是觉得自己伟大,海若未曾望洋,就以为"天下之美尽在己"。谦虚有它消极方面,就是自我渺小的意识;也有它积极方面,就是高远的瞻瞩与恢阔的胸襟。

看浅一点,谦虚是一种处世哲学。"人道恶盈而喜谦",人本来没有可盈的时候,自以为盈,就无法再有所容纳,有所进益。谦虚是知不足,知不足然后能自强。一切自然节奏都是一起一伏。引弓欲张先弛,升高欲跳先蹲,谦虚是进取向上的准备。老子譬道,常用谷和水。"谷神不死""旷兮其若谷""上善若水""天下莫柔弱于水而攻坚强者莫之能胜"。谷虚所以有容,水柔所以不毁。人的谦虚可以说是取法于谷和水,它的外表虽是空旷柔弱,而它的内在的力量却极刚健。大易的谦卦六爻皆吉。作易的人最深知谦的力量,所以说,"谦尊而光,卑而不可逾"。道家与儒家在这一点认识上是完全相同的。这道理好比打太极拳，极力求绵软柔缓，可是"四两拨千斤"，极强悍的力士在这轻推慢挽之前可以望风披靡。古希腊的悲剧作者大半是了解这个道理的，悲剧中的主角往往以极端的倔强态度和不可以倔强胜的自然力量（希腊人所谓神的力量）搏斗，到收场时一律被摧毁，悲剧的作者拿这些教训在观众心中引起所谓"退让"（resignation）情绪，使人恍然大悟在自然大力之前，人是非常渺小的，人应该降下他的骄傲心，顺从或接受不可抵制的自然安排。这思想在后来耶稣教中也很占势力。近代科学主张"以顺从自然去征服自然"，道理也是如此。

看深一点，谦虚是一种宗教情绪。这道理在上文所说的希腊悲剧中已约略可见。宗教都有一个被崇拜的崇高的对象，我们向外所呈献给被崇拜的对象是虔敬，向内所对待自己的是谦虚。虔敬和谦虚是宗教情绪的两方面，内外相应相成。这种情绪和美感经验中的"崇高意识"（sense of the sublime）以及一般人的英雄崇拜心理是相同的。我们突然间发现对象无限伟大，无形中自觉此身渺小，于是栗然生畏，肃然起敬；但是惊心动魄之余，就继以心领神会，物我交融，不知不觉中把自己也提升到那同样伟大的境界。对自然界的壮观如此，对伟大的英雄如此，对理想中所悬的全知全能的神或尽善尽美的境界也是如此。在这种心境中，我们同时感到自我的渺小和人性的尊严，自卑和自尊打成一片。

我们姑且拿两首人人皆知的诗来说明这个道理。一是陈子昂的"前不见古人，后不见来者，念天地之悠悠，独怆然而涕下！"一是杜甫的："侧身天地常怀古，独立苍茫自咏诗。"我们试玩味两诗所表现的心境。在这种际会，作者还是觉得上天下地，唯我独尊，因而踌躇满志呢？还是四顾茫茫，发见此身渺小而恍然若有所失呢！这两种心境在表面上是相反的，而在实际上却并行不悖，形成哲学家们所说的"相反者之同一"。在这种际会、骄傲和谦虚都失去了它们的寻常意义，我们骄傲到超出骄傲，谦虚到泯没谦虚。我们对庄严的世相呈献虔敬，对蕴藏人性的"我"也呈献虔敬。

有这种情绪的人才能了解宗教，释迦和耶稣都富于这种情绪，他们极端自尊也极端谦虚。他们知道自尊必从谦虚做起，所以立教特重谦虚。佛家的大戒是"我执""我慢"。佛家的哲学精义在"破我执"。佛徒在最初时期都须以行乞维持生活，所以叫做"比丘"。行乞是最好的谦虚训练。耶稣常溷身下层阶级，一再告诫门徒说："凡自己谦卑像这小孩的，他在天国里就是最大的。""你们中间谁为大，谁就要做你们的用人，自高的必降为卑，自卑的必升为高。"这教训在中世纪发生极大影响，许多僧侣都操贱役，过极刻苦的生活，去实现谦卑 (humiliation) 的理想，圣佛兰西斯是一个很美的例证。

耶佛和其他宗教都有膜拜的典礼，它的意义深可玩味。在只是虚文时，它似很可鄙笑；在出于至诚时，它却是虔敬和谦虚的表现，人类可敬的动作就莫过于此。人难得弯下这个腰杆，屈下这双膝盖，低下这颗骄傲的头，在真正可尊敬者的面前"五体投地"。有一次我去一个法会听经，看见皈依的信士们进来时恭恭敬敬地磕一个头，出去时又恭恭敬敬地磕一个头。我很受感动，也觉得有些尴尬。我所深感惭愧的倒不是人家都磕头而我不磕头，而是我的衷心从来没有感觉到有磕头的需要。我虽是愚昧，却明白这足见性分的浅薄。我或是没有脱离"无明",没有发现一种东西叫我敬仰到须向它膜拜的程度;或是没有脱离"我谩",虽然发现了可膜拜者而仍以膜拜为耻辱。

"我谩"就是骄傲,骄傲是自尊情操的误用。人不可没有自尊情操,有自尊情操才能知耻,才能有所谓荣誉意识(sense of honour),才能有所为有所不为,也才能发奋向上。孔子说:"知耻近乎勇",和《学记》的"知不足然后能自强",《易经》的"谦尊而光,卑而不可逾"两句名言意义骨子里相同。近代心理学家阿德勒(Adler)把这个道理发挥得最透辟。依他看,我们有自尊心,不甘居下流,所以发现了自己的缺陷,就引以为耻,在心理形成所谓"卑劣结"(inferiority complex),同时激起所谓"男性的抗议"(masculine protest),要努力弥补缺陷,消除卑劣,来显出自己的尊严。努力的结果往往不但弥补缺陷,而且所达到的成就反比本来没有缺陷的更优越。希腊的德摩斯梯尼斯本来口吃,不甘心受这缺陷的限制,发愤练习演说,于是成为最大的演说家,中国孙子因膑足而成兵法,左丘明因失明而成《国语》,司马迁因受宫刑而作《史记》,道理也是如此。阿德勒所谓"卑劣结"其实就是谦虚,"知耻",或"知不足";他的"男性抗议"就是"自强","近乎勇"或"卑而不可逾"。从这个解释,我们也可以看出谦虚与自尊心不但并不相反,而且是息息相通。真正有自尊心者才能谦虚,也才能发奋为雄。"尧,人也,舜,人也,有为者亦若是",在作这种打算时,我们一方面自觉不如尧舜,那就是谦虚,一方面自觉应该如尧舜,那就是自尊。

骄傲是自尊情操的误用,是虚荣心得到廉价的满足。虚荣心和幻觉相连，有自尊而无自知。它本来起于社会本能——要见好于人；同时也带有反社会的倾向，要把人压倒，它的动机在好胜而不在向上，在显出自己的荣耀而不在理想的追寻。虚荣加上幻觉，于是在人我比较中，我们比得胜固然自骄其胜，比不胜也仿佛自以为胜，或是丢开定下来的标准，另寻自己的胜处。我们常暗地盘算：你比我能干，可是我比你有学问；你干的那一行容易，地位低，不重要，我干的才是真正了不起的事业；你的成就固然不差，可是如果我有你的地位和机会，我的成就一定比你更好。总之，我们常把眼睛瞟着四周的人，心里作一个结论："我比你强一点！"于是伸起大拇指，洋洋自得，并且期望旁人都甘拜下风，这就是骄傲。人之骄傲，谁不如我？我以压倒你为快，你也以压倒我为快。无论谁压倒谁，妒忌、忿恨、争斗以及它们所附带的损害和苦恼都在所难免。人与人，集团与集团，国家与国家，中间许多灾祸都是这样酿成的。"礼至而民不争"，礼之端就是辞让，也就是谦虚。

欢喜比照人己而求己比人强的人大半心地窄狭，谩世傲物的人要归到这一类。他们昂头俯视一切，视一切为"卑卑不足道"，"望望然去之"。阮籍能为青白眼，古今传为美谈。这种谩世傲物的态度在中国向来颇受人重视。从庄子的"让王"类寓言起，经过魏晋清谈，以至后世对于狂士和隐士的崇拜，都可以表现这种态度的普遍。这仍是骄傲在作祟。在清高的烟幕之下藏着一种颇不光明的动机。"人都龌龊，只有我干净，"（所谓"世人皆浊我独清"），他们在这种自信或幻觉中沉醉而陶然自乐。熟看《世说新语》，我始而羡慕魏晋人的高标逸致，继而起一种强烈的反感，觉得那一批人毕竟未闻大道，整天在臧否人物，自鸣得意，心地毕竟局促。他们忘物而未能忘我，正因其未忘我而终亦未能忘物，态度毕竟是矛盾。魏晋人自有他们的苦闷，原因也就在此。"人都龌龊，只有我干净"。这看法或许是幻觉，或许是真理。如果它是幻觉，那是妄自尊大；如果它是真理，就引以自豪，也毕竟是小气。孔子、释迦、耶稣诸人未尝没有这种看法，可是他们的心理反应不是骄傲而是怜悯，不是遗弃而是援救。长沮桀溺说："滔滔者天下皆是，而谁以易之？"孔子说："鸟兽不可与同群，吾非斯人之徒之与而谁与？"这是漫世傲物者与悲天悯人者在对人对己的态度上的基本分别。

人生本来有许多矛盾的现象，自视愈大者胸襟愈小，自视愈小者胸襟愈大。这种矛盾起于对于人生理想所悬的标准高低。标准悬得愈低，愈易自满，标准悬得愈高，愈自觉不足。虚荣者只求胜过人，并不管所拿来和自己比较的人是否值得做比较的标准。只要自己显得是长子，就在矮人国中也无妨。孟子谈交友的对象，分出"一乡之善士""一国之善士""天下之善士""古之人"四个层次。我们衡量人我也要由"一乡之善士"扩充到"古之人"。大概性格愈高贵，胸襟愈恢阔，用来衡量人我的尺度也就愈大，而自己也就显得愈渺小。一个人应该有自己渺小的意识，不仅是当着古往今来的圣贤豪杰的面前，尤其是当着自然的伟大，人性的尊严和时空的无限。你要拿人比自己，且抛开张三李四，比一比孔子、释迦、耶稣、屈原、杜甫、米开朗琪罗、贝多芬，或是爱迪生！且抛开你的同类，比一比太平洋、大雪山、诸行星的演变和运行，或是人类知识以外的那一个茫茫宇宙！在这种比较之后，你如果不为伟大崇高之感所撼动而俯首下心，肃然起敬，你就没有人性中最高贵的成分。你如果不盲目，看得见世界的博大，也看得见世界的精微，你想一想，世间哪里有临到你可凭以骄傲的？

在见道者的高瞻远瞩中，"我"可以缩到无限小，也可以放到无限大。在把"我"放到无限大时，他们见出人性的尊严；在把"我"缩到无限小时，他们见出人性在自己小我身上所实现的非常渺小。这两种认识合起来才形成真正的谦虚。佛家法相一宗把叫做"我"的肉体分析为"扶根尘"，和龟毛兔角同为虚幻，把"我"的通常知见都看成幻觉，和镜花水月同无实在性。这可算把自我看成极渺小。可是他们同时也把宇宙一切，自大地山河以至玄理妙义，都统摄于圆湛不生灭妙明真心，万法唯心所造，而此心却为我所固有，所以"明心见性"，"即心即佛"。这就无异于说，真正可以叫做"我"的那种"真如自性"还是在我，宇宙一切都由它生发出来，"我"就无异于创世主。这对于人性却又看得何等尊严！不但宗教家、哲学家像柏拉图、康德诸人大抵也还是如此看法。我们先秦儒家的看法也不谋而合。儒本有"柔懦"的意义，儒家一方面继承"一命而偻，再命而伛，三命而俯，循墙而走"那种传统的谦虚恭谨，一方面也把"我"看成"与天地合德"。他们说："返身而诚，万物皆备于我矣。""能尽人之性，则能尽物之性；能尽物之性，则可以赞天地之化育，与天地参矣。"他们拿来放在自己肩膀上的责任是"为天地立心，为生民立命，为往圣继绝学，为万世开太平"。这种"顶天立地，继往开来"的自觉是何等尊严！

意识到人性的尊严而自尊，意识到自我的渺小而自谦，自尊与自谦合一，于是法天行健，自强不息，这就是《易经》所说的"谦尊而光，卑而不可逾"。

谈敬

——给《申报周刊》的青年读者（六）

朋友：

前年夏天我到日本去旅行，最使我感动而至今仍眷恋不忘的是在东京明治天皇神宫所见到的一幅景象。那是一个天清气爽的早晨，明治神宫在一座广大的松柏参天、鸦风雀静的园子里巍然兀立，前面横着一条洁净无尘的柏油大道。一队又一队的青年学生趁这条路上学去，走到神宫面前时，都转身向神宫脱帽深深地一鞠躬，然后再继续走他们的路。成群的固然如此，就是单独的行人走到神宫面前对于这一项顶礼也丝毫不苟且。看他们的面容是那样严肃沉着，想来不是一种虚文繁礼，而真是衷心敬仰的流露。那时节，我忘记国家的界限，不知不觉地对日本人所表现的这种精神肃然起敬，心里想，日本人究竟不是一个可以轻视的民族。

这种感想常存在心里，一直到去年二月二十六日的日本政变，才受一种出于意外的动摇。那几天的报纸已不在手边，但是经过的大概我还约略记得。二月二十六日那天早晨有一批青年军人同时分途闯进几位国老元勋的住宅去行所谓"清君侧"的壮举。他们闯进以清廉著名的首相冈田的房里，冈田夫人跪地央求他们饶了冈田，让他报效国家，而他们却悍然不顾，把他像宰猪屠狗地杀死了。他们闯进高桥老藏相的房里，老藏相头上耸着八十余龄老叟的白发，面上横着为国家任劳任怨所得的皱纹，向他们瞪着哀怜的眼睛，他们也悍然不顾，把他像宰猪屠狗地伤害了。同时他们用同样的残酷的方法杀害了许多其他国老元勋。据后来的报告，说冈田幸而没有死，但是代冈田而死的松尾面貌活像冈田，行刺者是把他认作冈田杀死的，所以在道德上的意义，他们杀松尾是与杀冈田无殊。当时我看到这种消息，我也忘记国家的界限，对这些被难者表示真挚的同情，同时也觉得日本固有的可宝贵的虔敬精神到现在像是逐渐衰落了，不免有些惋惜；心里又想，如果那次的凶杀能代表现代日本的特殊精神，日本也就不复是一个可畏的民族了。

那两种很强烈的相反称的印象近来常在我心中盘旋。它们使我深刻地感觉到"敬"一个字所代表的情感对于一个民族或一个人的重要。我想，无论是一个民族或是一个人，如果心里没有"敬"的情感，决不会有伟大的成就。我不能仔细用逻辑说明这层道理。这也许仅是我的一种直觉，也许是历史传记把无数古今伟大人物的经验在我心中所积累成的总印象。

提起"敬"，我想到摩西率领六十万犹太人从埃及步行九十余天到西乃山对着山巅的云雾雷电，膜拜他们的尊神耶和华，战战兢兢地受他们的十诫；我想到从前过红海时所望见的天方教徒，在炎天烈日之下的空旷荒野的沙漠里，默默向麦加城俯身合掌祷祝。这种宗教情绪是最原始式的"敬"，而现代人所鄙视的迷信。但是这种迷信的意义是值得深长思的。靠着它，许多原始民族在忧患艰难中很自信地向前挣扎，维持他们的永久生命；靠着它，人类不甘与其他动物同自封于饮食男女的满足，而要悬一个超于人类的全善全能的理想,引导他们,鼓励他们作向上的企图,"敬"不是别的东西,它就是人类的一种自然的向善向上的情感。心里觉得一件东西可尊贵,觉得它超过于自己所常达到的限度,而值得自己去努力追求,于是才对它肃然起敬。

敬的情感在宗教之外又表现于英雄崇拜。提起它,我想起斯巴达王列奥尼达以三百人的孤军死守德摩比利山峡,抵抗几十万的波斯大军,宁可全军覆没,不愿放弃他们的职守。后来希腊诗人在山峡旁纪念碑上题着一句简单而深刻的铭语:"过路人,请告诉斯巴达人,因为服从他们的命令,我们躺在这里。"我想象到这句话所说的英雄事迹在每个希腊人的心中所引起的虔敬,所提起的勇气。这三百人死了,那几十万波斯大军也终竟没有征服希腊,希腊人的生命就靠着这一点虔敬,这一股勇气做了救星。历史上同样的实例不胜枚举。每个国家在新兴时代都有些民族英雄盘踞在一般民众的想象里,使他们咏歌赞叹,使他们奉为模范,追踪仿效,把生命的价值与荣誉永远保持下去。凡是原始时代的史诗都是对于民族英雄的虔敬崇拜的表现。希腊民族的阿喀琉斯,日耳曼民族的西格弗里,法兰西民族的查理大帝都是著例。这些民族的蹶兴,原因固不止一种,他们各有几个民族英雄成为国人的中心信仰与一国特殊精神的结晶,这一层恐怕比任何其他原因都较重要。史诗时代的英雄崇拜在今日固已过去,这是宗教神话的衰落与德谟克拉西精神的兴起所必有的结果。所以在今日谈英雄崇拜不免引起顽固腐朽的讥诮。但是事实最雄辩,骂英雄崇拜的德谟克拉西派与普罗派的人们实际上自己也还在很虔敬地崇拜英雄。倘若不然,谁去要卢梭进先贤祠?谁去替华盛顿立纪念坊？谁去替列宁造铜像？谈到究竟，历史是几个伟大人物造成的。他们特立独行，艰苦卓绝地战胜环境困难，实现他们的理想，留给我们无穷的恩惠。无论他们是政治上的人物像华盛顿和列宁，宗教上的人物像释迦和耶稣，学术上的人物像苏格拉底和孔子，都是值得我们虔诚膜拜的。一种伟大的精神在人间能不朽，就全靠这一颗虔敬的心。"敬"是对于生命最有价值的东西的眷恋，人类到失去虔敬情感的时候，就不会作向上的企图，使生命成为一种有价值的东西了。

虔敬的心到处可以表现。站在一座雄伟峭拔的高峰前，你的心里猛然迸出惊赞；读过一篇情感真挚表现完美的文艺作品，你不由自主地受感动；看到一只老麻雀从树顶上跳下来和一条猛犬拼命，营救它的雏鸟，像屠格涅夫在一首散文诗里所描写的，你心里佩服它的慈祥与勇敢，这都是虔敬的流露。一个人可以敬他的人性和人权，敬他的恩人和良师益友，敬他的责任，敬他的事业，敬他所有的一颗虔敬的心。有天良的人都必有一颗虔敬的心，到失去这颗心时，他的天良必先已丧尽，人其名而兽其实了。

中国先儒也常以主"敬"教人，但是到末流"敬"变成道学家的一种拘束。"敬"本是良心的自然流露，在外表所看得出来的是"礼"。一部《礼记》和一部《仪礼》可以说是先儒想把"敬"的表现定成一种条文，把"敬"加以公式化或刻板化。"敬"是精神，"礼"是形骸。他们以为精神可以借形骸而维持其生命，其实形骸虽存，精神可以不存。借重形骸，结果往往使人逐渐忘去它所应表现的精神，而形骸也变成空洞累赘。"敬"由"礼"而流为拘束的原因即在此。举一个很浅显的例：向总理

谈 敬

遗像鞠躬读遗嘱，本来应该是一种虔敬的表示，现在一般行政人员和学生们举行这种礼节时，心里大半没有丝毫虔敬的念头，就不免嫌它是一种拘束了。

我常替我们现在的中华民族担忧，我觉得我们现代中国人，无论老少，都太缺乏真挚的虔敬心。中国人本来是一个最不宗教的民族，不过在以往几千年中我们却也有一个中心信仰而对于它也怀着一种虔敬。我们曾经敬仰过忠孝节义的美德，我们曾经敬仰过在政治学术文艺各方面有伟大建树的人物。在现代，这些似乎都已变成被唾弃的偶像了。我们的心中变成很空洞的，觉得世间似乎没有一个人，一件东西或是一种品格值得我们心悦诚服地尊敬。根本上我们就已经失去一颗虔敬的心，一件奇耻大辱不能使我们感到羞耻，一个伟大人物的嘉言懿行不能使我们感发兴起。在种种方面我们都贪苟且，做官苟且抓钱，办外交苟且妥协，守防地苟且降屈退让，过毒窟妓院苟且贪一时的感官快乐……这种种"苟且"都是虔敬心丧失的铁证。文学是民族精神的最直接的表现，而现在中国最流行的文学是幽默诙谐讽刺，是无聊的感伤，是不负责任的呐喊。它所表现的是一副憨皮笑脸的态度。虔敬站在它旁边自然显得迂腐了。

朋友，你想想看，世间哪一件伟大的事业是憨皮笑脸的态度可以产生出来的？哪一个民族或则哪一个人心里不敬仰一种高尚的理想而能作向上的企图？在这憨皮笑脸的世界中，小心提防受他们的传染，时时读伟大人物的传记，滋养你那一颗虔敬的心啊！

光潜

谈英雄崇拜

关于英雄崇拜有两种相反的看法,依一种看法,英雄造时势,人类文化各方面的发端与进展都靠着少数伟大人物去倡导推动,多数人只在随从附和。一个民族有无伟大成就,要看他有无伟大人物,也要看他中间多数民众对于伟大人物能否倾倒敬慕,闻风兴起。卡莱尔在他的名著《英雄崇拜》里大致持这种看法。"世界历史,"他说,"人类在这世界上所成就的事业的历史,骨子里就是在当中工作的几个伟大人物的历史。""英雄崇拜就是对于伟大人物的极高度的爱慕。在人类胸中没有一种情操比这对于高于自己者的爱慕更为高贵。"尼采的超人主义其实也是一种英雄崇拜主义涂上了一层哲学的色彩。但依另一种看法,时势造英雄,历史的原动力是多数民众,民众的努力造成每时代政教文化各方面的"大势所趋",而所谓英雄不过顺承这"大势所趋"而加以尖锐化,并没有什么神奇。这是托尔斯泰在《战争与和平》里所提出的主张。他说:"英雄只是贴在历史上的标签,他们的姓名只是历史事件的款识。"有些人根据这个主张而推论到英雄不必受崇拜。从史实看,自从古雅典城时代的群众领袖(demagogue)一直到现代极权国家的独裁者,有不少的事例可证明盲目的英雄崇拜往往酿成极大的灾祸。有些人根据这些事例而推论到英雄崇拜的危险。此外也还有些人以为崇拜英雄势必流于发展奴性，阻碍独立自由的企图，造成政治上的独裁与学术思想上的正统专制，与德谟克拉西精神根本不相容。

就大体说，反对英雄崇拜的理论在现代颇占优胜，因为它很合一批不很英雄的人们的口味。不过在事实上，英雄崇拜到现在还很普遍而且深固，无论带哪一种色彩的人心中都免不掉有几分。托尔斯泰不很看重英雄，而他自己却被许多人当作英雄去崇拜。这是一个很有趣而也很有意义的人生讽刺。社会靠着传统和反抗两种相反的势力演进。无论你站在哪一方壁垒，双方都各有它的理想的斗士，它的英雄；维拥传统者如此，反抗者也是如此。从有人类社会到现在，每时代每社会都有它的英雄，而英雄也都被人崇拜，这是铁一般的事实，没有人能否认的。我们在这里用不着替一个与历史俱久的事实辩护，我们只须研究它的涵义和在人生社会上的可能的功用。

什么叫做"英雄"。牛津字典所给 hero 的字义大要有四：第一是"具有超人的本领，为神灵所默佑者"；其次是"声名煊赫的战士，曾为国争战者"；第三是"其成就及高贵性格为人所景仰者"；最后是"诗和戏剧中的主角"。这四个意义显然是互相关联的。凡是英雄必定是非常人，得天独厚，能人之所难能，在艰危时代能为国家杀敌御侮，在承平时代他的事业和品学也能为民族的楷模，在任何重大事件中，他必是倡导推动者，如戏剧中的主角。他的名称有时不很一致，"圣贤"，"豪杰"，"至人"，所指的都大致相同。

一谈到英雄，大概没有不明了他是什么一种人；可是追问到究竟哪一个人才算是英雄，意见却很难一致。小孩子们看惯侠义小说，心目中的英雄是在峨嵋山修炼得道的拳师剑侠；江湖帮客所知道的英雄是《水浒传》里所形容的梁山泊一群好汉和他们帮里的"柁把子"。读书人言必讲周孔，弄武艺的人拜关羽岳飞。古代和近代，中国和西方，所持的英雄标准也不完全一致。仔细研究起来，每种社会，每种阶级，甚至于每个人都各有各的英雄。所以这个意义似很明显的名称所指的究为何种人实在很难确定。

这也并不足为奇。英雄本是一种理想人物。一群人或一个人所崇拜的英雄其实就是他们的或他的人生理想的结晶。人生理想如忠孝节义智仁勇之类都是抽象概念，颇难捉摸，而人类心理习性常倾向于依附可捉摸的具体事例。英雄就是抽象的人生理想所实现的具体事例，他是一幅天然图画，大家都可以指着他向自己说："像那样的人才是我们所应羡慕而仿效的！"说到英勇。一般人印象也许很模糊，但是一般人都知道崇拜秦皇汉武，或是亚历山大和拿破仑。人人尽管知道忠义为美德，但是要一般人为忠义所感动，千言万语也抵不上一篇岳飞或文天祥的叙传。每个人，每个社会，都有他的特殊的人生理想；很显然的，也就有他的特殊英雄。哲学家的英雄是孔子和苏格拉底，宗教家的英雄是释迦和耶稣，侵略者的英雄是拿破仑，而资本家的英雄则为煤油大王和钢铁大王。行行出状元，就是行行有英雄。

人们所崇拜的英雄尽管不同，而崇拜的心理则无二致。这心理分析起来也很复杂。每个英雄必有确足令人钦佩之点，经得起理智衡量，不仅能引起盲目的崇拜。但是"崇拜"是宗教上的术语，既云崇拜，就不免带有几分宗教的迷信，就不免有几分盲目。

谈英雄崇拜

英雄尽管有不足崇拜处，可是我们既然崇拜他，就只看得见他的长处，看不见他的短处。"爱而知其恶"就不是崇拜，崇拜是无限制的敬慕，有时甚至失去理性。西谚说："没有人是他的仆从的英雄。"因为亲信的仆从对主人看得太清楚。古代帝王要"深居简出"，实有一套秘诀在里面。在崇拜的心理中，情感的成分远过于理智的成分。英雄崇拜的缺点在此，因为它免不掉几分盲目的迷信；但是优点也正在此，因为它是敬贤向上心的表现。敬贤向上是人类心灵中最可宝贵的一点光焰，个人能上进，社会能改良，文化能进展，都全靠有它在烛照。英雄常在我们心中煽燃这一点光焰，常提醒我们人性尊严的意识，将我们提升到高贵境界。崇拜英雄就是崇拜他所特有的道德价值。世间只有几种人不能崇拜英雄：一是愚昧者，根本不能辨别好坏；一是骄矜妒忌者，自私的野心蒙蔽了一切，不愿看旁人比自己高一层；一是所谓"犬儒"(cynics)，轻世玩物，视一切无足道；最后就是丧尽天良者，毫无人性，自然也就没有人性中最高贵的虔敬心。这几种人以外，任何人都多少可以崇拜英雄，一个人能崇拜英雄，他多少还有上进的希望，因为他还有道德方面的价值意识。

崇拜英雄的情操是道德的，同时也是超道德的。所谓"超道德的"，就是美感的。太史公在《孔子世家》赞里说："高山仰止，景行行止，虽不能至，然心焉向往之。"这几句话写英雄崇拜的情绪最为精当。对着伟大人物，有如对着高山大海，使人起美学家所说的"崇高雄伟之感"(sense of the sublime)。依美学家的分析，起崇高雄伟感觉时，我们突然间发现对象无限伟大，无形中自觉此身渺小，不免肃然起敬，慄然生畏，惊奇赞叹，有如发呆；但惊心动魄之余，就继以心领神会，物我同一而生命起交流，我们于不知不觉中吸收融会那一种伟大的气魄，而自己也振作奋发起来，仿佛在模仿它，努力提升到同样伟大的境界。对高山大海如此，对暴风暴雨如此，对伟大英雄也如此。崇拜英雄是好善也是审美。在人生胜境，善与美常合而为一，此其一例。

这种所描写的自然只是极境，在实际上英雄崇拜有深有浅，不一定都达到这种极境。但无论深浅，它的影响都大体是好的。社会的形成与维系都不外藉宗教政治教育学术几种"文化"的势力。宗教起于英雄崇拜，卡莱尔已经详论过。世界中最宗教的民族要算希伯来人，读《旧约》的人们大概都明了希伯来也是一个最崇拜英雄的民族，政治的灵魂在秩序组织，而秩序组织的建立与维持必赖有领袖。一令政治团体里有领袖能号召，能得人心悦诚服，政治没有不修明的。极权国家固然需要独裁者，民主国家仍然需要独裁者，无论你给他什么一个名义。至于教育学术也都需要有人开风气之先。假想没有孔墨庄老几个哲人，中国学术思想还留在怎样一个地位！没有柏拉图、亚里士多德、笛卡儿、康德几个哲人，西方学术思想还留在怎样一个地位！如此等类问题是颇耐人寻思的。俗话有一句说得有趣："山中无老虎，猴子称霸王。"阮步兵登广武曾发"时无英雄，遂令竖子成名"之叹。一个国家民族到了"猴子称霸王"或是"竖子成名"的时候，他的文化水准也就可想而见了。

学习就是模仿，人是最善于学习的动物，因为他是最善于模仿的动物。模仿必有模型，模型的美丑注定模仿品的好丑，所谓"种瓜得瓜，种豆得豆"。英雄（或是叫他"圣贤"、"豪杰"）是学做人的好模型。所以从教育观点看，我们主张维持一般人所认为过时的英雄崇拜。尤其在青年时代，意象的力量大于概念。与其向他们说仁义道德，不如指点几个有血有肉的具有仁义道德的人给他们看。教育重人格感化，必须是一个具体的人格才真正有感化力。

我们民族中从古至今，做人的好模型委实不少，可惜长篇传记不发达，许多伟大人物都埋在断简残篇里面，不能以全副面目活现于青年读者眼前。这个缺陷希望将来有史家去弥补。

谈交友

人生的快乐有一大半要建筑在人与人的关系上面。只要人与人的关系调处得好，生活没有不快乐的。许多人感觉生活苦恼，原因大半在没有把人与人的关系调处适宜。这人与人的关系在我国向称为"人伦"。在人伦中先儒指出五个最重要的，就是君臣、父子、夫妇、兄弟、朋友。这五伦之中，父子、夫妇、兄弟起于家庭，君臣和朋友起于国家社会。先儒谈伦理修养，大半在五伦上做功夫，以为五伦上面如果无亏缺，个人修养固然到了极境，家庭和国家社会也就自然稳固了。五伦之中，朋友一伦的地位很特别，它不像其他四伦都有法律的基础，它起于自由的结合，没有法律的力量维系它或是限定它，它的唯一的基础是友爱与信义。但是它的重要性并不因此减少。如果我们把人与人中间的好感称为友谊，则无论是君臣、父子、夫妇或是兄弟之中，都绝对不能没有友谊。就字源说，在中西文里，"友"字都含有"爱"的意义。无爱不成友，无爱也不成君臣、父子、夫妇或兄弟。换句话说，无论哪一伦，都非有朋友的要素不可，朋友是一切人伦的基础。懂得处友，就懂得处人；懂得处人，就懂得做人。一个人在处友方面如果有亏缺，他的生活不但不能是快乐的，而且也决不能是善的。

谈交友

谁都知道，有真正的好朋友是人生一件乐事。人是社会的动物，生来就有同情心，生来也就需要同情心。读一篇好诗文，看一片好风景，没有一个人在身旁可以告诉他说："这真好呀！"心里就觉得美中有不足。遇到一件大喜事，没有人和你同喜，你的欢喜就要减少七八分；遇到一件大灾难，没有人和你同悲，你的悲痛就增加七八分。孤零零的一个人不能唱歌，不能说笑话，不能打球，不能跳舞，不能闹架拌嘴，总之，什么开心的事也不能做。世界最酷毒的刑罚要算幽禁和充军，逼得你和你所常接近的人们分开，让你尝无亲无友那种孤寂的风味。人必须接近人，你如果不信，请你闭关独居十天半个月，再走到十字街头在人群中挤一挤，你心里会感到说不出来的快慰，仿佛过了一次大瘾，虽然街上那些行人在平时没有一个让你瞧得上眼。人是一种怪物，自己是一个人，却要显得瞧不起人，要孤高自赏，要闭门谢客，要把心里所想的看成神妙不可言说，"不可与俗人道"，其实隐意识里面惟恐人不注意自己，不知道自己，不赞赏自己。世间最欢喜守秘密的人往往也是最不能守秘密的人。他们对你说："我告诉你，你却不要告诉人。"他不能不告诉你，却忘记你也不能不告诉人。这所谓"不能"实在出于天性中一种极大的压迫力。人需要朋友，如同人需要泄露秘密，都由于天性中一种压迫力在驱遣。它是一种精神上的饥渴，不满足就可以威胁到生命的健全。

谁也都知道，朋友对于性格形成的影响非常重大。一个人的好坏，朋友熏染的力量要居大半。既看重一个人把他当作真心朋友，他就变成一种受崇拜的英雄，他的一言一笑、一举一动都在有意无意之间变成自己的模范，他的性格就逐渐有几分变成自己的性格。同时，他也变成自己的裁判者，自己的一言一笑、一举一动，都要顾到他的赞许或非难。一个人可以蔑视一切人的毁誉，却不能不求见谅于知己。每个人身旁有一个"圈子"，这圈子就是他所曾亲近的人围成的，他跳来跳去，却跳不出这圈子。在某一种圈子就成为某一种人。圣贤有道，盗亦有道。隔着圈子相视，尧可非桀，桀亦可非尧。究竟谁是谁非，责任往往不在个人而在他所在的圈子。古人说："与善人交，如入芝兰之室，久而不闻其香；与恶人交，如入鲍鱼之市，久而不闻其臭。"久闻之后，香可以变成寻常，臭也可以变成寻常，而习安之，就不觉其为香为臭。一个人应该谨慎择友，择他所在的圈子，道理就在此。人是善于模仿的，模仿品的好坏，全看模型的好坏，有如素丝，染于青则青，染于黄则黄。"告诉我谁是你的朋友，我就知道你是怎样的一种人。"这句西谚确实是经验之谈。《学记》论教育，一则曰："七年视论学取友。"再则曰："相观而善之谓摩。"从孔孟以来，中国士林向奉尊师敬友为立身治学的要道。这都是深有见于朋友的影响重大。师弟向不列于五伦，实包括于朋友一伦里面，师与友是不能分开的。

　　许叔重《说文解字》谓"同志为友"。就大体说，交友的原则是"同声相应，同气相求"。但是绝对相同在理论与事实都是不可能。"人心不同，各如其面。"这不同亦正有它的作用。朋友的乐趣在相同中容易见出；朋友的益处却往往在相异处才能得到。古人尝拿"如切如磋，如琢如磨"来譬喻朋友的交互影响。这譬喻实在是很恰当。玉石有瑕疵棱角，用一种器具来切磋琢磨它，它才能圆融光润，才能"成器"。人的性格也难免有瑕疵棱角，如私心、成见、骄矜、暴躁、愚昧、顽恶之类,要多受切磋琢磨,才能洗刷净尽,达到玉润珠圆的境界。朋友便是切磋琢磨的利器,与自己愈不同,磨擦愈多,切磋琢磨的影响也就愈大。这影响在学问思想方面最容易见出。一个人多和异己的朋友讨论,会逐渐发现自己的学说不圆满处,对方的学说有可取处,逼得不得不作进一层的思考,这样地对于学问才能逐渐鞭辟入里。在朋友互相切磋中,一方面被"磨",一方面也在受滋养。一个人被"磨"的方面愈多,吸收外来的滋养也就愈丰富。孔子论益友,所以特重直谅多闻。一个不能有诤友的人永远是愚而好自用,在道德学问上都不会有很大的成就。

好朋友在我国语文里向来叫做"知心"或"知己"。"知交"也是一个习用的名词。这个语言的习惯颇含有深长的意味。从心理观点看,求见知于人是一种社会本能,有这本能,人与人才可免除隔阂,打成一片,社会才能成立。它是社会生命所借以维持的,犹如食色本能是个人与种族生命所借以维持的,所以它与食色本能同样强烈。古人尝以一死报知己,钟子期死后,伯牙不复鼓琴。这种行为在一般人看近似于过激,其实是由于极强烈的社会本能在驱遣。其次,从伦理哲学观点看,知人是处人的基础,而知人却极不易,因为深刻的了解必基于深刻的同情。深刻的同情只在真挚的朋友中才常发见,对于一个人有深交,你才能真正知道他。了解与同情是互为因果的,你对于一个人愈同情,就愈能了解他;你愈了解他,也就愈同情他。法国人有一句成语说:"了解一切,就是宽容一切。"(Tout comprendre, c'est tout pardonner.) 这句话说来像很容易,却是人生的最高智慧,需要极伟大的胸襟才能做到。古今有这种胸襟的只有几个大宗教家，像释迦牟尼和耶稣，有这种胸襟才能谈到大慈大悲；没有它，任何宗教都没有灵魂。修养这种胸襟的捷径是多与人做真正的好朋友，多与人推心置腹，从对于一部分人得到深刻的了解，做到对于一般人类起深厚的同情。从这方面看，交友的范围宜稍广泛，各种人都有最好，不必限于自己同行同趣味的。蒙田在他的论文里提出一个很奇怪的主张，以为一个人只能有一个真正的朋友，我对这主张很怀疑。

交友是一件寻常事，人人都有朋友，交友却也不是一件易事，很少人有真正的朋友。势利之交固容易破裂，就是道义之交也有时不免闹意气之争。王安石与司马光、苏轼、程颢诸人在政治和学术上的倾轧便是好例。他们个个都是好人，彼此互有相当的友谊，而结果闹成和世俗人一般的翻云覆雨。交道之难，从此可见。从前人谈交道的话说得很多。例如"朋友有信"，"久而敬之"，"君子之交淡如水"，视朋友须如自己，要急难相助，须知护友之短，像孔子不假盖于悭吝朋友；要劝善规过，但"不可则止，无自辱焉"。这些话都是说起来颇容易，做起来颇难。许多人都懂得这些道理，但是很少人真正会和人做朋友。

孔子曾劝人"无友不如己者"，这话使我很惶惶不安。你不如我，我不和你做朋友，要我和你做朋友，就要你胜似我，这样我才能得益。但是这算盘我会打你也就会打，如果你也这么说，你我之间不就没有做朋友的可能么？柏拉图写过一篇谈友谊的对话，另有一番奇妙议论。依他看，善人无须有朋友，恶人不能有朋友，善恶混杂的人才或许需要善人为友来消除他的恶，恶去了，友的

谈交友

需要也就随之消灭。这话显然与孔子的话有些牴牾。谁是谁非，我至今不能断定，但是我因此想到朋友之中，人我的比较是一个重要问题，而这问题又和善恶问题密切相关。我从前研究美学上的欣赏与创造问题，得到一个和常识不相通的结论，就是：欣赏与创造根本难分，每人所欣赏的世界就是每人所创造的世界，就是他自己的情趣和性格的返照；你在世界中能"取"多少，就看你在你的性灵中能提出多少"与"它，物与我之中有一种生命的交流，深人所见于物者深，浅人所见于物者浅。现在我思索这比较实际的交友问题，觉得它与欣赏艺术自然的道理颇可暗合默契。你自己是怎样的人，就会得到怎样的朋友。人类心灵尚交感回流。你拿一分真心待人，人也就拿一分真心待你，你所"取"如何，就看你所"与"如何。"爱人者人恒爱之，敬人者人恒敬之。"人不爱你敬你，就显得你自己有损缺。你不必责人，先须返求诸己。不但在情感方面如此，在性格方面也都是如此。友必同心，所谓"心"是指性灵同在一个水准上。如果你我在性灵上有高低，我高就须感化你，把你提高到同样水准；你高也是如此，否则友谊就难成立。朋友往往是测量自己的一种最精确的尺度。你自己如果不是一个好朋友，就决不能希望得到一个好朋友。要是好朋友，自己须先是一个好人。我很相信柏拉图的"恶人不能有朋友"的那一句话。恶人可以做好朋友时，他在他方面尽管是坏，在能为好朋友一点上就可证明他还有人性，还不是一个绝对的恶人。说来说去，"同声相应，同气相求"那句老话还是对的，何以交友的道理在此，如何交友的方法也在此。交友和一般行为一样，我们应该常牢记在心的是"责己宜严，责人宜宽"。

谈升学与选课

朋友：

你快要在中学毕业，此时升学问题自然常在脑中盘旋。这一招也是人生一大关键，所以，值得你慎而又慎。

升学问题分析起来便成为两个问题，第一是选校问题，第二是选科问题。这两个问题自然是密切相关的，但是为说话清晰起见，分开来说，较为便利。

我把选校问题放在第一，因为青年们对于选校是最容易走入迷途的。现在中国社会还带有科举时代的资格迷。比方小学才毕业便希望进中学，大学才毕业便希望出洋，出洋基本学问还没有做好，便希望掇拾中国古色斑斑的东西去换博士。学校文凭只是一种找饭碗的敲门砖。学校招牌愈亮，文凭就愈行，实学是无人过问的。社会既有这种资格迷，而资格买卖所便乘机而起。租三间铺面，拉拢一个名流当"名誉校长"，便可挂起一个某某大学的招牌。只看上海一隅，大学的总数比较英或法全国大学的总数似乎还要超过，谁说中国文化没有提高呢？大学既多，只是称"大学"还不能动听，于是"大学"之上又冠以"美国政府注册"的头衔。既"大学"而又在"美国政府注册"，生意自然更加茂盛了。何况许多名流又肯"热心教育"做"名誉校长"呢？

朋友，可惜这些多如牛毛的大学都不能解决我们升学的困难，因为那些有"名誉校长"或是"美国政府注册"的大学，是预备让有钱可花的少爷公子们去逍遥岁月，像你我们既无钱可花，又无时光可花，只好望望然去罢。好在它们的生意并不会因我们"杯葛"而低落的，我们求学最难得的是诚恳的良师与和爱的益友，所以选校应该以有无诚恳、和爱的空气为准。如果能得这种学校空气，无论是大学不是大学，我们都可以心满意足。做学问全赖自己，做事业也全赖自己，与资格都无关系。我看过许多留学生程度不如本国大学生，许多大学生程度不如中学生。至于凭资格去混事做，学校的资格在今日是不大高贵的，你如果作此想，最好去逢迎奔走，因为那是一条较捷的路径。

升学问题，跨进大学门限以后，还不能算完全解决。选科选课还得费你几番踌躇。在选课的当儿，个人兴趣与社会需要尝不免互相冲突。许多人升学选课都以社会需要为准。从前人都欢迎速成法政；我在中学时代，许多同学都希望进军官学校或是教会大学；我进了高等师范，那要算是穷人末路。那时高等师范里最时髦的是英文科，我选了国文科，那要算是腐儒末路。杜威来中国时，哥伦比亚大学的留学生把教育学也弄得很热闹。近来书店逐渐增多，出诗文集一天容易似一天，文学的风头也算是出得十足透顶。听说现在法政经济又很走时了。朋友，你是学文学或是学法政呢！"学以致用"本来不是一种坏的主张；但是资禀兴趣人各不同，你假若为社会需要而忘却自己，你就未免是一位"今之学者"了。任何科目，只要和你兴趣资禀相近，都可以发挥你的聪明才力，都可以使你效用于社会。所以你选课时，旁的问题都可以丢开，只要问："这门功课合我的胃口么？"

我时常想，做学问，做事业，在人生中都只能算是第二桩事。人生第一桩事是生活。我所谓"生活"是"享受"，是"领略"，是"培养生机"。假若为学问为事业而忘却生活，那种学问事业在人生中便失其真正意义与价值。因此，我们不应该把自己看作社会的机械。一味迎合社会需要而不顾自己兴趣的人，就没有明白这个简单的道理。

我把生活看做人生第一桩要事，所以不赞成早谈专门；早谈专门便是早走狭路，而早走狭路的人对于生活常不能见得面面俱到。前天G君对我谈过一个故事，颇有趣很可说明我的道理。他说，有一天，一个中国人一个印度人和一位美国人游历，走到一个大瀑布前面，三人都看得发呆；中国人说："自然真是美丽！"印度人说："在这种地方才见到神的力量呢！"美国人说："可惜偌大水力都空费了！"这三句话各各不同，各有各的真理，也各有各的缺陷。在完美的世界里，我们在瀑布中应能同时见到自然的美丽，神力的广大和水力的实用。许多人因为站在狭路上，只能见到诸方面的某一面，便说他人所见到的都不如他的真确。前几年大家曾像煞有介事地争辩哲学和科学，争辩美术和宗教，不都是坐井观天诬天渺小么？

我最怕和谈专门的书呆子在一起，你同他谈话，他三句话就不离本行。谈到本行以外，旁人所以为兴味盎然的事物，他听之则麻木不能感觉。像这样的人是因为做学问而忘记生活了。我特地提出这一点来说，因为我想现在许多人大谈职业教育，而不知单讲职业教育也颇危险。我并非反对职业教育，我却深深地感觉到职业教育应该有宽大自由教育(liberal education)做根底。倘若先没有多方面的宽大自由教育做根底，则职业教育的流弊，在个人方面，常使生活单调乏味，在社会方面，常使文化肤浅褊狭。

许多人一开口就谈专门(specialization)，谈研究(research work)。他们说，欧美学问进步所以迅速，由于治学尚专门。原来不专则不精，固是自然之理，可是"专"也并非是任何人所能说的。倘若基础树得不宽广，你就是"专"，也决不能专到多远路。自然和学问都是有机的系统，其中各部分常息息相通，牵此则动彼。倘若你对于其他各部分都茫无所知，而专门研究某一部分，实在是不可能的。哲学和历史，须有一切学问做根底；文学与哲学历史也密切相关；科学是比较可以专习的，而实亦不尽然。比方生物学，要研究到精深的地步，不能不通化学，不能不通物理学，不能不通地质学，不能不通数学和统计学，不能不通心理学。许多人连动物学和植物学的基础也没有，便谈专门研究生物学，是无异于未学爬而先学跑的。我时常想，学问这件东西，先要能博大而后能精深。"博学守约"，真是至理名言。亚里士多德是种种学问的祖宗。康德在大学里几乎能担任一切功课的教授。歌德盖代文豪而于科学上也很有建树。亚当·斯密是英国经济学的始祖，而他在大学是教授文学的。近如罗素，他对于数学，哲学，政治学样样都能登峰造极。这是我信笔写来的几个确例。西方大学者（尤其是在文学方面）大半都能同时擅长几种学问的。

我从前预备再做学生时，也曾痴心妄想过专门研究某科中的某某问题。来欧以后，看看旁人做学问所走的路径，总觉悟像我这样浅薄，就谈专门研究，真可谓"颜之厚矣"！我此时才知道从前在国内听大家所谈的"专门"是怎么一回事。中国一般学者的通病就在不重根基而侈谈高远。比方"讲东西文化"的人，可以不通哲学，可以不通文学和美术，可以不通历史，可以不通科学，可以不懂宗教，而信口开河，凭空立说；历史学者闻之窃笑，科学家闻之窃笑，文艺批评学者闻之窃笑，只是发议论者自己在那里洋洋得意。再比方著世界文学史的人，法国文学可以不懂，英国文学可以不懂，德国文学可以不懂，希腊文学可以不懂，中国文学可以不懂，而东抄西袭，堆砌成篇，使法国文学学者见之窃笑，英国文学学者见之窃笑，中国文学学者见之窃笑，只是著书人在那里大吹喇叭。这真所谓"放屁放屁，真正岂有此理！"

朋友，你就是升到大学里去，千万莫要染着时下习气，侈谈高远而不注意把根基打得宽大稳固。我和你相知甚深，客气话似用不着说。我以为你在中学所打的基本学问的基础还不能算是稳固，还不能使你进一步谈高深专门的学问。至少在大学头一二年中，你须得尽力多选功课，所谓多选功课，自然也有一个限制。贪多而不务得，也是一种毛病。我是说，在你的精力时间可能范围以内，你须极力求多方面的发展。

最后，我这番话只是对你的情形而发的。我不敢说一切中学生都要趁着这条路走。但是对于预备将来专门学某一科而谋深造的人，——尤其是所学的关于文哲和社会科学方面，——我的忠告总含有若干真理。

同时，我也很愿听听你自己的意见。

你的朋友　孟实

谈学问

这是一个大题目，不易谈；因为许多人对它有很大的误解，却又不能不谈。最大的误解在把学问和读书看成一件事。子弟进学校不说是"求学"而说是"读书"，学子向来叫做"读书人"，粗通外国文者在应该用"学习"(learn)或"治学"(study)等字时常用"阅读"(read)来代替。这种传统观念的错误影响到我国整个教育的倾向。各级学校大半把教育缩为知识传授，而知识传授的途径就只有读书，教员只是"教书人"。这种错误的观念如果不改正，教育和学问恐怕就没有走上正轨的希望。如果我们稍加思索，它也应该不难改正。学是学习，问是追问。世间可学习可追问的事理甚多，知识技能须学问，品格修养也还须学问；读书人须学问，农工商兵也还须学问，各行有各行的"行径"。学问是任何人对于任何事理，由不知求知，由不能求能的一套功夫。它的范围无限，人生一切活动，宇宙一切现象和真理，莫不包含在内。学问的方法甚多。人从坠地出世，没有一天不在学问。有些学问是由仿效得来的，也有些学问是由尝试、思索、体验和涵养得来的。读书不过是学问的方法之一种，它当然很重要，却并非唯一的。朱子教门徒，一再申说"读书乃学者第二事"。有许多读书人实在并非在做学问，也有许多实在做学问的人并不专靠读书，制造文字——书的要素——是一种绝大学问,而首先制造文字的人就根本无书可读。许多其他学问都可由此类推。子路的"何必读书然后为学"一句话本身并不错,孔子骂他,只是讨厌他说这话的动机在辩护让一个青年学子去做官,也并没有说它本身错。

一般人常埋怨现在青年对于学问没有浓厚的兴趣。就个人任教的经验说,我也有这样的观感。平心而论,这大半要归咎我们"教书人"。把学问看成"教书""读书"一个错误的观念如果不全是我们养成的,至少我们未曾设法纠正。而且我们自己又没有好生学问,给青年学子树一个好榜样,可以激励他们的志气,提起他们的兴趣。此外,社会上一般人对于学问的性质和功用所存的误解也不无关系。近代西方学者常把纯理的学问和应用的学问分开,以为治应用的学问是有所为而为,治纯理的学问是无所为而为。他们怕学问全落到应用一条窄路上,曾设法替无所为而为的学问辩护,说它虽"无用",却可满足人类的求知欲。这种用心很可佩服,而措词却不甚正确。学问起于生活的需要,世间绝没有一种学问无用,不过"用"的意义有广狭之别。学得一种学问,就可以有一种技能,拿它来应用于实际事业,如学得数学几何三角就可以去算账、测量、建筑、制造机械,这是最正常的"用"字的狭义。学得一点知识技能,就混得一种资格,可以谋一个职业,解决饭碗问题,这是功利主义的"用"字的狭义。但是学问的功用并不仅如此,我们甚至可以说,学问的最大功用并不在此。心理学者研究智力,有普通智力与特殊智力的分别;古人和今人品题人物,都有通才与专才的分别。学问的功用也可以说有"通"有"专"。治数学即应用于计算数量,这是学问的专用;治数学而变成一个思想缜密、性格和谐、善于立身处世的人，这是学问的通用。学问在实际上确有这种通用。就智慧说，学问是训练思想的工具。一个真正有学问的人必定知识丰富，思想敏锐，洞达事理，处任何环境，知道把握纲要，分析条理，解决困难。就性格说，学问是道德修养的途径。苏格拉底说得好，"知识即德行"。世间许多罪恶都起于愚昧，如果真正彻底明了一件事是好的，另一件事是坏的，一个人决不会睁着眼睛向坏的方面走。中国儒家讲学问，素来全重立身行己的功夫，一个学者应该是一个圣贤，不仅如现在所谓"知识分子"。

现在所谓"知识分子"的毛病在只看到学的狭义的"用"，尤其是功利主义的"用"。学问只是一种干禄的工具。我曾听到一位教授在编成一部讲义之后，心满意足地说："一生吃着不尽了！"我又曾听到一位朋友劝导他的亲戚不让刚在中学毕业的儿子去就小事说："你这种办法简直是吃稻种！"许多升学的青年实在只为着要让稻种发生成大量谷子，预备"吃着不尽"。所以大学里"出路"最广的学系如经济系机械系之类常是拥挤不堪，而哲学系、数学系、生物学系诸"冷门"，就简直无人问津。治学问根本不是为学问本身，而是为着它的出路畅销，在治学问时既是"醉翁之意不在酒"，得到出路畅销后当然更是"得鱼忘筌"了。在这种情形之下我们如何能期望青年学生对于学问有浓厚的兴趣呢？

这种对于学问功用的窄狭而错误的观念必须及早纠正。生活对于有生之伦是唯一的要务，学问是为生活。这两点本是天经地义。不过现代中国人的错误在把"生活"只看成口腹之养。"谋生活"与"谋衣食"在流行语中是同一意义。这实在是错误得可怜可笑。人有肉体，有心灵。肉体有它的生活，心灵也应有它的生活。肉体需要营养，心灵也不能"辟谷"。肉体缺乏营养，必酿成饥饿病死；心灵缺乏营养，自然也要干枯腐化。人为万物之灵，就在他有心灵或精神生活。所以测量人的成就并不在他能否谋温饱，而在他有无丰富的精神生活。一个人到了只顾衣食饱暖而对于真善美漫不感觉兴趣时，他就只能算是一种"行尸走肉"，一个民族到了只顾体肤需要而不珍视精神生活的价值时，它也就必定逐渐没落了。

学问是精神的食粮，它使我们的精神生活更加丰富。肚皮装得饱饱的，是一件乐事，心灵装得饱饱的，是一件更大的乐事。一个人在学问上如果有浓厚的兴趣，精深的造诣，他会发现万事万物各有一个妙理在内，他会发现自己的心涵蕴万象，澄明通达，时时有寄托，时时在生展，这种人的生活决不会干枯，他也决不会做出卑污下贱的事。《论语》记"颜子在陋巷，一箪食，一瓢饮，人不堪其忧，回也不改其乐"。孔子赞他"贤"，并不仅因为他能安贫，尤其因为他能乐道，换句话说，他有极丰富的精神生活。宋儒教人体会颜子所乐何在，也恰抓着紧要处，我们现在的人不但不能了解这种体会的重要，而且把它看成道学家的迂腐。这在民族文化上是一个极严重的病象，必须趁早设法医治。

中国语中"学"与"问"连在一起说，意义至为深妙，比西文中相当的译词如 learning、study、science 诸字都好得多。人生来有向上心，有求知欲，对于不知道的事物欢喜发疑问。对于一种事物产生疑问，就是对于它感兴趣。既有疑问，就想法解决它，几经摸索，终于得到一个答案，于是不知道的变为知道的，所谓

"一旦豁然贯通",这便是学有心得。学原来离不掉问,不会起疑问就不会有学。许多人对于一种学问不感兴趣,原因就在那种学问对于他们不成问题,没有什么逼得他们要求知道。但是学问的好处正在原来有问题的可以变成没有问题,原来没有问题的也可以变成有问题。前者是未知变成已知,后者是发见貌似已知究竟仍为未知。比如说逻辑学,一个中学生学过一年半载,看过一部普通教科书,觉得命题、推理、归纳、演绎之类都讲得妥妥帖帖,了无疑义。可是他如果进一步在逻辑学上面下一点研究功夫,便会发见他从前认为透懂的几乎没有一件不成为问题,没有一件不曾经许多学者辩论过。他如果再更进一步去讨探,他会自己发见许多有趣的问题,并且觉悟到他自己一辈子也不一定能把这些问题都解决得妥妥帖帖。逻辑学是一科比较不幼稚的学问,犹且如此,其他学问更可由此类推了。一个人对于一种学问如果肯钻进里面去,必须使有问题的变为没有问题(这便是问),疑问无穷,发见无穷,兴趣也就无穷。学问之难在此,学问之乐也就在此。一个人对于一种学问说是不感兴趣,那只能证明他不用心,不努力下工夫,没有钻进里面去。世间决没有自身无兴趣的学问,人感觉不到兴趣,只由于人的愚昧或懒惰。

学与问相连,所以学问不只是记忆而必是思想,不只是因袭而必是创造。凡是思想都是由已知推未知,创造都是旧材料的新综合,所以思想究竟须从记忆出发,创造究竟须从因袭出发。由记忆生思想,由因袭生创造,犹如吸收食物加以消化之后变为生命的动力。食而不化固然是无用,不食而求化也还是求无中生有。向来论学问的话没有比孔子的"学而不思则罔,思而不学则殆"

两句更为精深透辟。学原有"效"义，研究儿童心理学者都知道学习大半基于因袭或模仿。这里所谓"学"是偏重吸收前人已有的知识和经验。思是自己运用脑筋，一方面求所学得的能融会贯通，井然有条，一方面由疑难启发新知识与新经验。一般学子有两种通弊。一种是聪明人所曾犯着的，他们过于相信自己的思考力而忽略前人的成就。其实每种学问都有长久的历史，其中每一个问题都曾经许多人思虑过、讨论过，提出过种种不同的解答，你必须明白这些经过，才可以利用前人的收获，免得绕弯子甚至于走错路。比如说生物学上的遗传问题，从前雷马克、达尔文、魏意斯曼、孟德尔诸大家已经做过许多实验，得到许多观察，用过许多思考。假如你对于他们的工作茫无所知或是一笔抹煞，只凭你自己的聪明才力来解决遗传问题，这岂不是狂妄？世间这种"思而不学"的人正甚多，他们不知道这种凭空构造的"殆"。另外一种通弊是资质较钝而肯用功的人所常犯的。他们一味读死书，古人所说的无论正确不正确，都不分皂白地接受过来，吟咏赞叹，自己毫不用思考求融会贯通，更没有一点冒险的精神，自己去求新发见，这是学而不思，孔子对于这种办法所下的评语是"罔"，意思就是说无用。

　　学问全是自家的事。环境好、图书设备充足、有良师益友指导启发，当然有很大的帮助。但是具备这些条件不一定能保障一个人在学问上有成就，世间也有些在学问上有成就的人并不具备这些条件。最重要的因素是个人自己的努力。学问是一件艰苦的事，许多人不能忍耐它所必经的艰苦。努力之外，第二个重要的因素是认清方向与门径。人手如果走错了路，愈努力则入迷愈深，离题愈远。比如学写字、诗文或图画，一走上庸俗恶劣的路，后来如果想把它丢开，比收覆水还更困难，习惯的力量比什么都较沉重，世上有许多人像在努力做学问，只是陷入"野狐禅"，高自期许而实荒谬绝伦，这个毛病只有良师益友可以挽救。学校教育，在我想，只有两个重要的功用：第一是启发兴趣，其次就是指点门径。现在一般学校不在这两方面努力，只尽量灌输死板的知识。这种教育对于学问不仅无裨益而且是障碍！"慢慢走，欣赏啊！"

"慢慢走，欣赏啊！"

——人生的艺术化

一直到现在，我们都是在讨论艺术的创造与欣赏。在收尾这一节中，我提议约略说明艺术和人生的关系。

我在开章明义时就着重美感态度和实用态度的分别，以及艺术和实际人生之中所应有的距离，如果话说到这里为止，你也许误解我把艺术和人生看成漠不相关的两件事。我的意思并不如此。

人生是多方面而却相互和谐的整体，把它分析开来看，我们说某部分是实用的活动，某部分是科学的活动，某部分是美感的活动，为正名析理起见，原应有此分别；但是我们不要忘记，完满的人生见于这三种活动的平均发展，它们虽是可分别的而却不是互相冲突的。"实际人生"比整个人生的意义较为窄狭。一般人的错误在把它们认为相等，以为艺术对于"实际人生"既是隔着一层，它在整个人生中也就没有什么价值。有些人为维护艺术的地位，又想把它硬纳到"实际人生"的小范围里去。这般人不但是误解艺术，而且也没有认识人生。我们把实际生活看作整个人生之中的一片段，所以在肯定艺术与实际人生的距离时，并非肯定艺术与整个人生的隔阂。严格地说，离开人生便无所谓艺术，因为艺术是情趣的表现，而情趣的根源就在人生；反之，离开艺术也便无所谓人生,因为凡是创造和欣赏都是艺术的活动,无创造、无欣赏的人生是一个自相矛盾的名词。

人生本来就是一种较广义的艺术。每个人的生命史就是他自己的作品。这种作品可以是艺术的,也可以不是艺术的,正犹如同是一种顽石,这个人能把它雕成一座伟大的雕像,而另一个人却不能使它"成器",分别全在性分与修养。知道生活的人就是艺术家,他的生活就是艺术作品。

过一世生活好比做一篇文章。完美的生活都有上品文章所应有的美点。

第一,一篇好文章一定是一个完整的有机体,其中全体与部分都息息相关,不能稍有移动或增减。一字一句之中都可以见出全篇精神的贯注。比如陶渊明的《饮酒》诗本来是"采菊东篱下,悠然见南山",后人把"见"字误印为"望"字,原文的自然与物相遇相得的神情便完全丧失。这种艺术的完整性在生活中叫做"人格"。凡是完美的生活都是人格的表现。大而进退取与,小而声音笑貌,都没有一件和全人格相冲突。不肯为五斗米折腰向乡里小儿,是陶渊明的生命史中所应有的一段文章,如果他错过这一个小节,便失其为陶渊明。下狱不肯脱逃,临刑时还叮咛嘱咐还邻人一只鸡的债,是苏格拉底的生命史中所应有的一段文章,否则他便失其为苏格拉底。这种生命史才可以使人把它当作一幅图画去惊赞,它就是一种艺术的杰作。

其次,"修辞立其诚"是文章的要诀,一首诗或是一篇美文一定是至性深情的流露,存于中然后形于外,不容有丝毫假借。情趣本来是物我交感共鸣的结果。景物变动不居,情趣亦自生生不息。我有我的个性，物也有物的个性，这种个性又随时地变迁而生长发展。每人在某一时会所见到的景物，和每种景物在某一时会所引起的情趣，都有它的特殊性，断不容与另一人在另一时会所见到的景物，和另一景物在另一时会所引起的情趣完全相同。毫厘之差，微妙所在。在这种生生不息的情趣中我们可以见出生命的造化。把这种生命流露于语言文字，就是好文章；把它流露于言行风采，就是美满的生命史。

文章忌俗滥，生活也忌俗滥。俗滥就是自己没有本色而蹈袭别人的成规旧矩。西施患心病，常捧心颦眉，这是自然的流露，所以愈增其美。东施没有心病，强学捧心颦眉的姿态，只能引人嫌恶。在西施是创作，在东施便是滥调。滥调起于生命的干枯，也就是虚伪的表现。"虚伪的表现"就是"丑"，克罗齐已经说过。"风行水上，自然成纹"，文章的妙处如此，生活的妙处也是如此。在什么地位，是怎样的人，感到怎样情趣，便现出怎样言行风采，叫人一见就觉其谐和完整，这才是艺术的生活。

俗语说得好："惟大英雄能本色。"所谓艺术的生活就是本色的生活。世间有两种人的生活最不艺术，一种是俗人，一种是伪君子。"俗人"根本就缺乏本色，"伪君子"则竭力遮盖本色。朱晦庵有一首诗说："半亩方塘一鉴开，天光云影共徘徊，问渠哪得清如许？为有源头活水来。"艺术的生活就是有"源头活水"的生活。俗人迷于名利，与世浮沉，心里没有"天光云影"，就因为没有源头活水。他们的大病是生命的干枯。"伪君子"则于这种"俗人"的资格之上，又加上"沐猴而冠"的伎俩。他们的特点不仅见于道德上的虚伪，一言一笑、一举一动，都叫人起不美之感。

谁知道风流名士的架子之中掩藏了几多行尸走肉?无论是"俗人"或是"伪君子",他们都是生活中的"苟且者",都缺乏艺术家在创造时所应有的良心。像柏格森所说的,他们都是"生命的机械化",只能作喜剧中的角色。生活落到喜剧里去的人大半都是不艺术的。

艺术的创造之中都必寓有欣赏,生活也是如此。一般人对于一种言行常欢喜说它"好看","不好看",这已有几分是拿艺术欣赏的标准去估量它。但是一般人大半不能彻底,不能拿一言一笑、一举一动纳在全部生命史里去看,他们的"人格"观念太淡薄,所谓"好看"、"不好看"往往只是"敷衍面子"。善于生活者则彻底认真,不让一尘一芥妨碍整个生命的和谐。一般人常以为艺术家是一班最随便的人,其实在艺术范围之内,艺术家是最严肃不过的。在锻炼作品时常呕心呕肝,一笔一画也不肯苟且。王荆公作"春风又绿江南岸"一句诗时,原来"绿"字是"到"字,后来由"到"字改为"过"字,由"过"字改为"入"字,由"入"字改为"满"字,改了十几次之后才定为"绿"字。即此一端可以想见艺术家的严肃了。善于生活者对于生活也是这样认真。曾子临死时记得床上的席子是季路的,一定叫门人把它换过才瞑目。吴季札心里已经暗许赠剑给徐君,没有实行徐君就已死去,他很郑重地把剑挂在徐君墓旁树上,以见"中心契合死生不渝"的风谊。像这一类的言行看来虽似小节,而善于生活者却不肯轻易放过,正犹如诗人不肯轻易放过一字一句一样。小节如此,大节更不消说。董狐宁愿断头、不肯掩盖史实,夷齐饿死不愿降周,这种风度是道德的也是艺术的。我们主张人生的艺术化,就是主张对于人生的严肃主义。

艺术家估定事物的价值，全以它能否纳入和谐的整体为标准，往往出于一般人意料之外。他能看重一般人所看轻的，也能看轻一般人所看重的。在看重一件事物时，他知道执著；在看轻一件事物时，他也知道摆脱。艺术的能事不仅见于知所取，尤其见于知所舍。苏东坡论文，谓如水行山谷中，行于其所不得不行，止于其所不得不止。这就是取舍恰到好处，艺术化的人生也是如此。善于生活者对于世间一切，也拿艺术的口味去评判它，合于艺术口味者毫毛可以变成泰山，不合于艺术口味者泰山也可以变成毫毛。他不但能认真，而且能摆脱。在认真时见出他的严肃，在摆脱时见出他的豁达。孟敏堕甑，不顾而去，郭林宗见到以为奇怪。他说："甑已碎，顾之何益？"哲学家斯宾诺莎宁愿靠磨镜过活，不愿当大学教授，怕妨碍他的自由。王徽之居山阴，有一天夜雪初霁，月色清朗，忽然想起他的朋友戴逵，便乘小舟到剡溪去访他，刚到门口便把船划回去。他说："乘兴而来，兴尽而返。"这几件事彼此相差很远，却都可以见出艺术家的豁达。伟大的人生和伟大的艺术都要同时并有严肃与豁达之胜。晋代清流大半只知道豁达而不知道严肃，宋朝理学又大半只知道严肃而不知道豁达。陶渊明和杜子美庶几算得恰到好处。

一篇生命史就是一种作品，从伦理的观点看，它有善恶的分别，从艺术的观点看，它有美丑的分别。善恶与美丑的关系究竟如何呢？

就狭义说，伦理的价值是实用的，美感的价值是超实用的；伦理的活动都是有所为而为，美感的活动则是无所为而为。比如仁义忠信等等都是善，问它们何以为善，我们不能不着眼到人群的幸福。美之所以为美，则全在美的形象本身，不在它对于人群的效用（这并不是说它对于人群没有效用）。假如世界上只有一个人，他就不能有道德的活动，因为有父子才有慈孝可言，有朋友才有信义可言。但是这个想象的孤零零的人还可以有艺术的活动，他还可以欣赏他所居的世界，他还可以创造作品。善有所赖而美无所赖，善的价值是"外在的"，美的价值是"内在的"。

不过这种分别究竟是狭义的。就广义说，善就是一种美，恶就是一种丑。因为伦理的活动也可以引起美感上的欣赏与嫌恶。希腊大哲学家柏拉图和亚里士多德讨论伦理问题时都以为善有等级，一般的善虽只有外在的价值，而"至高的善"则有内在的价值。这所谓"至高的善"究竟是什么呢？柏拉图和亚里士多德本来是一走理想主义的极端，一走经验主义的极端，但是对于这个问题，意见却一致。他们都以为"至高的善"在"无所为而为的玩索"(disinterested contemplation)。这种见解在西方哲学思潮上影响极大，斯宾诺莎、黑格尔、叔本华的学说都可以参证。从此可知西方哲人心目中的"至高的善"还是一种美，最高的伦理的活动还是一种艺术的活动了。

"无所为而为的玩索"何以看成"至高的善"呢？这个问题涉及西方哲人对于神的观念。从耶稣教盛行之后，神才是一个大慈大悲的道德家。在希腊哲人以及近代莱布尼兹、尼采、叔本华诸人的心目中，神却是一个大艺术家，他创造这个宇宙出来，全是为着自己要创造，要欣赏。其实这种见解也并不减低神的身份。耶稣教的神只是一班穷叫花子中的一个肯施舍的财主佬，而一般哲人心中的神，则是以宇宙为乐曲而要在这种乐曲之中见出和谐的音乐家。这两种观念究竟是哪一个伟大呢？在西方哲人想，神只是一片精灵，他的活动绝对自由而不受限制，至于人则为肉体的需要所限制而不能绝对自由。人愈能脱肉体需求的限制而作自由活动，则离神亦愈近。"无所为而为的玩索"是唯一的自由活动，所以成为最上的理想。

这番话似乎有些玄妙，在这里本来不应说及。不过无论你相信不相信，有许多思想却值得当作一个意象悬在心眼前来玩味玩味。我自己在闲暇时也欢喜看看哲学书籍。老实说，我对于许多哲学家的话都很怀疑，但是我觉得他们有趣。我以为穷到究竟，一切哲学系统也都只能当作艺术作品去看。哲学和科学穷到极境，都是要满足求知的欲望。每个哲学家和科学家对于他自己所见到的一点真理（无论它究竟是不是真理）都觉得有趣味，都用一股热忱去欣赏它。真理在离开实用而成为情趣中心时就已经是美感的对象了。"地球绕日运行"、"勾方加股方等于弦方"一类的科学事实，和《密罗斯爱神》或《第九交响曲》一样可以摄魂震魄。科学家去寻求这一类的事实，穷到究竟，也正因为它们可以摄魂震魄。所以科学的活动也还是一种艺术的活动，不但善与美是一体，真与美也并没有隔阂。

艺术是情趣的活动，艺术的生活也就是情趣丰富的生活。人可以分为两种，一种是情趣丰富的，对于许多事物都觉得有趣味，而且到处寻求享受这种趣味。一种是情趣干枯的，对于许多事物都觉得没有趣味，也不去寻求趣味，只终日拼命和蝇蛆在一块争温饱。后者是俗人，前者就是艺术家。情趣愈丰富，生活也愈美满，所谓人生的艺术化就是人生的情趣化。

"觉得有趣味"就是欣赏。你是否知道生活，就看你对于许多事物能否欣赏。欣赏也就是"无所为而为的玩索"。在欣赏时人和神仙一样自由，一样有福。

阿尔卑斯山谷中有一条大汽车路，两旁景物极美，路上插着一个标语牌劝告游人说："慢慢走，欣赏啊！"许多人在这车如流水马如龙的世界过活，恰如在阿尔卑斯山谷中乘汽车兜风，匆匆忙忙地急驰而过，无暇一回首流连风景，于是这丰富华丽的世界便成为一个了无生趣的囚牢。这是一件多么可惋惜的事啊！

朋友，在告别之前，我采用阿尔卑斯山路上的标语，在中国人告别习用语之下加上三个字奉赠：

"慢慢走，欣赏啊！"

后记 这部稿子承朱自清、萧石君、奚今吾三位朋友替我仔细校改过。我每在印成的文章上发现到自己不小心的地方就觉得头痛，所以对他们特别感谢。

光潜

身心之美

谈美感教育

世间事物有真善美三种不同的价值，人类心理有知情意三种不同的活动。这三种心理活动恰和三种事物价值相当：真关于知，善关于意，美关于情。人能知，就有好奇心，就要求知，就要辨别真伪，寻求真理。人能发意志，就要想好，就要趋善避恶，造就人生幸福。人能动情感，就爱美，就欢喜创造艺术，欣赏人生自然中的美妙境界。求知、想好、爱美，三者都是人类天性；人生来就有真善美的需要，真善美具备，人生才完美。

教育的功用就在顺应人类求知、想好、爱美的天性，使一个人在这三方面得到最大限度的调和的发展，以达到完美的生活。"教育"一词在西文为 education，是从拉丁动词 educare 来的，原义是"抽出"，所谓"抽出"就是"启发"。教育的目的在"启发"人性中所固有的求知、想好、爱美的本能，使它们尽量生展。中国儒家的最高的人生理想是"尽性"。他们说："能尽人之性则能尽物之性，能尽物之性则可以赞天地之化育。"教育的目的可以说就是使人"尽性"，"发挥性之所固有"。

物有真善美三面，心有知情意三面，教育求在这三方面同时发展，于是有智育、德育、美育三节目。智育叫人研究学问，求知识，寻真理；德育叫人培养良善品格，学做人处世的方法和道理；美育叫人创造艺术，欣赏艺术与自然，在人生世相中寻出丰富的兴趣。三育对于人生本有同等的重要，但是在流行教育中，只有智育被人看重，德育在理论上的重要性也还没有人否认，至于美育则在实施与理论方面都很少有人顾及。二十年前蔡孑民先生一度提倡过"美育代宗教"，他的主张似没有发生多大的影响。还有一派人不但忽略美育，而且根本仇视美育。他们仿佛觉得艺术有几分不道德，美育对于德育有妨碍。希腊大哲学家柏拉图就以为诗和艺术是说谎的，逢迎人类卑劣情感的，多受诗和艺术的熏染，人就会失去理智的控制而变成情感的奴隶，所以他对诗人和艺术家说了一番客气话之后，就把他们逐出"理想国"的境外。中世纪耶稣教徒的态度很类似。他们以倡苦行主义求来世的解脱，文艺是现世中一种快乐，所以被看成一种罪孽。近代哲学家中卢梭是平等自由说的倡导者，照理应该能看得宽远一点，但是他仍是怀疑文艺，因为他把文艺和文化都看成朴素天真的腐化剂。托尔斯泰对近代西方艺术的攻击更丝毫不留情面，他以为文艺常传染不道德的情感，对于世道人心影响极坏。他在《艺术论》里说："每个有理性有道德的人应该跟着柏拉图以及耶回教师，把这问题重新这样决定：宁可不要艺术，也莫再让现在流行的腐化的虚伪的艺术继续下去。"

　　这些哲学家和宗教家的根本错误在于认定情感是恶的，理性是善的，人要能以理性镇压感情，才达到至善。这种观念何以是错误的呢？人是一种有机体，情感和理性既都是天性固有的，就不容易拆开。造物不浪费，给我们一份家当就有一份的用处。无论情感是否可以用理性压抑下去，纵是压抑下去，也是一种损耗,一种残废。人好比一棵花草,要根茎枝叶花实都得到平均的和谐的发展,才长得繁茂有生气。有些园丁不知道尽草木之性,用人工去歪曲自然,使某一部分发达到超出常态,另一部分则受压抑摧残。这种畸形发展是不健康的状态,在草木如此,在人也是如此。理想的教育不是摧残一部分天性而去培养另一部分天性,以致造成畸形的发展;理想的教育是让天性中所有的潜蓄力量都得尽量发挥,所有的本能都得平均调和发展,以造成一个全人。所谓"全人"除体格强壮以外,心理方面真善美的需要必都得到满足。只顾求知而不顾其他的人是书虫,只讲道德而不顾其他的人是枯燥迂腐的清教徒,只顾爱美而不顾其他的人是颓废的享乐主义者。这三种人都不是全人而是畸形人,精神方面的驼子跛子。养成精神方面的驼子跛子的教育是无可辩护的。

美感教育是一种情感教育。它的重要性我们的古代儒家是知道的。儒家教育特重诗,以为它可以兴观群怨;又特重礼乐,以为"礼以制其宜,乐以导其和"。《论语》有一段话总述儒家教育宗旨说:"兴于诗,立于礼,成于乐。"诗、礼、乐三项可以说都属于美感教育。诗与乐相关,目的在怡情养性,养成内心的和谐(harmony);礼重仪节,目的在使行为仪表就规范,养成生活上的秩序(order)。蕴于中的是性情,受诗与乐的陶冶而达到和谐;发于外的是行为仪表,受礼的调节而进到秩序。内具和谐而外具秩序的生活,从伦理观点看,是最善的;从美感观点看,也是最美的。儒家教育出来的人要在伦理和美感观点都可以看得过去。

这是儒家教育思想中最值得注意的一点。他们的着重点无疑地是在道德方面,德育是他们的最后鹄的,这是他们与西方哲学家宗教家柏拉图和托尔斯泰诸人相同的。不过他们高于柏拉图和托尔斯泰诸人，因为柏拉图和托尔斯泰诸人误认为美育可以妨碍德育，而儒家则认定美育为德育的必由之径。道德并非陈腐条文的遵守，而是至性真情的流露。所以德育从根本做起，必须怡情养性。美感教育的功用就在怡情养性，所以是德育的基础功夫。严格地说，善与美不但不相冲突，而且到最高境界，根本是一回事，它们的必有条件同是和谐与秩序。从伦理观点看，美是一种善；从美感观点看，善也是一种美。所以在古希腊文与近代德文中，美善只有一个字，在中文和其他近代语文中，"善"与"美"二字虽分开，仍可互相替用。真正的善人对于生活不苟且，犹如艺术家对于作品不苟且一样。过一世生活好比做一篇文章，文章求惬心贵当，生活也须求惬心贵当。我们嫌恶行为上的卑鄙龌龊，不仅因其不善，也因其丑，我们赞赏行为上的光明磊落，不仅因其善，也因其美，一个真正有美感修养的人必定同时也有道德修养。

美育为德育的基础，英国诗人雪莱在《诗的辩护》里也说得透辟。他说："道德的大原在仁爱，在脱离小我，去体验我以外的思想行为和体态的美妙。一个人如果真正做善人，必须能深广地想象，必须能设身处地替旁人想，人类的忧喜苦乐变成他的忧喜苦乐。要达到道德上的善，最大的途径是想象；诗从这根本上做功夫，所以能发生道德的影响。"换句话说，道德起于仁爱，仁爱就是同情，同情起于想象。比如你哀怜一个乞丐，你必定先能设身处地想象他的痛苦。诗和艺术对于主观是情境必能"出乎其外"，对于客观的情境必能"入乎其中"，在想象中领略它，玩索它，所以能扩大想象，培养同情。这种看法也与儒家学说暗合。儒家在诸德中特重"仁"，"仁"近于耶稣教的"爱"、佛教的"慈悲"，是一种天性，也是一种修养。仁的修养就在诗。儒家有一句很简赅深刻的话："温柔敦厚诗教也。"诗教就是美育，温柔敦厚就是仁的表现。

美育不但不妨害德育而且是德育的基础，如上所述。不过美育的价值还不仅在此。西方人有一句恒言说："艺术是解放的，给人自由的。"(Art is liberative.) 这句话最能见出艺术的功用，也最能见出美育的功用。现在我们就在这句话的意义上发挥。从哪几方面看，艺术和美育是"解放的，给人自由的"呢？

第一是本能冲动和情感的解放。人类生来有许多本能冲动和附带的情感，如性欲、生存欲、占有欲、爱、恶、怜、惧之类自然倾向，它们都需要活动，需要发泄。但是在实际生活中，它们不但常彼此互相冲突，而且与文明社会的种种约束如道德宗教法律习俗之类不相容。我们每个人都知道，本能冲动和欲望是无穷的，而实际上有机会实现的却寥寥有数。我们有时察觉到本能冲动和欲望不大体面，不免起羞恶之心，硬把它们压抑下去；有时自己对它们虽不羞恶而社会的压力过大，不容它们赤裸裸地暴露，也还是被压抑下去。性欲是一个最显著的例。从前哲学家宗教家大半以为这些本能冲动和情感都是卑劣的、不道德的、危险的，承认压抑是最好的处置。他们的整部道德信条有时只在理智镇压情欲。我们在上文指出这种看法的不合理，说它违背平均发展的原则，容易造成畸形发展。其实它的祸害还不仅此。弗洛伊德派心理学告诉我们，本能冲动和附带的情感仅可暂时压抑而不可永远消灭，它们理应有自由活动的机会，如果勉强被压抑下去，表面上像是消灭了，实际上在隐意识里凝聚成精神上的疮疖，为种种变态心理和精神病的根源。依弗洛伊德看，我们现代文明社会中人因受道德宗教法律习俗的裁制，本能冲动和情感常难得正常的发泄，大半都有些"被压抑的欲望"所凝成的"情意综"(complexes)。这些情意综潜蓄着极强烈的捣乱力，一旦爆发，就成精神上种种病态。但是这种潜力可以藉文艺而发泄，因为文艺所给的是想象世界，不受现实世界的束缚和冲突，在这想象世界中，欲望可以用"望梅止渴"的办法得到满足。文艺还把带有野蛮性的本能冲动和情感提到一个较高尚较纯洁的境界去活动，所以有升华作用(sublimation)。有了文艺，本能冲动和情感才得自由发泄，不致凝成疮疖酿精神病，它的功用有如机器方面的"安全瓣"(safety volve)。弗洛伊德的心理学有时近于怪诞，但实含有一部分真理。文艺和其他美感活动给本能冲动和情感以自由发泄的机会，在日常经验中也可以得到证明。我们每当愁苦无聊时，费一点功夫来欣赏艺术作品或自然风景，满腹的牢骚就马上烟消云散了。读古人痛快淋漓的文章，我们常有"先得我心"的感觉。看过一部戏或是读过一部小说之后，我们觉得曾经紧张了一阵是一件痛快事。这些快感都起于本能冲动和情感在想象世界中得解放。最好的例子是歌德著《少年维特之烦恼》的经过。他少时爱过一个已经许人的女子，心里痛苦已极，想自杀以了一切。有一天他听到一位朋友失恋自杀的消息，想到这事和他自己的境遇相似，可以写成一部小说。他埋头两礼拜，写成《少年维特之烦恼》，把自己心中怨慕愁苦的情绪一起倾泻到书里，书成了，他的烦恼便去了，自杀的念头也消了。从这实例看，文艺确有解放情感的功用，而解放情感对于心理健康也确有极大的裨益，我们通常说一个人情感要有所寄托，才不致苦恼烦闷，文艺是大家公认为寄托情感的最好的处所。所谓"情感有所寄托"还是说它要有地方可以活动，可得解放。

其次是眼界的解放。宇宙生命时时刻刻在变动进展中，希腊哲人有"濯足急流，抽足再入，已非前水"的譬喻。所以在这种变动进展的过程中每一时每一境都是个别的、新鲜的、有趣的。美感经验并无深文奥义，它只在人生世相中见出某一时某一境特别新鲜有趣而加以流连玩味，或者把它描写出来。这句话中"见"字最紧要。我们一般人对于本来在那里的新鲜有趣的东西不容易"见"着。这是什么缘故呢？不能"见"必有所蔽。我们通常把自己围在习惯所画成的狭小圈套里，让它把眼界"蔽"着，使我们对它以外的世界都视而不见，听而不闻。比如我们如果围于饮食男女，饮食男女以外的事物就见不着；围于奔走钻营，奔走以外的事就见不着。有人向海边农夫称赞他的门前海景美，他很羞涩地指着屋后菜园说："海没有什么，屋后的一园菜倒还不差。"一园菜围住了他，使他不能见到海景美。我们每个人都有所围，有所蔽，许多东西都不能见，所见到的天地是非常狭小，陈腐的、枯燥的。诗人和艺术家所以超过我们一般人者就在情感比较真挚，感觉比较锐敏，观察比较深刻，想象比较丰富。我们"见"不着的他们"见"得着，并且他们"见"得到就说得出，我们本来"见"不着的他们"见"着说出来了，就使我们也可以"见"着。像一位英国诗人所说的，他们"借他们的眼睛给我们看"。(They lend their eyes for us to see.）中国人爱好自然风景的趣味是陶谢王韦诸诗人所传染的。在 Turner[1] 和 Whistler[2] 以前，英国人就没有注意到泰晤士河上有雾。Byron[3] 以前，欧洲人很少赞美威尼斯。前一世纪的人崇拜自然，常咒骂城市生活和工商业文化，但是现代美国俄国的文学家有时把城市生活和工商业文化写得也很有趣。人生的罪孽灾害通常只引起忿恨，悲剧却教我们于罪孽灾祸中见出伟大庄严；丑陋乖讹通常只引起嫌恶，喜剧却教我们在丑陋乖讹中见出新鲜的趣味。Rembrandt[4] 画过一些疲癃残疾的老人以后，我们见出丑中也还有美。象征诗人出来以后，许多稍纵即逝的情调使我们觉得精细微妙，特别值得留恋。文艺逐渐向前伸展，我们的眼界也逐渐放大，人生世相越显得丰富华严。这种眼界的解放给我们不少的生命力量，我们觉得人生有意义，有价值，值得活下去。许多人嫌生活干燥，烦闷无聊，原因就在缺乏美感修养，见不着人生世相的新鲜有趣。这种人最容易堕落颓废，因为生命对于他们失去意义与价值。"哀莫大于心死"，所谓"心死"就是对于人生世相失去解悟与留恋，就是不能以美感态度去观照事物。美感教育不是替有闲阶级增加一件奢侈，而是使人在丰富华严的世界中随处吸收支持生命和推展生命的活力。朱子有一首诗说："半亩方塘一鉴开，天光云影共徘徊，问渠哪得清如许？为有源头活水来。"这诗所写的是一种修养的胜境。美感教育给我们的就是

---

[1] 透讷。
[2] 惠斯勒。
[3] 拜伦。
[4] 伦勃朗。

"源头活水"。

第三是自然限制的解放。这是德国唯心派哲学家康德、席勒、叔本华、尼采诸人所最着重的一点,现在我们用浅近语来说明它。自然世界是有限的,受因果律支配的,其中毫末细故都有它的必然性,因果线索命定它如此,它就丝毫移动不得。社会由历史铸就,人由遗传和环境造成。人的活动寸步离不开物质生存条件的支配,没有翅膀就不能飞,绝饮食就会饿死。由此类推,人在自然中是极不自由的。动植物和非生物一味顺从自然,接受它的限制,没有过分希冀,也就没有失望和痛苦。人却不同,他有心灵,有不可压的欲望,对于无翅不飞绝食饿死之类事实总觉有些歉然。人可以说是两重奴隶,第一服从自然的限制,其次要受自己的欲望驱使。以无穷欲望处有限自然,人便觉得处处不如意、不自由,烦闷苦恼都由此起。专就物质说,人在自然面前是很渺小的,它的力量抵不住自然的力量,无论你有如何大的成就,到头终不免一死,而且科学告诉我们,人类一切成就到最后都要和诸星球同归于毁灭,在自然圈套中求征服自然是不可能的,好比孙悟空跳来跳去,终跳不出如来佛的掌心。但是在精神方面,人可以跳开自然的圈套而征服自然,他可以在自然世界之外另在想象中造出较能合理慰情的世界。这就是艺术的创造。在艺术创造中可以把自然拿在手里来玩弄,剪裁它、锤炼它,重新给以生命与形式。每一部文艺杰作以至于每人在人生自然中所欣赏到的美妙境界都是这样创造出来的。美感活动是人在有限中所挣扎得来的无限,在奴属中所挣扎得来的自由。在服从自然限制而汲汲于饮食男女的寻求时,人是自然的奴隶;在超脱自然限制而创造欣赏艺术境界时，人是自然的主宰，换句话说，就是上帝。多受些美感教育，就是多学会如何从自然限制中解放出来，由奴隶变成上帝，充分地感觉人的尊严。

爱美是人类天性，凡是天性中所固有的必须趁适当时机去培养，否则像花草不及时下种及时培植一样，就会凋残萎谢。达尔文在自传里懊悔他一生专在科学上做功夫，没有把他年轻时对于诗和音乐的兴趣保持住，到老来他想用诗和音乐来调剂生活的枯燥，就抓不回年轻时那种兴趣，觉得从前所爱好的诗和音乐都索然无味。他自己说这是一部分天性的麻木。这是一个很好的前车之鉴。美育必须从年轻时就下手，年纪愈大，外务日纷繁，习惯的牢笼愈坚固，感觉愈迟钝，心里愈复杂，欣赏艺术力也就愈薄弱。我时常想，无论学哪一科专门学问，哪一行职业，每个人都应该会听音乐，不断地读文学作品，偶尔有欣赏图画雕刻的机会。在西方社会中这些美感活动是每个受教育者的日常生活中的重要节目。我们中国人除专习文学艺术者以外，一般人对于艺术都漠不关心。这是最可惋惜的事。它多少表示民族生命力的低降，与精神的颓靡。从历史看，一个民族在最兴旺的时候，艺术成就必伟大，美育必发达。史诗悲剧时代的希腊、文艺复兴时代的意大利、莎士比亚时代的英国、歌德和贝多芬时代的德国都可以为证。我们中国人古代对于诗乐舞的嗜好也极普遍。《诗经》、《礼记》、《左传》诸书所记载的歌乐舞的盛况常使人觉得仿佛是置身近代欧洲社会。孔子处周衰之际，特置慨于诗亡乐坏，也是见到美育与民族兴衰的关系密切。现在我们要想复兴民族，必须恢复周以前歌乐舞的盛况，这就是说，必须提倡普及的美感教育。

谈青年的心理病态

这题目是一位青年读者提议要我谈的。他的这个提议似显示青年们自己感觉到他们在心理上有毛病。这毛病究竟何在，是怎样酝酿成的，最好由青年们自己作一个虚心的检讨。我是一个中年人，和青年人已隔着一层，现时代和我当青年的时代也迥然有别，不能全据私人追忆到的经验，刻舟求剑似的去臆测目前的事实。我现在所谈的大半根据在教书任职时的观察，观察有时不尽可据，而且我的观察范围限于大学生。我希望青年读者们拿这旁观者的分析和他们自己的自我检讨比较，并让我知道比较的结果。这于他们自己有益，于我更有益。

一个人的性格形成，大半固靠自己的努力，环境的影响也不可一笔抹煞。"豪杰之士虽无文王犹兴"，但是多数人并非豪杰之士，就不能不有所凭借。很显然地，现时一般青年所可凭藉的实太薄弱。他们所走的并非玫瑰之路。

先说家庭。多数青年一入学校，便与家庭隔绝，尤其是来自沦陷区域的。在情感上他们得不到家庭的温慰。抗战期中一般人都感受经济的压迫，衣食且成问题，何况资遣子弟受教育。在经济上他们得不到家庭的援助。父兄既远隔，又各各为生计所迫，终日奔波劳碌，既送子弟入学校，就把一切委托给学校，自己全不去管。在学业品行上他们得不到家庭的督导。这些还只是消极的，有些人能受到家庭影响的，所受的往往是恶影响。父兄把教育子弟当作一种投资，让他们混资格去谋衣食，子弟有时顺承这个意旨，只把学校当作进身之阶，此其一。父兄有时是贪官污吏或土豪劣绅，自己有许多恶习，让子弟也染着这些恶习，此其二。中国家庭向来是多纠纷，而这种纠纷对于青年人常是隐痛，易形成心理的变态，此其三。

次说社会国家。中国社会正当新旧交替之际，过去封建时代的许多积弊恶习还没有涤除净尽，贪污腐败欺诈凌虐的事情处处都有。青年人心理单纯，对于复杂的社会不能了解。他们凭自己的单纯心理，建造一种难于立即实现的社会理想，而事实却往往与这理想背驰，他们处处感觉到碰壁，于是失望、惊疑、悲观等等情绪源源而来。其次，青年人富于感受性，少定见，好言是非而却不真能辨别是非，常轻随流俗转移，有如素丝，染于青则青，染于黄则黄。社会既腐浊，他们就不知不觉地跟着它腐浊。总之，目前环境对于纯洁的青年是一种恶性刺激，对于意志薄弱的青年是一种恶性引诱。加以国家处在危难的局面，青年人心里抱着极大的希望，也怀着极深的忧惧。他们缺乏冷静的自信，任一股热情鼓荡，容易提升到高天，也容易降落到深渊。一个人叠次经过这种疟疾式的暖冷夹攻，自然容易变成虚弱，在身体方面如此，在精神方面也如此。

再次说学校。教育必以发展全人为宗旨，德育、智育、美育、群育、体育五项应同时注重。就目前实际状况说，德育在一般学校等于具文，师生的精力都集中于上课，专图授受知识，对于做人的道理全不讲究。优秀青年感觉到这方面的缺乏而彷徨，顽劣青年则放纵恣肆，毫无拘束。即退一步言智育，途径亦多错误，灌输多于启发，浅尝多于深入，模仿多于创造，揣摩风气多于效忠学术。在抗战期中，师资与设备多因陋就简，研究的空气尤不易提高。向学心切者感觉饥荒，凡庸者敷衍混资格。美育的重要不但在事实上被忽略，即在理论上亦未被充分了解。我国先民在文艺上造就本极优越，而子孙数典忘祖，有极珍贵的文艺作品而不知欣赏，从事艺术创作者更寥寥。大家都迷于浅狭的功利主义，对文艺不下工夫，结果乃有情操驳杂、趣味卑劣、生活干枯、心灵无寄托等种种现象。群育是吾国人向来缺乏的，现代学校教育对此亦毫无补救。一般学校都没有社会生活，教师与学生相视如路人，同学彼此也相视如路人。世间大概没有比中国大学教授与学生更孤僻更寂寞的一群动物了。体育的忽略也不自今日始，有些学生们还在鄙视运动，黄皮刮瘦几乎是知识阶级的标帜。抗战中忽略运动之外又添上缺乏营养。我常去参观学生吃饭，七八人一席只有一两碗无油的蔬菜，有时甚至只有白饭。吃苦本是好事，亏损虚弱却不是好事。青年人正当发育时期，日复一日年复一年地缺乏最低限度的营养，结果只有亏损虚弱，甚至于疾病死亡。心理的毛病往往起于生理的毛病，生理的损耗必酿成心理的损耗。这问题有关于民族的生命力，凡是远见的教育家政治家都不应忽视。

　　家庭、社会、国家和学校对于青年人的影响如上所述。在这种情形之下，青年人在心理方面发生下列几种不健康的感觉。

　　第一是压迫感觉。青年人当生气旺盛的时候，有如春日的草木萌芽，需要伸展与生长，而伸展与生长需要自由的园地与丰富的滋养。如果他们像墙角生出来的草木，上面有沉重的砖石压着，得不着阳光与空气，他们只得黄瘦萎谢，纵然偶尔能费力支撑，破石罅而出，也必变成臃肿拳曲，不中绳墨。不幸得很，现代许多青年都恰在这种状况之下出死力支撑层层重压。家庭对于子弟上进的企图有时作不合理的阻挠，社会对于勤劳的报酬不尽有保障，国家为着政策有时须限制思想与言论的自由，学校不能使天赋的聪明与精力得充分发展，国家前途与世界政局常纠缠不清，强权常歪曲公理。这一切对于青年人都是沉重的压迫，此外又加上经济的艰窘，课程的繁重，营养缺乏所酿成的体质羸弱，真所谓"双肩上公仇私仇，满腔儿家忧国忧"。一个人究竟有几多力量，能支撑这层层重压呢？撑不起，却也推不翻，于是都积成一个重载，压在心头。

其次是寂寞感觉。人是富于情感的动物。人也是群居的动物，所以人需要同类的同情心最为剧烈。哲学家和宗教家抓住这一点，所以都以仁爱立教。他们知道人类只有在仁爱中才能得到真正幸福。青年人血气方刚，同情的需要比中年人与老年人更为迫切。我们已经说过，现代中国青年不常能得到家庭的温慰，在学校里又缺乏社会生活，他们终日独行踽踽，举目无亲，人生最强烈的要求不能得到最低限度的满足，他们心里如何快乐得起来呢？这里所谓"同情心"包含异性的爱在内。男女中间除着人类同情心的普遍需要之外，又加上性爱的成分，所以情谊一日投合，便特别坚强。这是一个极自然的现象，不容教育家们闭着眼睛否认或推翻。我们所应该留意的是施以适当教育，因势利导，纳于正轨，不使其泛滥横流。这些年来我们都在采男女同学制，而对于男女同学所有的问题未加精密研究，更未予以正确指导。结果男女中间不是毫无来往，便是偷偷摸摸地来往。毫无来往的似居多数，彼此摆在面前，徒增一种刺激。许多青年人的寂寞感觉，细经分析起来，大半起于异性中缺乏合理而又合体的交际。

第三是空虚感觉。"自然厌恶空虚"，这个古老的自然律可应用于物质，也可应用于心灵。空虚的反面是充实，是丰富。人生要充实丰富，必须有多方的兴趣与多方的活动。一个在道德、学问、艺术或事业方面有浓厚兴趣的人，自然能在其中发见至乐，决不会感觉到人生的空虚。宋儒教人心地常有"源头活水"，此心须常是"活泼泼的"。又教人玩味颜子在箪食瓢饮的情况之下"所乐何事"，用意都在使内心生活充实丰富。据近代一般心理学家的见解，艺术对于充实内心生活的功用尤大，因为它帮助人在事事物物中都可发见乐趣。观照就是欣赏，而欣赏就是快乐。现在一般青年人对学术既无浓厚兴趣，对艺术及其他活动更漠不置意，生活异常干枯贫乏，所以常感到人生空虚。此外又加上述的压迫与寂寞，使他们追问到人生究竟，而他们的单纯头脑所能想出的回答就是"空虚"。他们由自己个人的生活空虚推论到一般人生的空虚，犯着逻辑学家所谓"以偏概全"的错误。个人生活的空虚往往是事实，至于一般人生是否空虚则大有问题，至少历史上许多伟大人物不是这么想。

以上所说的三种不健康的感觉都有几分是心病，但是它们所产生的后果更为严重。在感觉压迫、寂寞和空虚中，青年人始而彷徨，身临难关而找不着出路，踌躇不知所措；继而烦闷，仿佛以为家庭、社会、国家、学校以至于造物主,都有意在和他们为难,不让他们有一件顺心事,于是对一切生厌恶,动辄忧郁、烦躁、苦闷;继而颓唐麻木,经不起一再挫折,逐渐失去辨别是非的敏感与向上的意志,随世俗苟且敷衍,以"世故"为智慧,视腐浊为人情之常。彷徨犹可抉择正路,烦闷犹可力求正路,到了颓唐麻木,就势必至于堕落,无可救药了。我不敢说现在多数青年都已到了颓唐麻木的阶段,但是我相信他们都在彷徨烦闷,如果不及早振作,离颓唐麻木也就不远了。总之,我感觉到现在青年人大半缺乏青年人所应有的朝气,对一切缺乏真正的兴趣和浓厚的热情。他们的志向大半很小,在学校只求敷衍毕业,以后找一个比较优裕的差缺,姑求饱暖舒适,就混过这一生。自然也偶尔遇着少数的例外,但少数例外优秀的青年军势孤力薄,不能造成一种风气。现时代的青年,就他所表现的精神而论,决不能担当起现时代的艰巨任务。这是有心人不能不为之犹惧的。

这种现状究竟如何救济呢?照以上的分析,病的成因远在家庭社会国家与学校所给的不良的影响,近在青年人自己承受这影响而起的几种不健康的感觉。治本的办法当然是改良环境的影响,尤其是学校教育。这要牵涉到许多问题,非本文所能详谈。这里我只向青年人说话,说的话限于在我想他们可以受用的,就是他们如何医治自己,拯救自己。

第一,青年人对于自己应有勇气负起责任。我们旁观者分析青年人的心理性格,把环境影响当作一个重要的成因,是科学家所应有的平正态度。但是我们也必须补充一句,环境影响并非唯一的决定因素,世间有许多人所受的环境影响几完全相同而成就却有天渊之别，这就是证明个人的努力可以胜过环境的影响。青年们自己不应该把自己的失败完全推诿到环境影响，如果这样办，那就是对自己不负责任，为自己不努力去找借口。我们旁观者固不能以豪杰之士期待一切青年，但是每一个青年自己却不应只以庸碌人自期待。旁人在同样环境之下所能达到的成就，他如果达不到，他就应自引以为耻。对自己没有勇气负责的人在任何优越环境之下，都不会有大成就。对自己负责任，是一切向上心的出发点。

其次，青年人应知实事求是，接受当前事实而谋应付，不假想在另一环境中自己如何可以显大本领，也不把自己现在不能显本领的过失推诿到现实环境。自己所处的是甲境，应付不好，聊自宽解说："如果在乙境，我必能应付好。"这是"文不对题"，仍是变态心理的表现。举个具体的例：问一位青年人为什么不努力做学问，他回答说："教员不好，图书不够，饭没有吃饱。"这样一来，他就把责任推诿得干干净净了。他应该知道，教员不好，图书不够，饭没有吃饱，这些都是事实；他须接受这些事实去应付。如果能设法把教员换好，图书买够，饭吃饱，那固然再好没有；如果这些一时为事实所不允许，他就得在教员不好，图书不够，饭没有吃饱的事实条件之下，研究一个办法，看如何仍可读书做学问。他如果以为这样的事实条件不让他能读书做学问，那就是承认自己的失败；如果只假想在另一套事实条件之下才读书做学问，那就是逃避事实而又逃避责任。

第三，青年人应明了自己的心病须靠自己努力去医治。法国有一位心理学家——库维——发明一种自治疗术，叫做"自暗示"。依这个方法,一个人如果有什么毛病,只要自己常专心存着自己必定好的念头,天天只朝好处想,绝不能朝坏处想,不久他自会痊愈。他实验过许多病人,无论所患的是生理方面的或是心理方面的病,都特著奇效。他的实验可证明自信对于一个人的心理影响非常之大。自信是一个不幸的人,就随时随地碰着不幸事,自信是一个勇敢的人,世间便无不可征服的困难。许多青年人所缺乏的正在自信心。没有自信心就没有勇气,困难还没有临头就自认失败。

比如上文所说的三种不健康的感觉,都并非绝对不可避免的。如果能接受事实,有勇气对自己负责任,尽其在我,不计成败,则压迫感觉不至发生。每个人都需要同情,如果每个人都肯拿一点同情出来对付四周的人,则大家互有群居之乐,寂寞感觉不至发生。人生来需要多方活动,精力可发泄,心灵有寄托,兴趣到处泉涌,则生活自丰富,空虚感觉不至发生。这些事都不难做到,一般青年人所以不能做到者,原因就在没有自信,缺乏勇气,不肯努力。

谈恻隐之心

罗素在《中国问题》里讨论我们民族的性格，指出三个弱点：贪污、怯懦和残忍。他把残忍放在第一位，所说的话最足令人深省："中国人的残忍不免打动每一个盎格鲁撒克逊人。人道的动机使我们尽一分力量来减除其余九十九分力量所做的过恶，这是他们所没有的。……我在中国时，成千成万的人在饥荒中待毙，人们为着几块钱出卖儿女，卖不出就弄死。白种人很尽了些力去赈荒，而中国人自己出的力却很少，连那很少的还是被贪污吞没。……如果一只狗被汽车压倒致重伤，过路人十个就有九个站下来笑那可怜的畜生的哀号。一个普通中国人不会对受苦受难起同情的悲痛，实在他还像觉得它是一个颇愉快的景象。他们的历史和他们的辛亥革命前的刑律可见出他们免不掉故意虐害的冲动。"

我第一次看《中国问题》还在十几年以前，那时看到这段话心里甚不舒服；现在为大学生选英文读品，把这段话再看了一遍，心里仍是甚不舒服。我虽不是狭义的国家主义者，也觉得心里一点民族自尊心遭受打击，尤其使我怀惭的是没有办法来辩驳这段话。我们固然可以反诘罗素说："他们西方人究竟好得几多呢？"可是他似乎预料到这一着，在上一段话终结时，他补充了一句：

"话须得说清楚,故意虐害的事情各大国都在所不免,只是它到了什么程度被我们的伪善隐瞒起来了。"他言下似有怪我们竟明目张胆地施行虐害的意味。

罗素的这番话引起我的不安,也引起我由中国民族性的弱点想到普遍人性的弱点。残酷的倾向,似乎不是某一民族所特有的,它是像盲肠一样由原始时代遗留下来的劣根性,还没有被文化洗刷净尽。小孩们大半喜虐害昆虫和其他小动物,踏死一堆蚂蚁,满不在意。用生人做陪葬者或是祭典中的牺牲,似不仅限于野蛮民族。罗马人让人和兽相斗相杀,西班牙人让牛和牛相斗相杀,作为一种娱乐来看。中世纪审判异教徒所用的酷刑无奇不有。在战争中人们对于屠杀尤其狂热,杀死几百万生灵如同踏死一堆蚂蚁一样平常,报纸上轻描淡写地记一笔,造成这屠杀记录者且热烈地庆祝一场。就在和平时期,报纸上杀人、起火、翻船、离婚之类不幸的消息也给许多观众以极大的快慰。一位西方作家说过:"揭开文明人的表皮,在里皮里你会发见野蛮人。"据说大哲学家斯宾诺莎的得意的消遣是捉蚊蝇摆在蛛网上看他们被吞食。近代心理学家研究变态心理所表现的种种奇怪的虐害动机如"撒地主义"(sadism),尤足令人毛骨竦然。这类事实引起一部分哲学家,如中国的荀子和英国的霍布斯,推演出"性恶"的结论。

有些学者对于幸灾乐祸的心理,不以性恶为最终解释而另求原因。最早的学说是自觉安全说。拉丁诗人卢克莱修说:"狂风在起波浪时,站在岸上看别人在苦难中挣扎,是一件愉快的事。"这就是中国成语中的"隔岸观火"。卢克莱修以为使我们愉快的并非看见别人的灾祸,而是庆幸自己的安全。霍布斯的学说也很类似。

他以为别人痛苦而自己安全,就足见自己比别人高一层,心中有一种光荣之感。苏格兰派哲学家如倍恩(Bain)之流以为幸灾乐祸的心理基于权力欲。能给苦痛让别人受,就足显出自己的权力。这几种学说都有一个共同点:就是都假定幸灾乐祸时有一种人我比较,比较之后见出我比人安全,比别人高一层,比别人有权力,所以高兴。

这种比较也许是有的,但是比较的结果也可以发生与幸灾乐祸相反的念头。比如我们在岸上看翻船,也可以忘却自己处在较幸运的地位,而假想到自己在船上碰着那些危险的境遇,心中是如何惶恐、焦急、绝望、悲痛。将己心比人心,人的痛苦就变成自己的痛苦。痛苦的程度也许随人而异,而心中总不免有一点不安,一点感动和一点援助的动机。有生之物都有一种同类情感。对于生命都想留恋和维护,凡遇到危害生命的事情都不免恻然感动,无论那生命是否属于自己。生命是整个的有机体,我们每个人是其中一肢一节,这一肢的痛痒引起那一肢的痛痒。这种痛痒相关是极原始的、自然的、普遍的。父母遇着儿女的苦痛,仿佛自身在苦痛。同类相感,不必都如此深切,却都可由此类推。这种同类的痛痒相关就是普通所谓"同情",孟子所谓"恻隐之心"。孟子所用的比譬极亲切:"今人乍见孺子将入于井,皆有怵惕恻隐之心。"他接着推求原因说:"非所以内交于孺子之父母也,非所以要誉于乡党朋友也,非恶其声而然也。"他没有指出正面的原因,但是下结论说:"由是观之,无恻隐之心非人也。"他的意思是说恻隐之心并非起于自私的动机,人有恻隐之心只因为人是人,它是组成人性的基本要素。

从此可知遇着旁人受苦难时，心中或是发生幸灾乐祸的心理，或是发生恻隐之心，全在一念之差。一念向此，或一念向彼，都很自然，但在动念的关头，差以毫厘便谬以千里。念头转向幸灾乐祸的一方面去，充类至尽，便欺诈凌虐，屠杀吞并，刀下不留情，睁眼看旁人受苦不伸手援助，甚至落井下石，这样一来，世界便变成冤气弥漫，黑暗无人道的场所；念头转向恻隐一方面去，充类至尽，则四海兄弟，一视同仁，守望相助，疾病相扶持，老有所养，幼有所归，鳏寡孤独者亦可各得其所，这样一来，世界便变成一团和气、其乐融融的场所。野蛮与文化，恶与善，祸与福，生存与死灭的歧路全在这一转念上面，所以这一转念是不能苟且的。

这一转念关系如许重大，而转好转坏又全系在一个刀锋似的关头上，好转与坏转有同样的自然而容易，所以古今中外大思想家和大宗教家，都紧握住这个关头。各派伦理思想尽管在侧轻侧重上有差别，各派宗教尽管在信条仪式上互相悬殊，都着重一个基本德行。孔孟所谓"仁"，释氏所谓"慈悲"，耶稣所谓"爱"，都全从人类固有的一点恻隐之心出发。他们都看出在临到同类受苦受难的关头上，一着走错，全盘皆输，丢开那一点恻隐之心不去培养，一切道德都无基础，人类社会无法维持，而人也就丧失其所以为人的本性。这是人类智慧的一个极平凡而亦极伟大的发见，一切伦理思想，一切宗教，都基于这点发见。这也就是说，恻隐之心是人类文化的泉源。

如果幸灾乐祸的心理起于人我的比较，恻隐之心更是如此，虽然这种比较不必尽浮到意识里面来。儒家所谓"推己及物"、

"举斯心加诸彼"、"己所不欲，勿施于人"，都是指这种比较。所以"仁"与"恕"是一贯的，不能恕决不能仁。恕须假定知己知彼，假定对于人性的了解。小孩虐待弱小动物，说他们残酷，不如说他们无知，他们根本没有动物能痛苦的观念。许多成人残酷，也大半由于感觉迟钝，想象平凡，心眼窄所以心肠硬。这固然要归咎于天性薄，风俗习惯的濡染和教育的熏陶也有关系。函人惟恐伤人，矢人惟恐不伤人，职业习惯的影响于此可见。希腊盛行奴隶制度，大哲学家如柏拉图、亚里士多德都不以为非；在战争的狂热中，耶稣教徒祷祝上帝歼灭同奉耶教的敌国，风气的影响于此可见。善人为邦百年，才可以胜残去杀，习惯与风俗既成，要很大的教育力量，才可挽回转来。在近代生活竞争剧烈，战争为解决纠纷要径，而道德与宗教的势力日就衰颓的情况之下，恻隐之心被摧残比被培养的机会较多。人们如果不反省痛改，人类前途将日趋于黑暗，这是一个极可危惧的现象。

凡是事实，无论它如何不合理，往往都有一套理论替它辩护。有战争屠杀就有辩护战争屠杀的哲学。恻隐之心本是人道基本，在事实上摧残它的人固然很多，在理论上攻击它的人亦复不少。柏拉图在《理想国》里攻击戏剧，就因为它能引起哀怜的情绪，他以为对人起哀怜，就会对自己起哀怜，对自己起哀怜，就是缺乏丈夫气，容易流于怯懦和感伤。近代德国一派唯我主义的哲学家如斯蒂纳(Sterner)、尼采之流，更明目张胆地主张人应尽量扩张权力欲，专为自己不为旁人，恻隐仁慈只是弱者的德操。弱者应该灭亡，而且我们应促成他们灭亡。尼采痛恨无政府主义者和耶稣教徒，说他们都迷信恻隐仁慈，力求妨碍个人的进展。这种超人主义酿成近代德国的武力主义。在崇拜武力侵略者的心目中，恻隐之心只是妇人之仁，有了它心肠就会软弱，对弱者与不康健者（兼指物质的与精神的）持姑息态度，做不出英雄事业来。哲学上的超人主义在科学上的进化主义又得一个有力的助手。在达尔文一派生物学家看，这世界只是一个生存竞争的战场，优胜劣败，弱肉强食，就是这战场中的公理。这种物竞说充类至尽，自然也就不能容许恻隐之心的存在。因为生存需要斗争，而斗争即须拼到你死我活，能够叫旁人死而自己活着的就是"最适者"。老弱孤寡疲癃残疾以及其他一切灾祸的牺牲者照理应归淘汰。向他们表示同情，援助他们，便是让最不适者生存，违反自然的铁律。

恻隐之心还另有一点引起许多人的怀疑。它的最高度的发展是悲天悯人，对象不仅是某人某物，而且是全体有生之伦。生命中苦痛多于快乐，罪恶多于善行，祸多于福，事实常追不上理想。这是事实，而这事实在一般敏感者的心中所生的反响是根本对于人生的悲悯。悲悯理应引起救济的动机，而事实上人力不尽能战胜自然，已成的可悲悯的局面不易一手推翻，于是悲悯者变成悲剧中的主角，于失败之余，往往被逼向两种不甚康健的路上去，一是感伤愤慨，遗世绝俗，如屈原一派人；一是看空一切，徒作未来世界或另一世界的幻梦，如一般厌世出家的和尚。这两种倾向有时自然可以合流。近代许多文学作品可以见出这些倾向。比如哈代(T. Hardy)的小说，豪斯曼(A.E. Housman)的诗，都带着极深的哀怜情绪，同时也带着极浓的悲观色彩。许多人不满意于恻隐之心，也许因为它有时发生这种不康健的影响。

恻隐之心有时使人软弱怯懦，也有时使人悲观厌世。这或许都是事实。但是恻隐之心并没有产生怯懦和悲观的必然性。波斯大帝泽克西斯(Xerxes)率百万大军西征希腊,站在桥头望台上看他的军队走过赫勒斯滂海峡,回头向他的叔父说:"想到人寿短促,百年之后,这大军之中没有一个人还活着,我心里突然感到一阵怜悯。"但是这一阵怜悯并没有打消他征服希腊的雄图。屠格涅夫在一首散文诗里写一只老麻雀牺牲性命去从猎犬口里救落巢的雏鸟。那首诗里充满着恻隐之心,同时也充满着极大的勇气,令人起雄伟之感。孔子说得好:"仁者必有勇。"古今伟大人物的生平大半都能证明真正敢作敢为的人往往是富于同类情感的。菩萨心肠与英雄气骨常有连带关系。最好的例是释迦。他未尝无入世空虚之感,但不因此打消救济人类世界的热望。"我不入地狱,谁入地狱!"这是何等的悲悯!同时,这是何等的勇气。孔子是另一个好例。他也明知"滔滔者天下皆是",但是"知其不可为而为之"。"鸟兽不可与同群,吾非斯人之徒之与而谁与?天下有道,丘不与易也。"这是何等的悲悯!同时,这是何等的勇气!世间勇于作淑世企图的人,无论是哲学家、宗教家或社会革命家,都有一片极深挚的悲悯心肠在驱遣他们,时时提起他们的勇气。

现在回到本文开始时所引的罗素的一段话。他说:"人道的动机使我们尽一分力量来灭除其余九十九分力量所做的过恶,这是他们(中国人)所没有的。"这话似无可辩驳。但是我以为我们缺乏恻隐之心,倒不仅在遇饥荒不赈济,穷来卖儿女作奴隶,看到颠沛无告的人掩鼻而过之类的事情,而尤在许多人看到整个社会日趋于险境,不肯做一点挽救的企图。教育家们睁着眼睛看青年堕落,政治家们睁着眼睛看社会秩序紊乱,富商大贾睁着眼睛看经济濒危，都漫不在意，仍是各谋各的安富尊荣，有心人会问："这是什么心肝？"如果我们回答说："这心肝缺乏恻隐。"也许有人觉得这话离题太远。其实病原全在这上面。成语中有"麻木不仁"的字样，意义极好，麻木与不仁是连带的。许多人对于社会所露的险象都太麻木，我想这是不能否认的。他们麻木，由于他们不仁（用我们的辞语来说，缺乏恻隐之心）。麻木不仁，于是一切都受支配于盲目的自私。这毛病如何救济，大是问题。说来易，做来难。一般人把一切性格上的难问题都推到教育，教育是否有这样万能，我很怀疑。在我想，大灾大乱也许可以催促一部分人的猛省，先哲伦理思想的彻底认识以及佛、耶二教的基本精神的吸收，也许可造成一种力量。无论如何，在建国事业中的心理建设项下，培养恻隐之心必定是一个重要的节目。

谈羞恶之心

《新约》里《约翰福音》第八章记载这样一段故事：

耶稣在庙里布教，一大群人围着他听。刑名师和法利赛人带着一个行淫被拘的妇人来，把她放在群众当中，向耶稣说："这妇人是正在行淫时被拿着的。摩西在法律中吩咐过我们，像这样的人应用石头钉死，你说怎样办呢？"耶稣弯下身子来用指画地，好像没有听见他们。他们继续着问，耶稣于是抬起身子来向他们说："你们中间谁是没有罪的，就让谁先拿石头钉她。"说完又弯下身子用指画地。他们听到这话，各人心里都有内疚，一个一个地走出去，从最年老的到最后的，只剩下耶稣，那妇人仍站在当中。耶稣抬起身子来向她说："妇人，告你状的人到哪里去了呢？没有人定你的罪么？"她说："没有人，我主。"耶稣说："我也不定你的罪，去吧，以后不要再犯了。"

这段故事给我以极深的感动，也给我以不小的惶惑。耶稣的宽宥是恻隐之心的最高的表现，高到泯没羞恶之心的程度，这令人对于他的胸怀起伟大崇高之感。同时，我们也难免惶惑不安。如果这种宽宥的精神充类至尽，我们不就要姑息养奸，任世间一切罪孽过恶蔓延，简直不受惩罚或裁制么？

我们对于世间罪孽过恶原可以持种种不同的态度。是非善恶本是世间习用的分别，超出世间的看法，我们对于一切可作平等观。正觉烛照，五蕴皆空。瞋恚有碍正觉，有如"清冷云中，霹雳起火"。无论在人在我，消除过恶，都当以正觉净戒，不可起瞋恚。这是佛家的态度。其次，即就世间法而论，是非善恶之类道德观念起于"实用理性批判"。若超出实用的观点，我们可以拿实际人生中一切现象如同图画戏剧一样去欣赏，不作善恶判断，自不起道德上的爱恶，如尼采所主张的。这是美感的态度。再次，即就世间法的道德观点而论，人生来不能尽善尽美，我们彼此都有弱点，就不免彼此都有过错。这是人类共同的不幸。如果遇到弱点的表现，我们须了解这是人情所难免，加以哀矜与宽恕。"了解一切，就是宽恕一切。"这是耶稣教徒的态度。

这几种态度都各有很崇高的理想，值得我们景仰向往，而且有时值得我们努力追攀。不过在这不完全的世界中，理想永远是理想，我们不能希望一切人得佛家所谓正觉，对一切作平等观，不能而且也不应希望一切人在一切时境都如艺术家对于罪孽过恶纯取欣赏态度，也不能希望一切人都有耶稣那样宽恕的态度，而且一切过恶都可受宽恕的感化。我们处在人的立场为人类谋幸福，必希望世间罪孽过恶减少到可能的最低限度。减少的方法甚多，积极的感化与消极的裁制似都不可少。我们不能人人有佛的正觉，也不能人人有耶稣的无边的爱，但是我们人人都有几分羞恶之心。世间许多法律制度和道德信条都是利用人类同有的羞恶之心作原动力。近代心理学更能证明羞恶之心对于人格形成的重要。基于羞恶之心的道德影响也许是比较下乘的，但同时也是比较实际的、近人情的。

谈羞恶之心

"羞恶之心"一词出于孟子,他以为是"义之端",这就是说,行为适宜或恰到好处,须从羞恶之心出发。朱子分羞恶为两事,以为"羞是羞己之恶,恶是恶人之恶"。其实只要是恶,在己者可羞亦可恶,在人者可恶亦可羞。只拿行为的恶做对象说,羞恶原是一事。不过从心理的差别说,羞恶确可分对己对人两种。就对己说,羞恶之心起于自尊情操。人生来有向上心,无论在学识、才能、道德或社会地位方面,总想达到甚至超过流行于所属社会的最高标准。如果达不到这标准,显得自己比人低下,就自引以为耻。耻便是羞恶之心,西方人所谓荣誉意识(sense of honour)的消极方面。有耻才能向上奋斗。这中间有一个人我比较,一方面自尊情操不容我居人下,一方面社会情操使我顾虑到社会的毁誉。所以知耻同时有自私的和泛爱的两个不同的动机。对于一般人,耻(即羞恶之心)可以说就是道德情操的基础。他们趋善避恶,与其说是出于良心或责任心,不如说是出于羞恶之心,一方面不甘居下流,一方面看重社会的同情。中国先儒认清此点,所以布政施教,特重明耻。管子甚至以耻与礼义廉并称为"国之四维"。

人须有所为,有所不为。羞恶之心最初是使人有所不为。孟子在讲羞恶之心时,只说是"义之端",并未举例说明,在另一段文字里他说:"人能充无穿窬之心,而义不可胜用也,人能充无受尔汝之实,无所往而不为义也。"这里他似在举羞恶之心的实例,"无穿窬"(不做贼)和"无受尔汝之实"(不愿被人不恭敬地称呼),都偏于"有所不为"和"胁肩谄笑,病于夏畦","巧言令色足恭,左丘明耻之,丘亦耻之"之类心理相同。但孟子同时又说:"人皆有所不为,达之于其所为,义也。"这就是说,羞恶之心可使人耻为所不应为，扩充起来，也可以使人耻不为所应为。为所应为便是尽责任，所以"知耻近乎勇"。人到了无耻，便无所不为，也便不能有所为。有所不为便可以寡过。但绝对无过实非常人所能。儒家与耶教都不责人有过，只力劝人改过。知过能改，须有悔悟。悔悟仍是羞恶之心的表现。羞恶未然的过恶是耻，羞恶已然的过恶是悔。耻令人免过，悔令人改过。

孟子说："不耻不若人，何若人有？"耻使人自尊自重，不自暴自弃。近代阿德勒一派心理学说很可以引来说明这个道理。有羞恶之心先必发见自己的欠缺，发见了欠缺，自以为耻，（阿德勒所谓"卑劣情意综"），觉得非努力把它降伏下去，显出自己的尊严不可（阿德勒所谓"男性的抗议"），于是设法来弥补欠缺，结果不但欠缺弥补起，而且所达到的成就还比平常更优越。德摩斯梯尼本来口吃，不甘受这欠缺的限制，发愤练习演说，于是成为希腊的最大演说家。贝多芬本有耳病，不甘受这欠缺的限制，发愤练习音乐，于是成为德国的最大音乐家。阿德勒举过许多同样的实例，证明许多历史上的伟大人物在身体资禀或环境方面都有缺陷，这缺陷所生的"卑劣情意综"激起他们的"男性的抗议"，于是他们拿出非常的力量，成就非常的事业。中国左丘明因失明而作《国语》，孙子因膑足而作《兵法》，司马迁因受宫刑而作《史记》，也是很好的例证。阿德勒偏就器官机能方面着眼，其实他的学说可以引申到道德范围。因卑劣意识而起男性抗议，是"知耻近乎勇"的一个很好的解释。诸葛孔明要邀孙权和刘备联合去打曹操，先假劝他向曹操投降，孙权问刘备何以不降，他回答说："田横齐之壮士耳，犹守义不辱。况刘豫州王室之胄，英才盖世,安能复为之下乎?"孙权听到这话,便勃然宣布他的决心:"吾不能举全吴之地,十万之众,受制于人!"这就是先激动羞耻心,再激动勇气,由卑劣意识引到男性抗议。

孟子讲羞恶之心,似专就对己一方面说。朱子以为它还有对人一方面,想得更较周到。我们对人有羞恶之心,才能嫉恶如仇,才肯努力去消除世间罪孽过恶。孔子大圣人,胸襟本极冲和,但《论语》记载他恶人的表现特别多。冉有不能救季氏僭礼,宰我对鲁哀公说话近逢迎,子路说轻视读书的话,樊迟请学稼圃,孔子对他们所表示的态度都含有羞恶的意味。子贡问他:"君子亦有所恶乎?"他回答说:"有,恶称人之恶者,恶居下流而讪上者,恶勇而无礼者,恶果敢而窒者。"一口气就数上一大串。他尝以"吾未见好仁者恶不仁者"为欢。他最恶的是乡愿(现在所谓伪君子),因为这种人"暗然媚于世,非之无举,刺之无刺,居之似忠信,行之似廉洁,众皆悦之,自以为是而不可与入尧舜之道"。他一度为鲁相,第一件要政就是诛少正卯,一个十足的乡愿。我特别提出孔子来说,因为照我们的想象,孔子似不轻于恶人,而他竟恶得如此厉害,这最足证明凡道德情操深厚的人对于过恶必有极深的厌恶。世间许多人没有对象可五体投地地去钦佩,也没有对象可深入骨髓地去厌恶,只一味周旋随和,这种人表面上像是炉火纯青,实在是不明是非,缺乏正义感。社会上这种人愈多,恶人愈可横行无忌,不平的事件也愈可蔓延无碍,社会的混浊也就愈不易澄清。社会所借以维持的是公平(西方所谓justice),一般人如果没有羞恶之心,任不公平的事件不受裁制,公平就无法存在。过去社会的游侠,和近代社会的革命者,都是迫于义愤,要"打抱不平",虽非中行,究不失为狂狷,在社会腐浊的时候,仍是有他们的用处。

个人须有羞恶之心,集团也是如此。田横的五百义士不肯屈服于刘邦,全体从容赴义,历史传为佳话,古人谈兵,说明耻然后可以教战,因为明耻然后知道"所恶有胜于死者",不会苟且偷生。我们民族这次英勇的抗战是最好的例证,大家牺牲安适、家庭、财产,以至于生命,就因为不甘做奴隶的那一点羞恶之心。大抵一个民族当承平的时候,羞恶之心表现于公是公非,人民都能受道德法律的裁制,使社会秩序井然。所谓"化行俗美"、"有耻且格"。到了混乱的时候,一般人廉耻道丧,全民族的羞恶之心只能藉少数优秀分子保存,于是才有"气节"的风尚。东汉太学生郭泰李膺陈蕃诸人处外戚宦官专权恣肆之际,独持清议,一再遭钩党之祸而不稍屈服。明末魏阉执权乱国,士大夫多阿谀取容,其无耻之尤者至认阉作父,东林党人独仗义执言,对阉党声罪致讨,至粉身碎骨而不悔。这些党人的行径容或过于褊急,但在恶势力横行之际能不顾一切,挺身维持正气,对于民族精神所留的影响是不可磨灭的。

目前我们民族正遇着空前的大难,国耻一重一重地压来,抗战的英勇将士固可令人起敬,而此外卖国求荣,贪污误国和醉生梦死者还大有人在,原因正在羞恶之心的缺乏。我们应该记着"明耻教战"的古训,极力培养人皆有之的一点羞恶之心。我们须知道做奴隶可耻,自己睁着眼睛望做奴隶的路上走更可耻。罪过如果在自己,应该忏悔;如果在旁人,也应深恶痛疾,设法加以裁制。

谈动

朋友：

从屡次来信看，你的心境近来似乎很不宁静。烦恼究竟是一种暮气，是一种病态，你还是一个十八九岁的青年，就这样颓唐沮丧，我实在替你担忧。

一般人欢喜谈玄，你说烦恼，他便从"哲学辞典"里拖出"厌世主义"、"悲观哲学"等等堂哉皇哉的字样来叙你的病由。我不知道你感觉如何？我自己从前仿佛也尝过烦恼的况味，我只觉得忧来无方，不但人莫之知，连我自己也莫名其妙，那里有所谓哲学与人生观！我也些微领过哲学家的教训：在心气和平时，我景仰希腊廊下派哲学者，相信人生当皈依自然，不当存有嗔喜贪恋；我景仰托尔斯泰，相信人生之美在宥与爱；我景仰勃朗宁，相信世间有丑才能有美，不完全乃真完全；然而外感偶来，心波立涌，拿天大的哲学，也抵挡不住。这固然是由于缺乏修养，但是青年们有几个修养到"不动心"的地步呢？从前长辈们往往拿"应该不应该"的大道理向我说法。他们说，像我这样一个青年应该活泼泼的，不应该暮气沉沉的，应该努力做学问，不应该把自己的忧乐放在心头。谢谢吧，请留着这副"应该"的方剂，将来患烦恼的人还多呢！

朋友，我们都不过是自然的奴隶，要征服自然，只得服从自然。违反自然，烦恼才乘虚而入，要排解烦闷，也须得使你的自然冲动有机会发泄。人生来好动，好发展，好创造。能动，能发展，能创造，便是顺从自然，便能享受快乐，不动，不发展，不创造，便是摧残生机，便不免感觉烦恼。这种事实在流行语中就可以见出，我们感觉快乐时说"舒畅"，感觉不快乐时说"抑郁"。这两个字样可以用作形容词，也可以用作动词。用作形容词时，它们描写快或不快的状态；用作动词时，我们可以说它们说明快或不快的原因。你感觉烦恼，因为你的生机被抑郁；你要想快乐，须得使你的生机能舒畅，能宣泄。流行语中又有"闲愁"的字样，闲人大半易于发愁，就因为闲时生机静止而不舒畅。青年人比老年人易于发愁些，因为青年人的生机比较强旺。小孩子们的生机也很强旺，然而不知道愁苦，因为他们时时刻刻地游戏，所以他们的生机不至于被抑郁。小孩子们偶尔不很乐意，便放声大哭，哭过了气就消去。成人们感觉烦恼时也还要拘礼节，哪能由你放声大哭呢？黄连苦在心头，所以愈觉其苦。歌德少时因失恋而想自杀，幸而他的文机动了，埋头两礼拜著成一部《少年维特之烦恼》，书成了，他的气也泄了，自杀的念头也打消了。你发愁时并不一定要著书，你就读几篇哀歌，听一幕悲剧，借酒浇愁，也可以大畅胸怀。从前我很疑惑何以剧情愈悲而读之愈觉其快意，近来才悟得这个泄与郁的道理。

总之，愁生于郁，解愁的方法在泄；郁由于静止，求泄的方法在动。从前儒家讲心性的话，从近代心理学眼光看，都很粗疏，只有孟子的"尽性"一个主张，含义非常深广。一切道德学说都不免肤浅，如果不从"尽性"的基点出发。如果把"尽性"两字懂得透彻，我以为生活目的在此，生活方法也就在此。人性固然是复杂的，可是人是动物，基本性不外乎动。从动的中间我们可以寻出无限快感。这个道理我可以拿两种小事来印证：从前我住在家里，自己的书房总欢喜自己打扫。每看到书籍零乱，灰尘满地，你亲自去洒扫一过，霎时间混浊的世界变成明窗净几，此时悠然就坐，游目骋怀，乃觉有不可言喻的快慰。再比方你自己是欢喜打网球的，当你起劲打球时，你还记得天地间有所谓烦恼么？

你大约记得晋人陶侃的故事。他老来罢官闲居，找不到事做，便去搬砖。晨间把一百块砖由斋里搬到斋外，暮间把一百块砖由斋外搬到斋里。人问其故，他说："吾方致力中原，过尔优逸，恐不堪事。"他又曾对人说："大禹圣人，乃惜寸阴，至于众人，当惜分阴。"其实惜阴何必定要搬砖，不过他老先生还很苗壮，借这个玩意儿多活动活动，免得抑郁无聊罢了。

朋友，闲愁最苦！愁来愁去，人生还是那么样一个人生，世界也还是那么样一个世界。假如把自己看得伟大，你对于烦恼，当有"不屑"的看待；假如把自己看得渺小，你对于烦恼当有"不值得"的看待；我劝你多打网球，多弹钢琴，多栽花木，多搬砖弄瓦。假如你不喜欢这些玩意儿，你就谈谈笑笑，跑跑跳跳，也是好的。就在此祝你

谈谈笑笑，

跑跑跳跳！

你的朋友　孟实

民族的生命力

——给《申报周刊》的青年读者（三）

朋友：

　　这次世界运动会闭幕了，我想趁这个机会和你谈一个重要问题。许多人因为这次中国选手的失败而意识到国家的荣辱，也有些人在惋惜中国政府遣送选手所耗费的巨款。但是据我个人的观察，大多数人对于这次失败仍是漠不关心，并没有因此获得一种深刻的教训。这种麻木，我以为较之竞赛的失败还更可惋惜，因为心里既根本不把失败当作一回事，一蹶之后就不会有复振的希望。

　　我们所要计较的并不仅在一个运动会中的成败荣辱问题，而在偌大的中国民族在体格方面所表现的生命力竟至如此贫乏。四万万人中所选出的健儿耀武扬威地一大船载到欧洲去，结果每个人到决赛时都垂头丧气地抱着膀子作壁上观。别说跑第一第二，连跟着别人在一块儿跑的资格都没有，你说惨不惨！我们用不着埋怨选手，他们是从我们中间选送出去的，他们的无能究竟还要归咎我们自己的无能。

　　中国人向来偏重道德学问的修养而鄙视体格的修养。我们自以为所代表的是"精神文明"，身体是属于"物质"的，值不得去理会。我们想：人为万物之灵，就在道德学问高尚，如果拿体力作评判价值的标准，那只有向虎狼牛马拜下风。这种鄙视体格的心理并没有被近代学校教育洗除净尽。体操在学校里仍然是敷衍功令的功课。学校提倡运动用意大半仅在培养几个运动员，预备在竞赛中替学校争体面，而不在提高普遍的体格标准。一个聪明的学生只要数学或国文考第一，运动成绩的低劣不但不是一种羞耻，而且简直可以显出几分身份的高贵。学校以外，一般民众更丝毫不觉得运动有何意义。就是教育界中人，离开学生生活以后，以前所常练习的运动也就完全丢开。结果，中国十个人就有九个人像烟鬼，黄皮刮瘦，萎靡不振。每个人脱去衣服，在镜子里看看自己的身体，固然自惭形秽；就是看看邻人的面孔，也是那么憔悴，不能激起一点生气来。像这样衰弱的民族奄奄待毙之不暇，能谈到什么富强事业，更能谈到什么"精神文明"呢？

我在幼时也鄙视过学校里所谓体育。天天只埋头读书，以为在运动方面所花去的时间太可惜。有时连正当的体操功课也不去上。体操比我好的人成绩都不很高明，我心里实在有些瞧不起他们。我在考试时体操常不及格，但结果仍无伤于我的第一第二的位置，我更以为体育是无足轻重了。这十几年以来，我差不多天天受从前藐视体育所应得的惩罚。每年总要闹几次病，体重始终没有超过八十斤，年纪刚过三十，头发就白了一大半；劳作稍过度，就觉得十分困倦。我有时也很想在学问方面奋斗，但是研究一个问题或是做一篇文章，到了最紧要的关头时，就苦精力接不上来，要半途停顿。思想的工作正如打仗或赛跑，最要紧的关头往往在最后五分钟。这最后五分钟的失败往往不在缺乏坚持的努力，而在可使用的精力完全耗尽。世间固然有许多身体羸弱而在思想学问、事业各方面造就很大的人们，但是我有理由相信：如果他们身体强健，造就一定更较伟大。如果论智力，我不相信中国人天生地比外国人低下。但是中国人在学术上的造就到现在还是落后，原因固不只一种，我相信身体羸弱是最重要的一种。普通的德国人或英国人到五六十岁的年纪还是血气方刚，还有二三十年可以向学问事业方面努力锐进。但是普通的中国人到了30岁以后，便逐渐衰弱老朽。在旁人正是奋发有为的年纪，我们已须宣告体力的破产，作退休老死的计算。在普通的外国人，头30年只是训练和准备的时期，后三四十年才谈到成就和收获；在我们中国人，刚过了训练和准备的时期，可用的精力就渐就耗竭，如何能谈到成就和收获呢？

　　体格羸弱的影响不仅在学问事业方面可以见出，对于一个人的心境脾胃以至于人生观都不免酿成了许多病态。我常分析自己，每逢性情暴躁容易为小事动气时，大半是因为身体方面有什么不舒适的地方，如头痛如脚痛之类；每逢垂头丧气，对一切事都仿佛绝望时，大半因为精力疲倦，所能供给的精力不足以应付事物的要求。在睡了一夜好觉之后，清晨爬起来，周身精神饱满，生气蓬勃，我对人就特别和善，心理就特别畅快，看一切困难都不在眼里，对于前途处处都觉得是希望。我常仔细观察我所接触的人物，发现这种体格与心境的密切关系几乎是普遍的。我没有看见一个身体真正好的人为人不和善，处事不乐观；我也没有看见一个颓丧愁闷的人在身体方面没有丝毫缺陷。中国青年多悲观厌世，暮气沉沉，我敢说大半是身体不健康的结果。

　　这二十年来，我常在观察中国社会而推求它的腐化的根本原因；愈观察，愈推求，我愈察觉到身体对于精神的影响之伟大。我常听到"道德学家"、"精神文明"说者把社会一切的乱象都归咎到道德的崩溃精神的破产。我也曾把这一类的老话头拿来应用到中国社会，觉得道德的崩溃究竟只是结果而不是原因。只就现象说，中国民族的一切病症都归原到一个字——懒。

懒所以因循苟且，看见应该做的事不去做，让粪堆在大路上，让坏人当权，让坏制度坏习惯存在。懒，所以爱贪小便宜，做官遇到可抓的钱就抓，想一旦成富翁，一劳永逸；做学生不肯做学问，凭自己的本领去挣地位，只图奔走逢迎，夤缘倖进。懒，所以含垢忍辱，一个堂堂男子汉不肯在正当光荣的职业中谋生活，宁愿去当汉奸，或是让妻女作娼妓，敌人打进门里来，永远学缩头乌龟。

如果我有时间，我可以把"懒"的罪状一直数下去。一切道德上的缺点都可以一言以蔽之曰"懒"。"懒"就是物理学中所讲的"惰性"。无论在物理方面或是在精神方面，惰性都起于"动力"的缺乏。就生物说，"动力"的缺乏就是"弱"。所以"懒"的根本原因还是在"弱"，在生活力的耗竭，在体格的不健全。换句话说，精神的破产毕竟是起于体格的破产。

生命是一种无底止的奋斗。一个兵士作战，一个学者探讨学术，或是一个普通公民勇于尽自己的职责，向一切众恶引诱说一个坚决的"不！"字，都要有一种奋斗的精神。奋斗的精神就是生活力的表现。中国民族在体格方面太衰弱，所以缺乏奋斗所必需的生活力，所以懒，所以学问落后，事业废弛，道德崩溃，经济破产，事事都不如人。

理想青年

要真正想救中国,慢些谈学问,慢些谈政治,慢些谈道德,第一件要事,先把身体培养强健!要生活,先要储蓄生活力!如果中华民族仍不觉悟体力对于精神影响之大,以及健康运动之重要,仍然是那样黄皮刮瘦,暮气沉沉,要想中国不亡那简直是无天理!

我半生的光阴都费在书本上面,对于一般人所说的"精神文明"之尊敬与爱护,自问并不敢后于旁人,现在来大声疾呼,提倡健康运动,在旁人看来,或不免有些奇怪;其实这也并无足怪,身体羸弱的祸害与苦楚对于我是切肤之痛,所以我不能不慨乎言之。我在中国人中已迫近老朽之年了,还在起始学游泳打太极拳,这是施耐庵所骂的"用违其时"。愈觉得补救之太晚,我愈懊悔年轻时代对于体育的忽略。我希望比我幸运的——因为还未失去时机的——青年们不再蹈我这一种人的覆辙。我从自己的失败中得到一个极深刻的教训:身体好,什么事都有办法;身体不好,什么事都做不好。小而个人的成功,大而民族的复兴都要从身体健康下手。这件事也并非学校的体操或国际的运动竞赛所能促成的。我们要把健康的重要培养成为全民族的信仰。从择配优生以至于保婴防疫公众卫生等等都要很郑重地去研究和实行推广。运动也要变成全社会的娱乐,不仅求培养几个选手。这件事是中华民族图存所刻不容缓的。中年以上的人们已经没有希望,只有靠青年们努力了。我敬祝全国青年从今日起,设法多作强健身体的运动,为中华民族多培养一些生命力!

光潜

谈体育

理想的教育应以发展全人为鹄的。全人包括身心两方面，修养也应同时顾到这两方面。心的修养包含智育德育美育三项，相当于知情意三种心理机能。身的修养即通常所谓体育。近来我们的教育对于心的修养多偏重智育，德育与美育多被忽视。这种畸形的发展酿成一般人的道德堕落与趣味低下，已为共见周知的事实。至于体育更是落后。学校虽设有体育这门功课，大半是奉行公事，体育教员一向被轻视，学生不注意体育可不致影响升级和毕业，学校在体育设备上花的费用在整个预算上往往不及百分之一。如果你把身心的重要看作平等，把心的方面知情意三种机能的重要也看作平等，再把目前教育状况衡量一下，就可以想到我们的教育的不完善到了什么一个程度。德育和美育至少在理论上还有人在提倡，体育则久已降于不议不论之列了。体育所以落到这种无足轻重的地位，大半因为一般人根本误认体肤没有心灵那么高贵，一部分宗教家和哲学家甚至把体肤看成心灵的迷障，要修养心灵须先鄙弃体肤的需要。我们崇拜甘地，仿佛以为甘地成就他的特殊精神，就与他的身体瘦弱有关，身体不瘦弱，就不能成圣证道。这种错误的观念不破除，我们根本不能谈体育。

生命是有机的，身与心虽可分别却不可割裂；没有身就没有心，身体不健全，心灵就不会健全。这道理可以分几点来说。

第一，身体不健全，聪明智慧不能发展最高度的效能。我们中国民族的聪明智慧并不让西方人，但是在学问事业方面的造就，我们常常赶不上他们。原因固然很多，身体羸弱是最重要的一种。普通欧美人士说："生命从四十岁开始。"他们到了五六十岁时，还是血气方刚，还有二三十年可以在学问事业方面努力。但是普通中国人到了四十岁以后，精力就逐渐衰惫，在西方人正是奋发有为的时候，我们已宣告体力的破产，作告老退休的打算。在普通西方人，头三四十年只是训练和准备的时期，后三四十年才可以谈到成就与收获；在我们中国人，刚过了训练和准备的时期，可用的精力就渐就耗竭，犹如果子未成熟就萎落，如何能谈到成就与收获呢？无论是读书、写字、做文章、演说、打仗或是办事，必须精力弥满，才可以好。尤其是做比较重大的工作，我们需要持久的努力，要能挣扎到底，维持最后五分钟的奋斗。我们做事，往往开头很起劲，以后越做越觉得精力不济，那最后五分钟最难挨过，以致功亏一篑。这就由于身体羸弱，生活力不够。

其次，身体羸弱可以影响到性情和人生观。我常分析自己，每逢性情暴躁，容易为小事动气时，身体方面总有些毛病，如头痛牙痛胃痛之类；每逢心境颓唐，悲观厌世时，大半精疲力竭，所能供给的精力不够应付事物的要求，这在生病或失眠时最易发生。在睡了一夜好觉之后，清晨爬起来，觉得自己生气蓬勃，心里就特别畅快，对人也就特别和善。我仔细观察我所常接触的人，发见体格与心境的密切关系是很普遍的。我没有看见一个真正康健的人为人不和善，处事不乐观；也没有看见一个愁眉苦脸的人在身体方面没有丝毫缺陷。我们中国青年中许多人都悲观厌世，暮气沉沉，我敢说这大半是身体不健康的结果。

第三，德行的亏缺大半也可归原到身体的羸弱。西谚说："健全精神宿于健全身体。"这句话的意味实在深长。我常分析中国社会的病根，觉得它可以归原到一个字——懒。懒，所以委靡因循，遇应该做的事拿不出一点勇气去做；懒，所以马虎苟且，遇不应该做的事拿不出一点勇气去决定不做；懒，于是对一切事情朝抵抗力最低的路径走，遇事偷安取巧，逐渐走到人格的堕落。懒的原因在哪里呢？懒就是物理学上的惰性，由于动力的缺乏，换言之，由于体力的虚弱。比如机器要产生动力，必须开足马达，要开足马达，必须电力强大。身体好比马达，生活力就是电力，而努力所需要的坚强意志就是动力。生活力不旺——这就是说，体力薄弱——身体那一个马达就开不动，努力所需要的动力就无从产生。所以精神的破产毕竟起于身体的破产。

生命是一种无底止的奋斗。一个士兵作战，一个学者研究学问，或是一个普通公民勇于尽自己的职责，向一切恶引诱说一个坚决的"不！"字，向一切应做的事说一个坚决的"干！"字，都需要一番斗争的精神，一般蓬勃的生活力。我们多数民众所最缺乏的就是这奋斗所必需的生活力，尤其在这抗战时代，我们必须彻底认识这种缺乏的严重性，极力来弥补它。我们慢些谈学问，慢些谈道德，慢些谈任何事功，第一件要事先把身体这个机器弄得坚强结实。

要补救我们民族体格的羸弱，必先推求羸弱的病因，然后对症下药。一般人都知道一些健身的方法和道理，例如营养适宜，衣食住清洁，生活有规律，运动休息得时之类。我们中国人体格羸弱，大半由于对这些健康的基本条件没有十分注意，这是谁都会承认的。但是我以为这些条件固然重要，却都是后天的培养，最重要的还是先天的基础。比如动植物的繁殖，在同样的后天环境之下，种子好的比种子差的较易于发育苗壮。哈巴狗总不能长成狮子狗，任凭你怎样去饲养。我知道许多人一辈子注意卫生，一辈子仍是不很强壮，就吃亏在先天不足；我也知道许多人一辈子不知道什么叫做卫生，可是身体依然是坚实，他们生来就有一副铜筋铁骨。因此，我想到在体格方面，先天的基础好，比任何谨慎的后天的培养都要强；我们要想改变民族的体质，第一步要务是彻底地研究优生。在身体方面的优生，有三个要点必须注意。一、男女配合必须在发育完成之后，早婚必须绝对禁止。二、选择配偶的标准必须把身体强健放在第一位。我们应特别奖励强壮的男子配强壮的女子。以往男择女要林黛玉那样弱不禁风，工愁善病；女择男要潘安仁那样白面书生，风度儒雅。这种传统的理想必须打破。三、妇女在妊孕期内必须有极合理的调养，在生产后至少在三年之内须节制妊孕。先天的基础，母亲要奠立一大半，母亲的健康比父亲的更为重要。现在一般母亲在妊孕期劳作过度，营养不充分，而妊孕期的周率又太频繁，一年生产一次几是常事。这一点影响民族体格的健康比其他一切因素都较严重。以上三点体格优生要义我们必须灌注到每一个公民的头脑里去，在必要时，我们最好能用政府的力量帮助人民去切实施行。

至于后天的培养用不着多说，一般人都知道一些卫生常识。第一是营养必须适宜。目前物价昂贵，一般青年们正当发育的年龄，不能得到最低限度的营养，以至危害到健康。这是一个很严重的现象，政教当局必须彻底认识，急图补救。其次是生活必须有规律，起居饮食，劳作休息，都须有一定的时候，一定的分量，一定的节奏。在这一点，我们中国人的习惯很差。迟睡晚起，打牌可以打连宵，平时饮食不够营养的标准，进馆子就得把肚皮涨破，劳作者整天不得休息，游手好闲者整天不做工作，如此等类的毛病都是酿成民族羸弱的因素。单就青年说，目前各学校的功课都太繁重，营养所产生的力量过少，功课担负所要求的力量过多，供不应求，逼成虚耗。这也是一个很严重的现象。要教育合理化，各级学校的课程必须尽量裁汰。第三是心境要宽和冲淡，少动气，少存杂念。我国古代养生家素来特重这一点，所以说："养生莫善于寡欲。"我们近代人对此点似多认为陈腐，其实这很可惜。近代社会复杂，刺激特多，愈近于文明，愈远于自然，处处都是扰乱心志的事物，就是处处逼我们打消耗战。我们必须淡泊宁静，以逸待劳。这不但可以养生，也可以使学问事业得到较大的成就。

如果做到上面几点，我相信一个人不会不康健。康健的生活是正常的自然的。健康的最大秘诀就在使生活是正常的自然的。近代人谈体育，多专指运动，其实专就健康而言，运动是体育的下乘节目。运动的要义在使血液流通，筋肉平均发展，脑筋与筋肉互换劳息。这三点在普通劳作方面也可以办到。自然人都很健康，除渔猎耕作及舞蹈以外，别无所谓运动，而身体却大半很强健。不过运动确也有不能用普通劳作代替的地方。第一，它是比较地科学化，顾到全身筋肉脉络的有系统的调摄和锻炼。在近代社会中分工细密，许多人只用一部分筋肉去劳作，有系统的运动实为必要。第二，运动带有团体娱乐的意味，是群育的最好工具。在中国古代，射以观德；近代西方人也说运动可以养成"公平游艺"(fair play)，一个公平正直的人有"运动家的风度"(sportsmanship)。要训练合作互助，尊重纪律的精神，最好的场所是运动场。威灵顿说："滑铁卢的胜仗，是在义敦和哈罗两校运动场上打来的。"就是因为这个道理。从这两点说，我们急须提倡运动。不过以往饲养选手替学校争门面的办法必须废除。运动必须由学校推广到全社会，成为每个人日常生活中一个节目，如吃饭睡觉一样，它才能于全民族的健康有所补助。

音乐与教育

柏拉图写过一个长篇对话,叫做《理想国》,讨论理想的政治和教育。他知道要一个国家的政治合于理想,先要使它的教育合于理想,所以他费了大半篇幅谈理想国的统制阶级应该受什么样一种训练。他所定的课程异常简单。一个人在二十岁以前只消有两种教育工具,一是体操,一是音乐。至于我们现在的学校里许多功课,像史地,理化,数学,社会科学,哲学,外国文之类,他或是完全不讲,或是摆在二十岁以后的课程里。他的教育主张,在现代人看来,像很奇怪。可是如果你丢开成见,细心去想一想,你也许会佩服希腊人的思想,和他们的艺术一样,简单虽然简单,深刻却是深刻。体操讲究好了,身体可以健全;音乐讲究好了,心灵可以和谐。身心两方面都达到理想的状态,还愁有什么学不好或是做不好?身心是基本,我们近代人舍基本不注意,只在一些肤浅的知识上做工夫,反自以为聪明。许多祸害似都由此起。我们急须回头猛省。

我在另一篇文章里已谈过体育的重要,现在专谈音乐。

音乐是一种最原始最普遍的艺术。飞禽走兽大半都欢喜歌唱,在歌唱中,它们表现生命的富裕和欢乐,同时,它们借歌舞把在生活中所领略得的乐趣传给同类,引起交感共鸣。歌唱在一般动物社会中是一种团结的原动力,它们没有文化传统和制度组织,但是它们一呼百应,一唱百和,全靠这一点声音上的感通。人类在原始阶段也还保持着这本能的音乐嗜好。没有一个原始民族不欢喜歌舞,小孩在个人生命史上相当于原始民族在种族生命史上,欢喜歌舞仍然是天性。人类到了开化以后,小孩到了成年以后,往往逐渐丧失音乐的嗜好,高兴时不放着嗓子唱一曲歌,颓唐时也不拿一种乐器来弹奏一番,哀乐全闷在心里,而且一个人关起来纳闷,生气因之萧索,同情也因之冷淡。这是一个极严重的损失,而且是违反自然本性的。对于这种现象的造成,教育家们要负一大部分责任,他们丢开了人类一个最强烈的本能,一个最有力的教育工具,不去利用。假如他们知道利用,音乐的力量要超出任何学问训练之上。

何以故呢?音乐不仅是最原始最普遍的艺术,而且是最完美的艺术,可以普及深入一般民众,从根本上陶冶人的性格。在其他艺术,实质与形式多少可以分别出来,了解实质与了解形式可以分为两事。音乐却完全融化实质与形式的分别,实质即形式,形式亦即实质,内外一致,天衣无缝。所以音乐达到了艺术的最高理想。如果美育是教育中一项要目,美育的最好工具就应该是音乐。音乐虽是顶完美的,却不能算是最困难的艺术。叔本华说得最清楚,一般艺术都须借意象来表现,例如文学所用的语文意义,图画所用的形色光影;音乐则为意志的直接外射,用不着凭借意象。所以了解其他艺术,我们须假道于理智,比如说,不懂得语文意义,就无从了解文学;音乐则表现最直接,感动也最直接,我们接受声音的刺激,生理上马上就起反响,用不着理智的分析。中国人不一定能了解外国的文学，但是多少可以受外国音乐的感动，因为没有语文的障碍。小孩子和乡下文盲尽管不能读书明理，也多少可以欣赏成年人和音乐家的唱歌奏乐，因为没有知识经验的障碍。音乐是纯从感官打动人心的，耳里听到，心里就起哀乐共鸣。这件事实可以解释音乐的普及性，也可以解释它的深入性。如果要教育的力量普及而又深入，舍音乐还有什么其他途径呢？

音乐对于人生至少有三重大功用。

第一是表现。情感思想都需要发扬宣泄。我们都知道在欢喜时大笑一场，在悲哀时痛哭一场，是一件畅快事。严守一个秘密，心里才感觉不舒服；尤其是感情不能压抑，压抑便引起冲突和苦痛。依近代心理学看，许多精神病都是情感不得宣泄的结果。表现在生气的洋溢。一个人或一个民族到了不需要艺术的表现时，那只有两种可能：一是生气萎竭，一是生气受不了自然的歪曲，向不正常不健康的路途发泄。所以给生气以正常的康健的表现，也就是培养生气。音乐的表现是最正常的康健的表现，因为它是人类的普遍的嗜好，而同时它的命脉在和谐。亚里士多德在《政治学》里谈到古希腊人用一种音乐医精神病。有一种癫狂病，医治的方法是叫病人听一种音乐，听了几回他的情感上的脓疱化消了，病就自然好。亚里士多德把音乐的这种功能叫做 katharsis，这字含有"发散"和"净化"两个意义。音乐对于人的情感不仅能"发散"而且能"净化"，就因为它本身是和谐，对于人的心灵自然能产生和谐的影响。我们有听音乐经验的人都知道在凝神静听之后，全体筋肉脉搏都经过一番和谐的震荡，心灵仿佛在困倦之后洗过一回澡，汗垢尽去，血液畅通，有心旷神怡之乐。如果我们不仅是欣赏，自己能歌唱弹奏，除了这种生气洋溢的乐趣以外，我们还可以得到人生最大的快慰，成就一种作品的感觉。我们创造了一个可欣赏的世界，替人类开辟了一种愉悦的泉源，意识到这种力量，就如同创世主在第七天的神情。人能多尝这种创造的快慰，人生便显得华严，而人的品格也就自然会高贵。

其次是感动。音乐直接打动感官，引起生理的反应，所以感人最普及而深入。这道理在上文已说过。中西神话和历史上都有不少的关于音乐感动力的传说。城市有借音乐造成的，也有借音乐毁倒的；胜仗有用音乐打来的，重围有用音乐解去的；美人有借音乐取得的，深交有因音乐结成的；名著有从音乐引起思致的，至道有借音乐证成的。瓠巴鼓琴，游鱼出听；据近代生理学家的实验，对牛弹琴，也并非毫无影响。人类情感有许多花样，每种花样在脉搏呼吸和筋肉运动上都有一个特殊的节奏，特殊的模型。音乐的抑扬顿挫，长短急舒，往往与这种节奏和模型相称。某一种乐调在生理上激起某一种节奏和模型，就引起某一种情调。所以在听音乐时，实在有两种乐调在进行。一是外在的，耳朵听的；一是内在的，听者身体在无意中所表演的。人类生理构造大致相同，所以一个乐调可以在无数听者的心弦上引起交感共鸣。音乐是极强烈的同情媒介，也就因为这个缘故。我们如果想尝广大同情的味道，最好在稠人广众中听音乐。乐声作时，全体听众屏息肃然静听，无论尊卑老幼，乐就都乐，哀就都哀，霎时间不独人我之见泯除净尽，即传统习俗所积累成的层层枷锁也一齐丢开，我们在霎时间回到自由的原始人，沉没到浑然一体的大我。音乐使我们畅快，四围许多人都同时在分享我的感觉，意识到这一点，我们更加畅快。这里没有分别界限，没有恩仇迎拒，我们同是一个阳光煦育的兄弟姊妹，我们皆大欢喜。要群众团结一气，最有效的媒介只有音乐。

第三是感化。感动是暂时的，感化是久远的。音乐由感动至感化，因为它的和谐浸润到整个身心，成为固定的模型(Pattern)，习惯成为自然，身心的活动也就处处不违背和谐的原则。内心和谐，则一切不和谐的卑鄙龌龊的念头自无从发生，表现于行为的也自从容中节。中国先儒以礼乐立教，就为明白了这个道理。乐的精神在和谐，礼的精神在秩序，这两者中间，乐更是根本的，因为内和谐外自然有秩序，没有和谐做基础的秩序就成了呆板形式，没有灵魂的躯壳。内心和谐而生活有秩序，一个人修养到这个境界，就不会有疵可指了。谈到究竟，德育须从美育上做起。道德必由真性情的流露，美育怡情养性，使性情的和谐流露为行为的端正，是从根本上做起。惟有这种修养的结果，善与美才能一致。明白这个道理，我们就会明白孔子谈政教何以那样重诗乐。诗与乐原来是一回事，一切艺术精神原来也都与诗乐相通。孔子提倡诗乐，犹如近代人提倡美育。他说："诗可以兴，可以观，可以群，可以怨。"又说："温柔敦厚，诗教也。"都是看到了诗乐对于情感教育的重要。他不但把诗乐认为教育的基础，而且把它们认为政治的基础，实在政教是不能分离的，世间安有无教之政呢？近代人舍教而言政，只见得他们愚昧。"颜渊问为邦。子曰，乐则韶舞，放郑声，远佞人。"远佞人还在放郑声之次，我们现在只知道厌恶佞人，其实还有比这更重要的事务——音乐教育。音乐教育上了轨道，佞人也许就不会存在，而政治也不会不修明了。

　　一个民族的性格常表现于音乐，最显著的是中西音乐的分别。西方音乐偏于阳刚，使听者发扬蹈厉；中国音乐偏于阴柔，使听者沉潜肃穆。这各有所长，我们用不着偏袒。我们所最忧虑的是我国一般民众，尤其是士大夫阶级，大半没有真正的音乐的嗜好。这似乎表现了民族精神的衰落。我个人认为人心的污浊与社会的腐败都种根于此。我每想起柏拉图的教育主张，就深深感觉到我国目前教育须有一个彻底的改革。我们必须普及音乐教育，尤其是要把国乐本身大加一番整理洗刷。这不是宣传可以了事。但是制礼作乐是盛业也是美名，容易被宣传者当作一种口号呐喊了事。这是我草此文时心里所栗栗危惧的。大家须拿出一副极严肃的态度来应付这问题，前途才有希望。

谈静

朋友：

　　前信谈动，只说出一面真理。人生乐趣一半得之于活动，也还有一半得之于感受。所谓"感受"是被动的，是容许自然界事物感动我的感官和心灵。这两个字涵义极广。眼见颜色，耳闻声音，是感受；见颜色而知其美，闻声音而知其和，也是感受。同一美颜，同一和声，而各个人所见到的美与和的程度又随天资境遇而不同。比方路边有一棵苍松，你看见它只觉得可以砍来造船；我见到它可以让人纳凉；旁人也许说它很宜于入画，或者说它是高风亮节的象征。再比方街上有一个乞丐，我只能见到他的蓬头垢面，觉得他很讨厌；你见他便发慈悲心，给他一个铜子；旁人见到他也许立刻发下宏愿，要打翻社会制度。这几个人反应不同，都由于感受力有强有弱。

　　世间天才之所以为天才，固然由于具有伟大的创造力，而他的感受力也分外比一般人强烈。比方诗人和美术家，你见不到的东西他能见到，你闻不到的东西他能闻到。麻木不仁的人就不然，你就请伯牙向他弹琴，他也只联想到棉匠弹棉花。感受也可以说是"领略"，不过领略只是感受的一方面。世界上最快活的人不仅是最活动的人，也是最能领略的人。所谓领略，就是能在生活中寻出趣味。好比喝茶，渴汉只管满口吞咽，会喝茶的人却一口一口地细啜，能领略其中风味。

能处处领略到趣味的人决不至于岑寂，也决不至于烦闷。朱子有一首诗说："半亩方塘一鉴开，天光云影共徘徊，问渠哪得清如许？为有源头活水来。"这是一种绝美的境界。你姑且闭目一思索，把这幅图画印在脑里，然后假想这半亩方塘便是你自己的心，你看这首诗比拟人生苦乐多么惬当！一般人的生活干燥，只是因为他们的"半亩方塘"中没有天光云影，没有源头活水来，这源头活水便是领略得的趣味。

领略趣味的能力固然一半由于天资，一半也由于修养。大约静中比较容易见出趣味。物理上有一条定律说：两物不能同时并存于同一空间。这个定律在心理方面也可以说得通。一般人不能感受趣味，大半因为心地太忙，不空所以不灵。我所谓"静"，便是指心界的空灵，不是指物界的沉寂，物界永远不沉寂的。你的心境愈空灵，你愈不觉得物界沉寂，或者我还可以进一步说，你的心界愈空灵，你也愈不觉得物界喧嘈。所以习静并不必定要逃空谷，也不必定学佛家静坐参禅。静与闲也不同。许多闲人不必都能领略静中趣味，而能领略静中趣味的人，也不必定要闲。在百忙中，在尘世喧嚷中，你偶然丢开一切，悠然遐想，你心中便蓦然似有一道灵光闪现，无穷妙悟便源源而来。这就是忙中静趣。

我这番话都是替两句人人知道的诗下注脚。这两句诗就是"万物静观皆自得，四时佳兴与人同"。大约诗人的领略力比一般人都要大。近来看周启孟的《雨天的书》引日本人小林一茶的一首俳句：

谈 静

"不要打哪,苍蝇搓他的手,搓他的脚呢。"觉得这种情境真是幽美。你懂得这一句诗就懂得我所谓静趣。中国诗人到这种境界的也很多。现在姑且就一时所想到的写几句给你看:

鱼戏莲叶东,鱼戏莲叶西,鱼戏莲叶南,鱼戏莲叶北。
——古诗,作者姓名佚

山涤余霭,宇暧微霄。有风自南,翼彼新苗。
——陶渊明《时运》

采菊东篱下,悠然见南山。山气日夕佳,飞鸟相与还。
——陶渊明《饮酒》

目送飘鸿,手挥五弦。俯仰自得,游心太玄。
——嵇叔夜《送秀才从军》

倚仗柴门外,临风听暮蝉。渡头余落日,墟里上孤烟。
——王摩诘《赠裴迪》

像这一类描写静趣的诗,唐人五言绝句中最多。你只要仔细玩味,你便可以见到这个宇宙又有一种景象,为你平时所未见到的。梁任公的《饮冰室文集》里有一篇谈"烟土披里纯",詹姆斯的《与教员学生谈话》(James: *Talks to Teachers and Students*) 里面有三篇谈人生观,关于静趣都说得很透辟。可惜此时这两部书都不在手边,不能录几段出来给你看。你最好自己到图书馆里去查阅。詹姆斯的《与教员学生谈话》那三篇文章(最后三篇)尤其值得一读,记得我从前读这三篇文章,很受他感动。

静的修养不仅是可以使你领略趣味,对于求学处事都有极大帮助。释迦牟尼在菩提树阴静坐而证道的故事，你是知道的。古今许多伟大人物常能在仓皇扰乱中雍容应付事变，丝毫不觉张皇，就因为能镇静。现代生活忙碌，而青年人又多浮躁。你站在这潮流里，自然也难免跟着旁人乱嚷。不过忙里偶然偷闲，闹中偶热觅静，于身于心，都有极大裨益。你多在静中领略些趣味，不特你自己受用，就是你的朋友们看着你也快慰些。我生平不怕呆人，也不怕聪明过度的人，只是对着没有趣味的人，要勉强同他说应酬话，真是觉得苦也。你对着有趣味的人，你并不必多谈话，只是默然相对，心领神会，便可觉得朋友中间的无上至乐。你有时大概也发生同样感想吧？

眠食诸希珍重！

你的朋友　孟实

谈冷静

德国哲学家尼采把人类精神分为两种，一是阿波罗的，一是狄奥尼索斯的。这两个名称起源于希腊神话。阿波罗是日神，是光的来源，世间一切事物得着光才显现形相。希腊人想象阿波罗恋临奥林普斯高峰，雍容肃穆，转运他的熠熠生辉的巨眼，普照世间一切，妍丑悲欢，同供玩赏，风帆自动而此心不为之动，他永远是一个冷静的旁观者。狄奥尼索斯是酒神，是生命的来源，生命无常幻变，狄奥尼索斯要在生命幻变中忘却生命幻变所生的痛苦，纵饮狂歌，争取刹那间尽量的欢乐，时时随着生命的狂澜流转，如醉如痴，曾不停止一息来返观自然或是玩味事物的形相，他永远是生命剧场中一个热烈的扮演者。尼采以为人类精神原有这两种分别，一静一动，一冷一热，一旁观，一表演。艺术是精神的表现，也有这两种分别，例如图画雕刻等造形艺术是代表阿波罗精神的，音乐跳舞等非造形艺术是代表狄奥尼索斯精神的。依尼采看，古代希腊人本最富于狄奥尼索斯精神，体验生命的痛苦最深切，所以内心最悲苦，然而没有走上绝望自杀的路，就好在有阿波罗精神来营救，使他们由表演者的地位跳到旁观者的地位，由热烈而冷静，于是人生一切灾祸罪孽便变成庄严灿烂的意象，产生了希腊人的最高艺术——悲剧。

尼采的这番话乍看来未免离奇，实在含有至理。近代心理学区分性格的话和它暗合的很多，我们在这里不必繁引。尼采专就希腊艺术着眼，以为它的长处在以阿波罗精神化狄奥尼索斯精神。希腊艺术的作风在后来被称为"古典的"，和"浪漫的"相对立。所谓"古典的"作风特点就在冷静、有节制、有含蓄，全体必须和谐完美；所谓"浪漫的"作风特点就在热烈、自由流露、尽量表现、想象丰富、情感深至，而全体形式则偶不免有瑕疵。从此可知古典主义是偏于阿波罗精神的，浪漫主义是偏于狄奥尼索斯精神的。

"古典的"与"浪漫的"原只适用于文艺，后来常有人借用这两个形容词来谈人的性格，说冷静的、纯正的、情理调和的人是"古典的"；热烈的、好奇特的、偏重情感与幻想的人是"浪漫的"。人禀赋不同，生来各有偏向，教育与环境也常容易使人习染于某一方面，但就大体来说，青年人的性格常偏于"浪漫的"，老年人的性格常偏于"古典的"，一个民族也往往如此。这两种性格各有特长，在理论上我们似难作左右袒。不过我们可以说，无论在艺术或在为人方面，"浪漫的"都多少带着些稚气，而"古典的"则是成熟的境界。如果读者容许我说一点个人的经验，我的青年期已过去了，现在快走完中年的阶段，我曾经热烈地爱好过"浪漫的"文艺与性格，现在已开始逐渐发见"古典的"更可爱。我觉得一个人在任何方面想有真正伟大的成就，"古典的""阿波罗的"冷静都绝不可少。

要明白冷静，先要明白我们通常所以不能冷静的原因。说浅一点，不能冷静是任情感、逞意气、易受欲望的冲动，处处显得

谈冷静

粗心浮气；说深一点，不能冷静是整个性格修养上的欠缺，心境不够冲和豁达，头脑不够清醒，风度不够镇定安详。说到性格修养，困难在调和情与理。人是有生气的动物，不能无情感；上为万物之灵，不能无理智。情热而理冷，所以常相冲突。有一部分宗教家和哲学家见到任情纵欲的危险，主张抑情以存理。这未免是剥丧一部分人类天性，可以使人生了无生气，不能算是健康的人生观。中外大哲人如孔子、柏拉图诸人都主张以理智节制情欲，使情欲得其正而能与理智相调和。不过这不是一件易事。孔子自道经验说："七十而从心所欲，不逾矩。"这才算是情理融和的境界，以孔子那样圣哲，到七十岁才能做到，可见其难能可贵。大抵修养入手的功夫在多读书明理，自己时时检点自己，要使理智常是清醒的，不让情感与欲望恣意孤行，久而久之，自然胸襟澄然，矜平躁释，遇事都能保持冷静的态度。

学问是理智的事，所以没有冷静的态度不能做学问。在做学问方面，冷静的态度就是科学的态度。科学（一切求真理的活动都包含在内）的任务在根据事实推求原理，在紊乱中建立秩序，在繁复中寻求条理。要达到这种任务，科学必须尊重所有的事实，无论它是正面的或反面的，不能挟丝毫成见去抹煞事实或是歪曲事实；他根据人力所能发见的事实去推求结论，必须步步虚心谨慎，把所有的可能的解说都加以缜密考虑，仔细权衡得失，然后选定一个比较圆满的解说，留待未来事实的参证。所以科学的态度必须冷静，冷静才能客观、缜密、谨严。曾见学者立说，胸中先有一成见，把反面的事实抹煞，把相反的意见丢开，矜一曲之见为伟大发明，旁人稍加批评，便以怒目相加，横肆诋骂，批评者也以诋骂相报，此来彼去，如泼妇骂街，把原来的论点完全忘去。我们通常说这是动情感，凭意气。一个人愈易动情感，凭意气，在学问上愈难有成就。一个有学问的人必定是"清明在躬，志气如神"，换句话说，必定能冷静。

一般人欢喜拿文艺和科学对比，以为科学重理智而文艺重情感。其实文艺正因为表现情感的缘故，需要理智的控制反比科学更甚。英国诗人华兹华斯曾自道经验说："诗起于沉静中所回味得来的情绪。"人人都能感受情绪，感受情绪而能在沉静中回味，才是文艺家的特殊修养。感受是能入，回味是能出。能入是主观的、热烈的；回味是客观的、冷静的。前者是尼采所谓狄奥尼索斯精神的表现，而后者则是阿波罗精神的表现，许多人以为生糙情感便是文艺材料，怪自己没有能力去表现，其实文艺须在这生糙情感之上加以冷静的回味、思索、安排，才能豁然贯通，见出形式。语言与情思都必经过洗刷炼裁，才能恰到好处。许多人在兴高采烈时完成一个作品，便自矜为绝作，过些时候自己再看一遍，就不免发现许多毛病。罗马批评家贺拉斯劝人在完成作品之后，放下几年才发表，也是有见于文艺创作与修改须要冷静，过于信任一时热烈兴头是最易误事的。我们在前面已经说过，成熟的"古典的"文艺作品特色就在冷静。近代写实派不满意于浪漫派，原因在也主张文艺要冷静。一个人多在文艺方面下功夫，常容易养成冷静的态度。关于这一点，我在几年前写过一段自白，希望读者容许我引来参证：

我应该感谢文艺的地方很多，尤其他教我学会，一种观

谈冷静

世法。一般人常以为只有科学的训练才可以养成冷静的客观的头脑。……我也学过科学，但是我的冷静的客观的头脑不是从科学而是从文艺得来的。凡是不能持冷静的客观的态度的人，毛病都在把"我"看得太大。他们从"我"这一副着色的望远镜里看世界，一切事物于是都失去它们的本来面目。所谓冷静的客观的态度就是丢开这副望远镜，让"我"跳到圈子以外，不当作世界里有"我"而去看世界，还是把"我"与类似"我"的一切东西同样看待。这是文艺的观世法，也是我所学得的观世法。

我引这段话，一方面说明文艺的活动是冷静，一方面也趁便引出做人也要冷静的道理。我刚才提到丢开"我"去看世界，我们也应该丢开"我"去看"我"。"我"是一个最可宝贵也是最难对付的东西。一个人不能无"我"，无"我"便是无主见，无人格。一个人也不能执"我"，执"我"便是持成见，逗意气，做学问不易精进，做事业也不易成功。佛家主张"无我相"，老子劝告孔子"去子之骄气与多欲"，都是有见于"执我"的错误。"我"既不能无，又不能执，如何才可以调剂安排，恰到好处呢？这需要知识。我们必须彻底认清"我"，才会妥帖地处理"我"。

"知道你自己"，这句名言为一般哲学家公认为希腊人的最高智慧的结晶。世间事物最不容易知道的是你自己，因为要知道你自己，你必须能丢开"我"去看"我"，而事实上有了"我"就不易丢开"我"，许多人都时时为我见所蒙蔽而不自知，人不易自知，犹如有眼不能自见，有力不能自举。你本是一个凡人，你却容易把自己看成一个英雄；你的某一个念头，某一句话，某一种行为本是错误的，因为是你自己所想的、说的、做的，你的主观成见总使你自信它是对的。执迷不悟是人所常犯的过失。中国儒家要除去这个毛病，提倡"自省"的功夫。"自省"就是自己审问自己，丢开"我"去看"我"。一般人眼睛常是朝外看，自省就是把眼光转向里面看。一般能自省的人才能自知。自省所凭借的是理智，是冷静的客观的科学的头脑。能冷静自省，品格上许多亏缺都可以免除。比如你发愤时，经过一番冷静的自省，你的怒气自然消释；你起了一个不正当的欲念时，经过一番冷静的自省，那个欲念也就冷淡下去；你和人因持异见争执，盛气相凌，你如果能冷静地把所有的论证衡量一下，你自然会发见谁是谁非，如果你自己不对，你须自认错误，如果你自己对，你有理由可以说服人。

从这些例子看，"自省"含有"自制"的功夫在内。一个能自制的人才能自强。能自制便有极大的意志力，有极大的意志力才能认定目标，看清事物条理，征服一切环境的困难，百折不挠以抵于成功。古今英雄豪杰有大过人的地方都在有坚强的意志力，而他们的坚强的意志力的表现往往在自制方面。哲学家如苏格拉底，宗教家如耶稣、释迦牟尼，政治家如诸葛亮、谢安、李泌，都是显著的实例。许多人动辄发火生气，或放僻邪侈，肆无忌惮，或暴戾刚愎，恣意孤行，这种人看来像是强悍勇猛，实在最软弱，他们做情感的奴隶，或是卑劣欲望的奴隶，自己尚且不能控制，怎能控制旁人或控制环境呢？这种人大半缺乏冷静，遇事鲁莽灭裂，终必至于偾事。如果军国大政落在这种人的手里，则国家民

谈冷静

族变成野心或私欲的孤注，在一喜一怒之间轻轻被断送。今日的德意志和日本不惜涂炭千百万生灵，置全民族命脉于险境，实由于少数掌政权者缺乏冷静的头脑，聊图逞一时的意气与狂妄的野心，如悬崖纵马，一放而不可收拾。这是最好的殷鉴。人类许多不必要的灾祸罪孽都是这种人惹出来的。如果我们从这些事例上想一想，就可以见出一个人或一个民族在失去冷静的理智的态度时所冒的危险。

一个理想的人须是有德有学有才。德与学需要冷静，如上所述，才也不是例外。才是处事的能力。一件事常有许多错综复杂的关系，头脑不冷静的人处之，便如置身五里雾中，觉得需要处理的是一团乱丝，处处是纠纷困难。他不是束手无策，就是考虑不周到，布置不缜密，一个困难未解决，又横生枝节，把事情弄得更糟，冷静的人便能运用科学的眼光，把目前复杂的情形全盘一看，看出其中关系条理与轻重要害，在种种可能的办法之中选择一个最合理的，于是一切纠纷困难便如庖丁解牛，迎刃而解。治个人私事如此，治军国大事也是如此，能冷静的人必能谋定后动，动无不成。

一个冷静的人常是立定脚跟，胸有成竹，所以临难遇险，能好整以暇，雍容部署，不至张皇失措。我们中国人对于这种风格向来当作一种美德来欣赏赞叹。孔子在陈过匡，视险若夷，汉高伤胸扪足，史传都传为美谈，后来《世说新语》所载的"雅量"事例尤多，现提举数条来说明本文所谈的冷静：

> 桓公伏甲设馔，广延朝士，因此欲诛谢安王坦之。王甚

遽，问谢曰："当作何计？"谢神色不变，谓文度曰："晋阼存亡在此一行。"相与俱前，王之恐状转见于色，谢之宽容愈表于貌，望阶趋席，方作"洛生咏"，讽"浩浩洪流"。桓惮其旷远，乃趣解兵。王谢旧齐名，于此始判优劣。

谢太傅盘桓东山，时与孙兴公诸人泛海戏。风起浪涌，孙王诸人色并遽，便唱使还。太傅神情方王，吟啸不言。舟人以公貌闲意悦，犹去不止。既风转急浪猛，诸人皆喧动不坐。公徐云："如此，将无归。"众人即承响而回，于是审其量，足以镇定朝野。

王子猷子敬曾俱坐一室，上忽发火。子猷遽走避，不遑取屐；子敬神色恬然，徐唤左右扶凭而出，不异平常。世以此定二王神宇。

这些都是冷静态度的最好实例。这种"雅量"所以难能可贵，因为它是整个人格的表现，需要深厚的修养。有这种雅量的人才能担当大事，因为他豁达、清醒、沉着，不易受困难摇动，在危急中仍可想出办法。

冷静并不如庄子所说的"形如槁木，心如死灰"，而是像他所说的游鱼从容自乐。禅家最好做冷静的功夫，他们的胜境却不在坐禅而在禅机。这"机"字最妙。宇宙间许多至理妙谛，寄寓于极平常微细的事物中，往往被粗心浮气的人们忽略过，陈同甫所以有"恨芳菲世界，游人未赏，都付与莺和燕"的嗟叹。冷静的人才能静观，才能发见"万物皆自得"。孔子引《诗经》"鸢飞戾天，鱼跃于渊"二句而加以评释说："言其上下察也。"这"察"

谈冷静

字下得极好,能"察"便能处处发见生机,吸收生机,觉得人生有无穷乐趣。世间人的毛病只是习焉不察,所以生活枯燥,日流于卑鄙污浊。"察"就是"静观",美学家所说的"观照",它的唯一条件是冷静超脱。哲学家和科学家所做的功夫在这"察"字上,诗人和艺术家所做的功夫也还在这"察"字上。尼采所说的日神阿波罗也是时常在"察"。人在冷静时静观默察,处处触机生悟,便是"地行仙"。有这种修养的人才有极丰富的生机和极厚实的力量!

谈性爱问题

这问题的重要性是无可否认的。圣人说得好："饮食男女，人之大欲存焉。"许多人的活动和企图，仔细分析起来，多少都与这两种基本的生活要求有直接或间接的关系。整个的人类文化动态也大半围着这两个轴心旋转。单提男女关系来说，没有它，世间就要少去许多纠纷，文艺就要少去一个重要的母题，社会必是另样，历史也必是另样。但是许多人对这样重要的问题偏爱扮面孔，不肯拿它来郑重地谈，郑重地想。以往少数哲学家如卢梭、康德、斯宾诺莎诸人对这问题所发表的议论，依叔本华看，都很肤浅。至于一般人的观念更不免为迷信、偏见和伪善所混乱。许多负教养之责的父母和师长对这问题简直有些畏惧，讳莫如深，仿佛以为男女关系生来是与淫秽相连的，青年人千万沾染不得，最好把他们蒙蔽住。其实你愈不使他们沾染而他们偏愈爱沾染；对这重要问题你想他们安于愚昧，他们就须得偿付愚昧的代价。

从生物学的观点看，这问题本很简单。有生之伦执著最牢固的是生命，最强烈的本能是叔本华所说的生命意志。首先是个体生命。我们挣扎、营求、竭力劳心，都无非是要个体生命在物质方面得到维持、发展、安全、舒适；在精神方面得到真善美诸价值所给的快慰。一切活动的最终目的都在"谋生"。但是个体生命是不能永久执著的，生的尽头都是死。长生不但是一个不能实现的理想，而且也不是一个好理想。你试想：从开天辟地到世界末日，假如老是一代人在活着，世界不就成为一池死水？一代过去了，就有另一代继着来，生生不息，不主故常，所以变化无端，生发无穷。这是造化的巧妙安排。懂得这巧妙，我们就明白种族不朽何以胜似个体长生，种族生命何以重于个体生命，种族生命意志何以强于个体生命意志。男女相悦，说来说去，只是种族生命意志的表现。种族生命意志就是一般人所谓"性欲"。"爱"是一个较好听的名词，凡是男女间的爱都不免带有性欲成分。你尽管相信你的爱是"纯洁的"、"心灵的"、"精神的"，骨子里都是无数亿万年遗传下来的那一点性的冲动在作祟，你要与你所爱的人配合，你要传种。你不敢承认这点，因为你的老祖宗除了遗传给你这一点性的冲动以外，还遗传给你一些相反的力量——关于性爱的"特怖"(taboo)，你的脑筋里装满着性爱性交是淫秽的、可羞的、不道德的之类观念。其实，你须得知道：假如这一点性的冲动被阉割了，人道就会灭绝。人除着爱上帝以外，没有另一种心灵活动，比男人爱女人或女人爱男人那一点热忱，更值得叫做"神圣"，因为那是对于"不朽"的希求，是要把人人所宝贵的生命继续不断地绵延下去。

　　传种的要求驱遣着两性相爱，这是人与禽兽所共同的。但是有两个因素使性爱问题在人类社会中由简单变为很复杂。

　　第一个因素是社会的。社会所赖以维持的是伦理宗教法律和风俗习惯所酿成的礼法，"男女居室，人之大伦"，没有礼法更不足以维持。关于男女关系的礼法大约起于下列两种。第一是防止争端。性欲是最强烈的本能,而性欲的对象虽有选择,却无限制。一个人可以有许多对象,而许多人也可以同有一个对象。男爱女或不爱,女爱男或不爱。假如一个人让自己的性欲做主,不受任何制裁,"争风"和"逼奸"之类事态就会把社会的秩序弄得天翻地覆。因此每个社会对于男女交接和婚姻都有一套成文和不成文的法典。例如一夫一妻,凭媒嫁娶,尊重贞操,惩处奸淫之类。其次是划清责任。恋爱的正常归宿是婚姻,婚姻的正常归宿是生儿养女,成立家庭。有了家庭就有家庭的责任。生活要维持,子女要教养。性的冲动是飘忽游离的,常要求新花样与新口味,而家庭责任却需要夫妻固定拘守,"一与之齐,终身不改"。假如一个人随意杂交,随意生儿养女,欲望满足了,就丢开配偶儿女而别开生面,他所丢下来的责任给谁负担呢?在以家庭为中心的社会,这种不负责的行为是不能不受裁制的。世界也有人梦想废除家庭的乌托邦,在那里面男女关系有绝对的自由,但是这恐怕永远是梦想,男女配合的最终目的原来就在生养子女,不在快一时之意;家庭是种族蔓延所必需的暖室,为了快一时之意而忘了那快意行为的最终目的,破坏达到那目的的最适宜的路径,那是违反自然的铁律。

因为上述两种社会的力量,人类两性配合不能全凭性欲指使,取杂交方式。他一方面须满足自然需要,一方面也要满足社会需要。自然需要倾向于自由发泄,社会需要却倾向于防闲节制。这种防闲节制对于个体有时不免是痛苦,但就全局着想,有健康的社会生命才能保障个体生命与种族生命。性欲要求原来在绵延种族生命,到了它危害到种族生命所借以保障的社会生命时,它就失去了本来作用,于理是应受制止的。这道理本很浅显,许多人却没有认清，感到社会的防闲节制不方便，便骂"礼教吃人"。极端的个人主义常是极端的自私主义，这是一端。同时，我们自然也须承认社会的防闲节制的方式也有失去它本来作用的时候。社会常在变迁，甲型社会的礼法不一定适用于乙型社会，一个社会已经由甲型变到乙型时，甲型的礼法往往本着习惯的惰性留存在乙型社会里，有如盲肠，不但无用，甚至发炎生病。原始社会所遗留下来的关于性的"特怖"，如"男女授受不亲"，"女子出门必拥蔽其面"，"望门守节"，孕妇产妇不洁净带灾星之类，在现代已如盲肠，都很显然。

第二个使人类两性问题变复杂的因素是心理的。从个体方面看，异性的寻求、结合、生育都是消耗与牺牲，自私是人类天性，纯粹是消耗牺牲的事是很少有人肯干的，于此造化又有一个很巧妙的安排，使这消耗与牺牲的事带有极大的快感。人们追求异性，骨子里本为传种，而表面上却现得为自己求欲望的满足。恋爱的人们，像叔本华所说的，常在"错觉"(illusion)里过活。当其未达目的时，仿佛世间没有比这更快意的事，到了种子播出去了，回思虽了无余味，而性欲的驱遣却不因此而灭杀其热力，还是源源涌现，挟着排山倒海的力量东奔西窜。它的遭遇有顺有逆，有常有变，纵横流转中与其他事物发生关系复杂微妙至不可想象，而身当其冲者的心理变迁也随之幻化无端。近代有几个著名学者如韦斯特·马克(West Maik)、埃利斯(H. Ellis)、弗洛伊德(Freud)诸人对性爱心理所发表的著作几至汗牛充栋。在这篇短文里我们无法把许多光怪陆离的现象都描绘出来，只能略举数端，以示梗概。

男女相爱与审美意识有密切关系，这是尽人皆知的。我们在这里所指的倒不在男爱女美，女爱男美那一点，因为那很明显，无用申述。我们所指的是相爱相交那事情本身的艺术化。人为万物之灵，虽处处受自然需要驱遣，却时时要超过自然需要而做自由活动，较高尚的企图如文艺宗教哲学之类多起于此。举个浅例来说，盛水用壶是一种自然需要，可是人不以此为足，却费心力去求壶的美观。美观非实用所必需，却是心灵自由伸展所不可无。人在男女关系方面也是如此。男女间事，如果止于禽兽的阶层上，那是极平凡而粗浅的。只须看鸡犬，在交合的那一顷刻间它们服从性欲的驱遣，有如奴隶服从主子之恭顺，其不可逃免性有如命运之坚强，它们简直不是自己的主宰，一股冲动来，就如悬崖纵马，一冲而下，毫不绕弯子，也毫不讲体面。人要把这件自然需要所逼迫的事弄得比较"体面"些，不那样脱皮露骨，于是有许多遮盖，有许多粉饰，有许多作态弄影，旁敲侧击，男女交际间的礼仪和技巧大半是粗俗事情的文雅化，做得太过分了，固不免带着许多虚伪与欺诈；做得恰到好处时，却可以娱目赏心。

实用需要壶盛水，审美意识进一步要求壶的美观，美观与实用在此仍并行不悖。再进一步，壶可以放弃它的实用而成为古董，纯粹的艺术品；如果拿它来盛水，就不免杀风景，男女的爱也有同样的演进。在动物阶层，它只是为生殖传种一个实用目的，继之它成为一种带有艺术性的活动，再进一步它就成为一种纯粹的艺术，徒供赏玩。爱于是与性欲在表面上分为两事，许多人只是"为爱而爱"，就只在爱的本身那一点快乐上流连体会，否认爱还有藉肉体结合而传种那一个肮脏的作用。爱于是成为"柏拉图式的"、纯洁的、心灵的、神圣的，至于性欲活动则被视为肉体的、淫秽的、可羞的、尘俗的。这观念的形成始于耶稣教的重灵轻肉,终于十九世纪浪漫派文艺的"恋爱至上"观。这种灵爱与肉爱的分别引起好些人的自尊心,激励成好些思想,文艺和事业上的成就;同时,它也使好些人变成疯狂,养成好些不康健的心理习惯。说得好听一点,它起于性爱的净化或"升华";说得不好听一点,它是替一件极尘俗的事情挂上一个极高尚的幌子,"金玉其外,败絮其中"。

从这一点,我们可以看出人心怎样爱绕弯子,爱歪曲自然。近代变态心理学所供给的实例更多。它的起因,像弗洛伊德所说的,是自然与文化,性欲冲动与社会道德习俗的冲突。性欲冲动极力伸展,社会势力极力压抑。这冲突如果不得到正常的调整,性欲冲动就不免由意识域压抑到潜意识域,虽是囚禁在那黑狱里,却仍跃跃欲试,冀图破关脱狱。为着要逃避意识的检查,取种种化装。许多寻常行动,如做梦、说笑话、创作文艺、崇拜偶像、虐待弱小,以至于吮指头、露大腿之类,在变态心理学家看,都可以是性欲化装的表现。性欲是一种强大的力量,有如奔流,须有所倾泻,正常的方式是倾泻于异性对象;得不到正常对象倾泻时,它或是决堤而泛滥横流,酿成种种精神病症;或是改道旁驰,起升华作用而致力于宗教、文艺、学术或事功。因此,人类活动——无论是个体的或社会的——几乎没有一件不可以在有形无形之中与性爱发生心理上的关联。

这里所说的只是一个极粗浅的梗概,从这种粗浅的梗概中我们已可以见出人类两性关系问题如何复杂。要得到一个健康的性道德观,我们需要近代科学所供给的关于性爱的各方面知识,一种性知识的启蒙运动。我们一不能如道德学家和清教徒一味抹煞人性,对于性的活动施以过分严厉的裁制,原始时代的"特怖"更没有保留的必要,二不能如浪漫派文艺作者满口讴歌"恋爱至上",把一件寻常事情捧到九霄云外,使一般神经质软弱的人们悬过高的希望,追攀不到,就陷于失望悲观;三不能把恋爱婚姻完全看成个人的私行,与社会国家无关,任它绝对自由,绝对放纵。依我个人的主张,男女间事是一件极家常极平凡的事,我们须以写实的态度和生物学的眼光去看它,不必把它看成神奇奥妙,也不必把它看成淫秽邪僻。我们每个人天生有传种的机能、义务与权利。我们寻求异性,是要尽每个人都应尽的责任。一对男女成立恋爱或婚姻的关系时,只要不妨害社会秩序的合理要求,我们就用不着大惊小怪。这句话中的插句极重要:社会不能没有裁制,而社会的裁制也必须合理。社会的合理裁制是指上文所说的防止争端和划清责任。争婚、逼婚、乱伦、患传染病结婚,结婚而放弃结婚的责任,这些便是法律所应禁止的。除了这几项以外,社会如果再多嘴多舌,说这样是伤风,那样是败俗,这样是淫秽,那样是奸邪,那就要在许多人的心理上起不必要的压抑作用,酿成精神的变态,并且也引起许多人阳奉阴违,面子上仁义道德,骨子里男盗女娼。在人生各方面,正常的生活才是健康的生活,在男女关系方面,正常的路径是由恋爱而结婚,由结婚而生儿养女,把前一代的责任移交给后一代,使种族"于万斯年"地绵延下去。传种以外,结婚者的个人幸福也不应一笔勾销。结婚和成立家庭应该是一件快乐的事,人们就应该在里面希冀快乐,且努力产生快乐。到了夫妻实在不能相容而家庭无幸福可言时,在划清责任的条件之下离婚是道德与法律都应该允许而且提倡的。

谈青年与恋爱结婚

在动物阶层，性爱不成问题，因为一切顺着自然倾向，不失时，不反常，所以也就合理。在原始人类社会，性爱不成为严重的问题，因为大体上还是顺自然倾向的，纵有社会裁制，习惯成了自然，大家也就相安无事。在近代开化的社会，性爱的问题变成很严重，因为自然倾向与社会裁制发生激烈的冲突，失时和反常的现象常发生，伦理的、宗教的、法律的、经济的、社会的关系愈复杂，纠纷愈多而解决愈困难。这困难，成年人感觉到很迫切，青年人感觉到尤其迫切。性爱在青年期有一个极大的矛盾：一方面性欲在青年期由潜伏而旺盛，力量特别强烈；一方面种种理由使青年人不适宜于性生活的活动。

先说青年人不适宜于性爱的理由：

一、恋爱的正常归宿是结婚，结婚的正常归宿是生儿养女，成立家庭。青年除学习期，在事业上尚无成就，在经济上未能独立，负不起成立家庭教养子女的责任。恋爱固然可以不结婚，但是性的冲动培养到最紧张的程度而没有正常的发泄，那是违反自然，从医学和心理学观点看，对于身心都有很大的妨碍。结婚固然也可以节制生育，但是寻常婚后生活中，子女的爱是夫妻中间一个重要的联系，培养起另一代人原是结婚男女的共同目标与共同兴趣，把这共同目标与共同兴趣用不自然的方法割去了，结婚男女的生活就很干枯，他们的情感也就逐渐冷淡。这对于种族和个人都没有裨益，失去了恋爱与婚姻的本来作用。

二、青年身体发展尚未完全成熟，早婚妨碍健康，尽人皆知；如果生儿养女，下一代人也必定比较羸弱，可以影响到民族的体力，我国以往在这方面吃的亏委实不小。还不仅此，据一般心理学家的观察，性格的成熟常晚于体格的成熟，青年在体格方面尽管已成年，在心理方面往往还很幼稚，男子尤其是如此。在二十余岁的光景，他们心中装满着稚气的幻想，没有多方的人生经验，认不清现实，情感游离浮动，理智和意志都很薄弱，性格极易变动，尤其是缺乏审慎周详的抉择力与判断力，今天做的事明天就会懊悔。假如他们钟情一个女子，马上就会陷入沉醉迷狂状态，把爱的实现看得比世间任何事都较重要；达不到目的，世界就显得黑暗，人生就显得无味，觉得非自杀不可；达到目的，结婚就成了"恋爱的坟墓"，从前的仙子就是现在的手镣脚铐。到了这步田地，他们不是牺牲自己的幸福，就是牺牲别人的幸福。许多有为青年的前途就这样毁去了，让体格性格都不成熟的青年人去试人生极大的冒险，那简直是一个极大的罪孽。

三、人生可分几个时期，每时期有每时期的正当使命与正当工作。青年期的正当使命是准备做人，正当工作是学习。在准备做人时，在学习时，无论是恋爱或结婚都是一种妨碍。人生精力有限，在恋爱和结婚上面消耗了一些，余剩可用于学习的就不够。在大学期间结婚的学生成绩必不会顶好，在中学期间结婚的学生的前途决不会有很大的希望。自己还带乳臭，就腼颜准备做父母，还满口在谈幸福,社会上有这现象,就显得它有些病态。恋爱用不着反对,结婚更用不着反对,只是不能"用违其时"。禽兽性生活的优点就在不失时,一生中有一个正当的时期,一年中有一个正当的季节。在人类,正当的时期是壮年,老年人过时,青年人不及时,青年人恋爱结婚,与老年人恋爱结婚,是同样的反常可笑。

假如我们根据这几条理由,就绝对反对青年讲恋爱,是否可能呢?我自己也是过来人,略知此中甘苦,凭自己的经验和对旁人的观察,我可以大胆地说:在三十岁以前,一个人假如不受爱情的搅扰,对男女间事不发生很大的兴趣,专心致志地去做他的学问,那是再好没有的事,他可以多得些成就,少得些苦恼。我还可以说,像这样天真烂漫地过去青春的人,世间也并非绝对没有;而且如果我们认定三十岁左右为正当的结婚年龄,从生物学观点看,这种人也不能算是不自然或不近人情。不过我们也须得承认,在近代社会中,这种浑厚的青年人确实很少;少的原因是在近代生活对于性爱有许多不健康的暗示与刺激,以及教育方面的欠缺。家庭和学校对男女间事绝对不准谈,仿佛这中间事极神秘或是极不体面,有不可告人处。只这印象对儿童们影响就很坏。他们好奇心特别强,你愈想瞒,他们就愈想知道。他们或是从大人方面窥出一些偷偷摸摸的事,或是从一块儿游戏的顽童听到一些淫秽的话。不久他们的性的冲动逐渐发达了,这些不良的种子就在他们心中发芽生枝,好奇心以外又加上模仿本能的活动。他们开始看容易刺激性欲的小说或电影,注意窥探性生活的秘密,甚至想自己也跳到那热闹舞台上去表演。他们年纪轻,正当的对象自无法可得，于是演出种种"性的反常"现象，如同性爱、自性爱、手淫之类。如果他们生在都市里，年纪比较大一点，说不定还和不正当的女人来往。如果他们进了大学，读过一些讴歌恋爱的诗文，看过一些甜情蜜意的榜样，就会觉得恋爱是大学生活中应有的一幕，自己少不得也要凑趣应景，否则即是一个缺陷，一宗耻辱。我们可以说，现在一般青年从幼稚园到大学，沿途所学的性生活的影响都是不健康的，无怪他们向不健康的路径走。

自命为"有心人"的看到这种景象，或是嗟叹世风不古，或是诅咒近代教育，想拿古老的教条来钳制近代青年的活动。世风不古是事实，无用嗟叹，在任何时代，世风都不会"古"的。世界既已演变到现在这个阶段，要想回到男女授受不亲那种状态，未免是痴人说梦。我个人的主张是要把科学知识尽量地应用到性爱问题上面来，使一般人一方面明白它在生物学、生理学和心理学上的意义，一方面也认清它所连带的社会、政治、经济各方面的责任。这问题，像一切其他人生问题一样，可以用冷静的头脑去思索，不必把它摆在一种带有宗教性的神秘氛围里。神秘本身就是一种诱惑，暗中摸索都难免跌跤。

就大体说，我赞成用很自然的方法引导青年撇开恋爱和结婚的路。所谓自然的方法有两种。第一是精力有所发挥，精神有所委托。一个人心无二用，却也不能没有所用。青年人精力最弥满，要他闲着无所用，就难免泛滥横流。假如他在工作里发生兴趣，在文艺里发生兴趣，甚至在游戏运动里发生兴趣，这就可以垄断他的心神，不叫它旁迁他涉。我知道很多青年因为心有所用，很自然地没有走上恋爱的路。第二是改善社交生活，使同情心得到滋养。青年人最需要的是同情，最怕的是寂寞，愈寂寞就愈感觉异性需要的迫切。一般青年追求异性，与其说是迫于性的冲动，勿宁说是迫于同情的需要。要满足这需要，社交生活如果丰富也就够了。一个青年如果有亲热的家庭生活，加上温暖的团体生活，不感觉到孤寂，他虽然还有"遇"恋爱的可能，却无"谋"恋爱的必要。

这番话并非反对男女青年的正常交接，反之，我认为男女社交公开是改善社交生活的一端。愈隔绝，神秘观念愈深，把男女关系看成神秘，从任何观点看，都是要不得的。我虽然赞成叔本华的"男女的爱都是性爱"的看法，却不敢同意王尔德的"男女间只有爱情而无友谊"的看法。因为友谊有深有浅，友谊没有深到变为爱情的程度是常见的。据我个人的观察，青年施受同情的需要虽很强烈，而把同情专注在某一个对象上并不是一个很自然的现象。无论在同性中或异性中，一个人很可能地同时有几个好友。交谊愈广泛，发生恋爱的可能性也就愈少。一个青年最危险的遭遇莫过于向来没有和一个女子有较深的接触，一碰见第一个女子就爱上了她。许多在男女社交方面没有经验的青年却往往是如此，而许多悲剧也就如此酿成。

在男女社交公开中，"遇"恋爱自然很可能，但是危险性比较小，双方对于异性都有较清楚的认识。既然"遇"上了恋爱，一个人最好认清这是一件极自然极平凡而亦极严重的事。他不应视为儿戏，却也不应沉醉在诗人的幻想里，他应该用最写实的态度去应付它。如果"恋爱至上"，他也要从生物学观点把它看成"至上"，与爱神无关，与超验哲学更无关。他就要准备作正常的归宿——结婚、生儿养女和担负家庭的责任。

柏拉图到晚年计划第二"理想国",写成一本书叫做《法律》,里面有一段话颇有意思,现在译来作本文的结束:

> 我们的公民不应比鸟类和许多其他动物都不如,它们一生育就是一大群,不到生殖的年龄却不结婚,维持着贞洁。但是到了适当的时候,雌雄就配合起来,相欢相爱,终身过着圣洁和天真的生活,牢守着它们的原来的合同:——真的,我们应该向他们(公民们)说,你们须比禽兽高明些。

再谈青年与恋爱结婚

——答王毅君

编辑先生：

承转示王毅君一文，已细读。我很感谢王毅君站在青年人的立场对于我的《谈青年与恋爱结婚》一文表示异议。我的是一个看法，他不否认，他的是一个看法，我也不否认。我无暇详辩，只提出两点作答：

一、王毅君似没有把原文看清楚，有断章取义之嫌。我没有权，更没有理由要"压制"青年人的爱情，我一再申明我"不反对男女青年的正常交接"，"在男女社交公开中，遇恋爱自然很可能"，我只说青年人有不适宜于性爱的理由，但我也承认现代青年所受的性生活影响不很健康，想他们不在性爱上劳心焦思是很难能。我提出两种自然的方法引导青年撇开恋爱和结婚的路，一是精力有所发挥，二是同情心得到滋养。这两层做到了，他们虽有"遇"恋爱的可能，却无"谋"恋爱的必要。我赞成"遇"，不赞成"谋"，也不赞成"压制"。

二、我也很知道，劝青年人不恋爱，有些不合时宜，不免引起他们"苦痛的迷惘"，甚至"顽皮的抗议"。但是我终于说出这一番不中听的话，也有一片苦口婆心。我觉得恋爱结婚是生物的事实，也是社会的事实，就要用生物学社会学和连带的心理学的观点去看，不应带有浪漫或神秘的意味，而现代中国青年的恋爱观仍不免是浪漫的、神秘的；他们醉梦于十九世纪歌颂恋爱的一套理论中，而不知其已不适宜于现代生活。现代西方青年已比较地能够不从诗的幻梦而从科学的冷眼去看恋爱了。我相信这是必有的演变。中国青年迟早自然也会醒觉。醒觉到什么呢？结婚是为传种，恋爱是结婚的准备；最适宜的恋爱期是最适宜的结婚期，最适宜的结婚期是身心发育完全而能力足以教养子女的时期。恋爱结婚是一种义务而不是一种可作为娱乐的把戏。中国古时男子三十而娶，近代西方人大致也是如此，也正因为这是身心发育完全而能力足以教养子女的年龄，所以我以为三十岁左右讲恋爱，准备结婚，比较适当。

王毅君主张青年人应当恋爱的理由是"爱上一位小姐，所以在功课上特别想出风头，生活也紧张，衣冠也整齐了，行事也不随便了"。这也许是事实，但是我因而联想到原始社会的人敬神和敬神的影响仿佛相似，甚至于敬神的心理动机也很相似。王毅君的恋爱观应该过去，犹如神道设教的社会应该过去是同一个道理。世间没有神，没有神仙似的人，我们应该仍然有理由，而且有方法，去做好人。

谈休息

在世界各民族中，我们中国人要算是最能刻苦耐劳的。第一是农人。他们日出而作，日入而息，不分阴晴冷暖，总是硬着头皮，流着血汗，忙个不休。一年之中，他们最多只能在过年过节时歇上三五天，你如果住在乡下，常看他们在炎天烈日下车水拔草，挑重担推重车上高坡，或是拉纤绳拖重载船上急滩，你对他们会起敬心也会起怜悯心，觉得他们虽是人，却在做牛马的工作，过牛马的生活。读书人比较算是有闲阶级，但在未飞黄腾达以前，也要经过一番艰苦的奋斗。从前私塾学生从天亮到半夜，都有规定的课程，休息对于他们是一个稀奇的名词。小学生们只有在先生打瞌睡时偷耍一阵，万一先生不打瞌睡，就只有找借口逃学。从前读书人误会"自强不息"的意思，以为"不息"就是不要休息。十年不下楼，十年不窥园，囊萤刺股，发愤忘食之类的故事在读书人中传为美谈，奉为模范。近代学校教育比从前私塾教育似乎也并不轻松多少。从小学以至大学，功课都太繁重，每日除上六七小时课外还要看课本做练习。世界各国学校上课钟点之多，假期之短少，似没有比得上我们的。

这种刻苦耐劳的精神原可佩服，但是对于身心两方的修养却是极大的危害。最刻苦耐劳的是我们中国人，体格最羸弱而工作最不讲效率的也是我们中国人。这中间似不无密切关系。我们对于休息的重要性太缺乏彻底的认识了。它看来虽似小问题，却为全民族的生命力所关，不能不提出一谈。

自然界事物都有一个节奏。脉搏一起一伏，呼吸一进一出，筋肉一张一弛，以至日夜的更替，寒暑的来往，都有一个劳动和休息的道理在内。草木和虫豸在冬天要枯要眠，土壤耕种了几年之后须休息，连机器输电灯线也不能昼夜不息地工作。世间没有一件事物能在一个状态维持到久远的，生命就是变化，而变化都有一起一伏的节奏，跳高者为着要跳得高，先蹲着很低；演戏者为着造成一个紧张的局面，先来一个轻描淡写；用兵者守如处女，才能出如脱兔；唱歌者为着要拖长一个高音，先须深深地吸一口气。事例是不胜枚举的。世间固然有些事可以违拗自然去勉强，但是勉强也有它的限度。人的力量，无论是属于身或属于心的，到用过了限度时，必定是由疲劳而衰竭，由衰竭而毁灭。譬如弓弦，老是尽量地拉满不放松，结果必定是裂断。我们中国人的生活常像满引的弓弦，只图张的速效，不顾弛的蓄力，所以常在身心具惫的状态中。这是政教当局所必须设法改善的。

一般人以为多延长工作的时间就可以多收些效果，比如说，一天能走一百里路，多走一天，就可以多走一百里路，如此天天走着不歇，无论走得多久，都可以维持一百里的速度。凡是走过长路的人都知道这个算盘打得不很精确，走久了不歇，必定愈走愈慢，以致完全走不动。我们走路的秘诀，"不怕慢，只怕站"，实在只是片面的真理。永远站着固然不行，永远不站也不一定能走得远，不站就须得慢，慢有时延误时机；而偶尔站站却不至于慢，站后再走是加速度的唯一办法。我们中国人做事的通病就在怕站而不怕慢，慢条斯理地不死不活地望前挨，说不做而做着并没有歇，说做却并没有做出什么名色来。许多事就这样因循耽误了。我们只讲工作而不讲效率，在现代社会中，不讲效率，就要落后。西方各国都把效率看做一个迫切的问题，心理学家对这问题做了无数的实验，所得的结论是以同样时间去做同样工作，有休息的比没有休息的效率大得多。比如说，一长页的算学加法习题，继续不断地去做要费两点钟，如果先做五十分钟，继以二十分钟的休息，再做五十分钟，也还可以做完，时间上无损失而错误却较少。西方新式工厂大半都已应用这个原则去调节工作和休息的时间，结果工人的工作时间虽然少了，雇主的出品质量反而增加了。一般人以为休息是浪费时间，其实不休息的工作才真是浪费时间。此外还有精力的损耗更不经济。拿中国人与西方人相比，可工作的年龄至少有二十年的差别，我们到五六十岁就衰老无能为，他们那时还正年富力强，事业刚开始，这分别有多大！

休息不仅为工作蓄力，而且有时工作必须在休息中酝酿成熟。法国大数学家庞加莱研究数学上的难题，苦思不得其解，后来跑到街上闲逛，原来费尽气力不能解决的难题却于无意中就轻轻易易地解决了。据心理学家的解释，有意识作用的工作须得退到潜意识中酝酿一阵，才得着土生根。通常我们在放下一件工作之后，表面上似在休息，而实际上潜意识中那件工作还在进行，詹姆斯有"夏天学溜冰，冬天学泅水"的比喻，溜冰本来是前冬练习的，今夏无冰可溜，自然就想不到溜冰，算是在休息，但是溜冰的筋肉技巧却恰巧此时凝固起来。泅水也是如此，一切学习都如此。

比如我们学写字，用功甚勤，进步总是显得很慢，有时甚至越写越坏。但是如果停下一些时候再写，就猛然觉得字有进步。进步之后又停顿，停顿之后又进步，如此辗转多次，字才易写得好。习字需要停顿，也是因为要有时间让筋肉技巧在潜意识中酝酿凝固。习字如此，习其他技术也是如此。休息的工夫并不是白费的，它的成就往往比工作的成就更重要。

《佛说四十二章经》里有一段故事，戒人为学不宜操之过急，说得很好："沙门夜诵迦叶佛教遗经，其声悲紧，思悔欲退。佛问之曰：'汝昔在家，曾为何业？'对曰：'爱弹琴。'佛言：'弦缓如何？'对曰：'不鸣矣。''弦急如何？'对曰：'声绝矣。''急缓得中如何？'对曰：'诸音普矣。'佛言：'沙门学道亦然。心若调适，道可得矣。于道若暴，暴即身疲；其身若疲，意即生恼；意若生恼，行即退矣。'"我国先儒如程朱诸子教人为学，亦常力戒急迫，主张"优游涵泳"。这四字含有妙理，它所指的功夫是猛火煎后的慢火煨，紧张工作后的潜意识的酝酿。要"优游涵泳"，非有充分休息不可。大抵治学和治事，第一件要事是清明在躬，从容而灵活，常做得自家的主宰，提得起也放得下。急迫躁进最易误事。我有时写字或作文，在意兴不佳或微感倦怠时，手不应心，心里愈想好，而写出来的愈坏，在此时仍不肯丢下，带着几分气忿的念头勉强写下去，写成要不得就扯去，扯去重写仍是要不得，于是愈写愈烦躁，愈烦躁也就写得愈不像样。假如在发现神志不旺时立即丢开，在乡下散步，吸一口新鲜空气，看看蓝天绿水，陡然间心旷神怡，回头来再伏案做事，便觉精神百倍，本来做得很艰苦而不能成功的事，现在做起来却有手挥目送之乐，轻轻易易就做成了。不但作文写字如此，要想任何事做得好，做时必须精神饱满，工作成为乐事。一有倦怠或烦躁的意思，最好就把它搁下休息一会儿，让精神恢复后再来。

人须有生趣才能有生机。生趣是在生活中所领略得的快乐，生机是生活发扬所需要的力量。诸葛武侯所谓"宁静以致远"就包含生趣和生机两个要素在内，宁静才能有丰富的生趣和生机，而没有充分休息做优游涵泳的功夫的人们决难宁静。世间有许多过于辛苦的人，满身是尘劳，满腔是杂念，时时刻刻都为环境的需要所驱遣，如机械一般流转不息，自己做不得自己的主宰，呆板枯燥，没有一点生人之趣。这种人是环境压迫的牺牲者，没有力量抬起头来驾驭环境或征服环境，在事业和学问上都难有真正的大成就。我认识许多穷苦的农人，孜孜不辍的老学究和一天在办公室坐八小时的公务员，都令我起这种感想。假如一个国家里都充满着这种人，我们很难想象出一个光明世界来。

基督教的圣经叙述上帝创造世界的经过，于每段工作完成之后都赘上一句说："上帝看看他所做的事，看，每一件都很好！"到了第七天，上帝把他的工作都完成了，就停下来休息，并且加福于这第七天，因为在这一天他能够休息。这段简单的文字很可耐人寻味。我们不但需要时间工作，尤其需要时间对于我们所做的事回头看一看，看出它很好；并且工作完成了，我们需要一天休息来消除疲劳的精神，领略成功的快慰。这一天休息的日子是值得"加福的"、"神圣化的"（圣经里所用的字是 blessed and sanctified）。在现代紧张的生活中，我们"车如流水马如龙"地向前直滚，曾不留下一点时光做一番静观和回味，以至华严世相都在特别快车的窗子里滑了过去,而我们也只是轮回戏盘中的木人木马,有上帝的榜样在那里而我们不去学,岂不是浪费生命!

我生平最爱陶渊明在自祭文里所说的两句话:"勤靡余劳,心有常闲。"上句是尼采所说的狄奥尼索斯的精神,下句即是阿波罗的精神。动中有静,常保存自我主宰,这是修养的极境,人事算尽了,而神仙福分也就在尽人事中享着。现代人的毛病是"勤有余劳,心无偶闲"。这毛病不仅使生活索然寡味,身心俱惫,于事劳而无功,而且使人心地驳杂,缺乏冲和弘毅的气象,日日困于名缰利锁,叫整个世界日趋于干枯黑暗。但丁描写魔鬼在地狱中受酷刑,常特别着重"不停留"或"无间断"的字样。"不停留"、"无间断"自身就是一种惩罚,甘受这种惩罚的人们是甘愿人间成为地狱。上帝的子孙们,让我们跟着他的榜样,加福于我们工作之后休息的时光啊!

谈消遣

身和心的活动都有有节奏的周期，这周期的长短随各人的体质和物质环境而有差异。在周期限度之内，工作有它的效果，也有它的快慰。过了周期限度，工作就必产生疲劳，不但没有效果，而且成为苦痛。到了疲劳，就必定有休息，才能恢复工作的效果。这道理极浅，无用深谈。休息的方式甚多，最理想而亦最普遍的是睡眠。在睡眠中生理的功能可以循极自然的节奏进行，各种筋肉虽仍在活动，却不需要紧张的注意力，也没有工作情境需要所加的压迫，它的动作是自由的、自然的、不费力的、倾向弛懈的。一个人如果每天在工作疲劳之后能得到充分时间的熟睡，比任何养生家的秘诀都灵验。午睡尤其有效。午睡醒了，午后又变成了清晨，一日之中就有两度的朝气。西方有些中小学里，时间表内有午睡的规定，那是很合理的。我国的理学家和各派宗教家于睡眠之外练习静坐。静坐可以使心境空灵，生理功能得到人为的调节，功用有时比睡眠更大。但是初习静坐需要注意力的控制，有几分不自然，不易成为恒久的习惯，而且在近代生活状况之下，静坐的条件不易具备，所以它不能很普遍。

睡眠与静坐都不能算是完全的休息，因为许多生理的功能照旧在进行。严格地说，生物在未死以前决不能有完全的休息。有生气就必有活动，"活"与"动"是不可分的。劳而不息固然是苦，息而不劳尤其是苦。生机需要修养，也需要发泄。生机旺而不泄，像春天的草木萌芽被砖石压着，或是把压力推开，冲吐出来，或是变成拳曲黄瘦，失去自然的形态。心理学家已经很明白地指示出来：许多心理的毛病都起于生机得不到正当的发泄。从一般生物的生活看，精力的发泄往往同时就是精力的蓄养。人当少壮时期，精力最弥满，需要发泄也就愈强烈，愈发泄，精力也就愈充足。一个生气蓬勃的人必定有多方的兴趣，在每方面的活动都比常人活跃，一个人到了可以索然枯坐而不感觉不安时，他必定是一个行将就木的病夫或老者。如果他们在健康状态中，需要活动而不得活动，他必定感到愁苦抑郁。人生最苦的事是疾病幽囚，因为在疾病幽囚中，他或是失去了精力，或是失去了发泄精力的自由。

　　精力的发泄有两种途径：一是正当工作，一是普通所谓消遣，包含各种游戏运动和娱乐在内。我们不能用全副精力去工作，因为同样的注意方向和同样的筋肉动作维持到相当的限度，必定产生疲劳，如上所述。人的身心构造是依据分工合作原理的。对于各种工作我们都有相当的一套机器、一种才能和一副精力。比如说，要看有眼，要听有耳，要走有脚，要思想有头脑。我们运用眼的时候，耳可以休息，运用脑的时候，脚可以休息。所以在专用眼之后改着去用耳，或是在专用脑之后改着去用脚，我们虽然仍旧在活动，所用以活动的只是耳或脚，眼或脑就可以得到休息了。这种让一部分精力休息而另一部分精力活动的办法在西文中叫做 diversion，可惜在中文里没有恰当的译名。这也足见我们没有注意到它的重要。它的意义是"转向",工作方面的"换口味",精力的侧出旁击。我们已经说过,生物不能有完全的休息,普通所谓休息,除睡眠以外,大半是 diversion,这种"换口味"的办法对于停止的活动是精力的蓄养,对于正在进行的另一活动是精力的发泄。它好比打仗,一部分兵力上前线,另一部分兵力留在后面预备补充。全体的兵力都上了前线,难乎为继;全体的兵力都在后方按兵不动,过久也会疲劳无用,仗自然更打不起来。更番瓜代仍是精力的最经济最合理的支配,无论是在军事方面或是在普通生活方面。

更番瓜代有种种方式。普通读书人用脑的机会比较多,最好常在用脑之后作一番筋肉活动,如散步打球栽花做手工之类,一方面可以使脑得休息而消除疲劳,一方面也可以破除同一工作的单调,不至发生厌闷。卢梭谈教育,主张学生多习手工,这不但因为手工有它的特殊的教育功效,也因为用手对于用脑是一种调节。大哲学家斯宾诺莎于研究哲学之外,操磨镜的职业,这固然是为着生活,实在也很合理,因为两种性质相差很远的工作互相更换,互为上文所说的 diverion,对于心身都有好影响。就生活理想说,劳心与劳力应该具备于一身,劳力的人绝对不劳心固然变成机械,动心的人绝对不劳力也难免文弱干枯。现在劳心与劳力成为两种相对峙的阶级,这固然是历史与社会环境所造成的事实,但是我们应该不要忘记它并不甚合理。在可能范围之内,我们应该求心与力的活动能调节适中。我个人很羡慕中世纪欧洲僧院的生活,他们一方面诵经抄书画画而且作很精深的哲学研究,一方面种地砍柴酿酒织布。我曾想到我们的学校在这个经济凋敝之际为什么不想一个自给自足的办法，有系统有计划地采行半工半读制？这不仅是从经济着眼，就从教育着眼，这也是一种当务之急。大部分学生来自田间，将来纵不全数回到田间，也要走进工厂或公务机关；如果在学校里只养成少爷小姐的心习，全不懂民生疾苦，他们决难担负现时代的艰巨责任。当然，本文所说的劳心与劳力的调剂也是一个重要的理由。

不同性质的工作更番瓜代，固可以收到调剂和休息的效用，可是一个人不能时时刻刻都在工作，事实上没有这种需要，而且劳苦过度，工作也变成一种苦事，不能有很大的效率。我们有时须完全放弃工作，做一点无所为而为的活动，享受一点自由人的幸福。工作都有所为而为，带有实用目的；无所为而为，不带实用目的的活动，都可以算作消遣。我们说"消遣"，意谓"混去时光"；含义实在不很好；西方人说"转向"（diversion），意谓"把精力朝另一方面去用"，它和工作同称为 occupation，比较可以见出消遣的用处。所谓 occupation 无恰当中文译词，似包含"占领"和"寄托"二义。在工作和消遣时，都有一件事物"占领"着我们的身心，而我们的身心也就"寄托"在那一件事物里面。身心寄托在那里，精力也就发泄在那里。拉丁文有一句成语说："自然厌恶空虚。"这句话近代科学仍奉为至理名言。在物理方面，真空固不易维持，一有空隙，就有物来占领；在心理方面，真空虽是一部分宗教家（如禅宗）的理想，在实际上也是反乎自然而为自然所厌恶。我们都不愿意生活中有空隙，都愿常有事物"占领"着身心，没有事做时须找事做，不愿做事时也不甘心闲着，必须找一点玩意儿来消遣，否则便觉得厌闷苦恼。闲惯了，闷惯了，人就

谈消遣

变得干枯无生气。

消遣就是娱乐，无可消遣当然就是苦闷。世间欢喜消遣的人，无论他们的嗜好如何不同，都有一个共同点，就是他们必都有强旺的生活力，运动家和艺术家如此，嫖客赌徒乃至于烟鬼也是如此。他们的生活力强旺，发泄的需要也就跟着急迫。他们所不同者只在发泄的方式。这有如大水，可以灌田、发电或推动机器，也可以泛滥横流，淹毙人畜草木。同是强旺的生活力，用在运动可以健身，用在艺术可以怡情养性，用在吃喝嫖赌就可以劳民伤财，为非作歹。"浪子回头是个宝"，也就是这个道理。所以消遣看来虽似末节，却与民族性格、国家风纪都有密切关系。一个民族兴盛时有一种消遣方式，颓废时又有另一种消遣方式。古希腊罗马在强盛时，人民都欢喜运动、看戏、参加集会，到颓废时才有些骄奢淫逸的玩意儿如玩娈童、看人兽斗之类。近代条顿民族多欢喜户外运动，而拉丁民族则多消磨时光于咖啡馆与跳舞厅。我国古代民族娱乐花样本极多，如音乐、跳舞、驰马、试剑、打猎、钓鱼、斗鸡、走狗等等都含有艺术意味或运动意味。后来士大夫阶级偏嗜琴棋书画，虽仍高雅，已微嫌侧重艺术，带有几分"颓废"色彩。近来"民族形式"的消遣似只有打麻将、坐茶馆、吃馆子、逛窑子几种。对于这些玩意儿不感兴趣的人们除着做苦工之外，就只有索然枯坐，不能在生活中领略到一点乐趣。我经过几个大学和中学，看见大部分教员和学生终年没有一点消遣，大家都喊着苦闷，可是大家都不肯出点力把生活略加改善，提倡一些高级趣味的娱乐来排遣闲散时光。从消遣一点看，我们可以窥见民族生命力的降低。这是一个很危险的现象。它的原因在一般人不明了消遣的功用，把它太看轻了。

　　其实这事并不能看轻。柏拉图计划理想国的政治，主张消遣娱乐都由国法规定。儒家标"六艺"之教，其中礼乐射御四项都带有消遣娱乐意味，只书数两项才是工作。孔子谈修养，"居于仁"之后即继以"游于艺"，这足见中西哲人都把消遣娱乐看得很重，梁任公先生有一文讲演消遣，可惜原文不在手边，记得大意是反对消遣浪费时光。他大概有见于近来我国一般消遣方式趣味太低级。但我们不能因噎废食。精力必须发泄，不发泄于有益身心的运动和艺术，便须发泄于有害身心的打牌、抽烟、喝酒、逛窑子。我们要禁绝有害身心的消遣方式，必须先提倡有益身心的消遣方式。比如水势须决堤泛滥，你不愿它决诸东方，就必须让它决诸西方，这是有心政治与教育的人们所应趁早注意设法的。要复兴民族，固然有许多大事要做，可是改善民众消遣娱乐，也未见得就是小事。

游戏与娱乐

——给《申报周刊》的青年读者（四）

朋友：

前信谈民族的生命力，意尚有未尽，现在再说几句话来补充。

精神的衰落由于体格的羸弱；要想振作精神，先要设法强健身体；要想强健身体，不能不求运动的普遍化。这个道理本极浅近，许多人因为它浅近而忽视它的重要，所以我在前信中反复陈之。今天我所要补充的话是关于游戏与娱乐的。我的要旨可以用一两句话说完：无论是民族或是个人，生命力的富裕都流露于游戏与娱乐，所以如果你要观察一个人或是一个民族有无生气，游戏与娱乐是最好的试水准。中华民族现在已走到衰残老朽无生气的地步，最显著的征兆就在缺乏正当的游戏和娱乐。这是一般人所承认的。我以为我们还可以进一步说：游戏和娱乐的缺乏不仅是生命力枯涸的征兆，简直是生命力枯涸的原因。前信所说的运动只能算是游戏与娱乐中的一个小节目。如果我们想把中华民族改造成一种活泼有生气的民族，只提倡运动还不够，我们应该多多注意一般的游戏和娱乐。

让我们看看欧美人的生活！他们每天工作都有一定的时间，一到下了工，无论是男的女的，老的少的，贫的富的，都如醉如狂地各寻各的娱乐：看戏、跳舞、听音乐、打球、逛公园、上咖啡馆，一玩就玩一个痛快；到第二天起来，又抖擞精神，各做各的工作，一做也就做一个痛快。一到礼拜天或是其他假期，他们简直像学童散学，或是囚犯出牢似的，说不出来那一股快乐劲儿。有钱的人坐头等车到海滨去洗澡、晒太阳，没有钱的人也背一袋干粮徒步走到附近的山上或河边，过一天痛快的逍遥生活。我从前住法国时，曾寄居在一个乡下人家，主人是一个寻常的工人，所赚的工资恰够维持家用，看他处处都很节省，但是一到假期，他总是把一礼拜中辛苦所挣的些微储蓄花在娱乐方面。他虽然是很穷，生活却过得很舒适。到晚间来，他的妻子要弹一阵子钢琴，他的小孩要唱几首歌，玩几种把戏，他自己要讲一段故事，说几句笑话。一家四五口人居然过得很热闹、很快活。在这种小家庭中你绝对感觉不到单调乏味或是寂寞。总之，无论是在野外、在公共娱乐场，或是在家庭里面，他们处处都流露一种蓬蓬勃勃的生气，个个人都觉得生活是一件乐事，因为个个人都知道怎样生活。

让我们回头看看我们中国人的生活！大多数小百姓整天整年地像牛马一样地劳作，肩背上老是感觉到生活的压迫，面孔上老是表现奔波劳碌所酿成的憔悴，没有一刻休息的时间，更谈不到什么消遣和娱乐。许多人都在夸奖中国人这种刻苦耐劳的本领，不知道刻苦耐劳固然可钦佩，过分劳苦的生活也是剥削民族元气的刀锯。弓有弛才能有张，张而不弛，过了一定的限度必定裂断，至少也要失去它的弹性与射击力。中华民族生活就像永远是攀满弦的弓，现在似乎已逼近精疲力竭的日子了。姑且就工作的效率说，学过心理学的人都知道，接连做十二点钟的工不如拿六点钟来休息寻娱乐，以剩下的六点钟去聚精会神地工作。所以欧美人虽然每天只做八小时左右的工，而效率反比我们整天做得不歇大得多。我们一般中国人，做既然没好好地做，玩也没有好好地玩，只不松不紧地拖下去，结果是弄得体力俱疲而事无所成。这是中国社会一个极严重的病象，如果掌政教之责的人们一日不觉悟到它的严重性而急谋救药，我相信中华民族就一日没有恢复生命力的希望。

生命是需要流动变化而厌恶单调板滞的。地下的泉水要流通才能兴旺。它愈有机会发泄，就愈源源不绝地涌出。如果你把它的出口塞住，它不是停蓄淤滞，就是泛滥横流。人的生命力也是如此。人生来就有种种本能，情欲和其他自然倾向，每种都有一种潜力附丽在上面，这种潜力正如泉水，要流通发泄，才能生发不穷。弗洛伊德派心理学很明白地告诉我们：近代人的许多心理变态都起于人性的自然要求得不到适当的满足。所以新近哲学家们都以为最健全的人生理想是多方面的自由发展；压抑某一部分性格，让某另一部分性格畸形发展，是一种最误事的办法。不幸得很，我们中国人以往所采取的恰是这种最误事的办法。小孩子生下来就要受种种束缚和钳制，许多健康人所必有的自然冲动老早就被压抑下去，还未少年，便已老成。到了老成，束缚更多。尤其是受过教育的人们要扮一副儒雅严肃的面孔，一辈子不能痛痛快快地过一天自然人的生活。游戏便是轻薄，娱乐全不正经。"人生而静天之性"，所以"静"到老到死是最高的理想。我常想，中国人在精神方面尽是一些驼子跛子瞎子，四肢挛曲，五官不全，好比园中的花木，全被花匠用人工弯扭成种种不自然的形状，他们的生活干枯，他们的容貌憔悴，他们的文化衰落，都是事有必至，理有固然的。

游戏与娱乐是人生自然需要，中国人决不是例外。有这种需要而没有这种机会，于是种种变态的不正当的满足的方法就起来了。外国人有闲工夫就去泅水打球爬山逛公园，中国人有闲工夫就守着方桌打麻将，躺在床上抽大烟，或是在酒馆里吃得一肚子油腻之后，醉醺醺地跑到窑子里抱妓女，比较新式的也不过是挤到肉臭熏天的电影院和跳舞场里去凑热闹。我可以说，中国人所有的娱乐都是文化衰落后的病态的象征，它们的功用不在调剂生活的单调，求多方面的发展，而在姑图一时的强刺激和麻醉，与吗啡针绝对没有分别。

我说正当的游戏和娱乐的缺乏足证中国文化的衰落与民族生命力的枯竭，听者也许以为过甚其辞。其实我们如果稍稍研究古代中国人的生活状况，就知道这是不可逃避的结论。在古代小学教育中"六艺"是必修科，其中不但射御，就是礼乐书数也多少含有游戏与娱乐的性质。公私宴会中奏乐、唱歌、投壶、跳舞往往是必有的节目，平民娱乐如博箭、樗蒲、斗鸡、走狗、击剑、跳丸、履、戏车、弄马、藏钩、射覆、击钱、掷豆等等五花八门，简直数不清楚。孔子有一天叫门人们谈各人的志向。曾点说："暮春者春服既成，冠者五六人，童子六七人，浴乎沂，风乎舞雩，咏而归。"孔子听了特别赞赏他说，"吾与点也！"可见古代儒家也并不提倡不近人情的枯燥生活。我们现在回头看看，古书中所载的许多游艺杂技有几种保存到现在？拿现代中国人的生活比周秦时代的生活，相差有几远？中国人本来欢喜唱歌，现在已失去唱歌的习惯；本来欢喜跳舞，现在已失去跳舞的习惯；本来欢喜射御以及许多其他杂艺，现在这些杂艺变为士大夫所不齿的"鄙事"。你说这不是文化衰落的征兆？最显著的是乐歌的灭亡。乐歌是生气的最真切的表现。世界上没有一个有生气的民族不欢喜唱歌奏乐，而中华民族在世界中可说已经退化成为最不会唱歌奏乐的民族。别说这是小事！它比一般人所慨叹的"人心不古，世道沧夷"还更可畏惧，因为浪子终可回头，而老朽是必趋于枯死。

我有许多幼年时代的英俊的同学现在都在抽大烟，或是整天地打麻将、逛窑子。想到他们，我不禁慨叹一个人在中国其容易毁；同时，也替未来的许多英俊青年栗栗畏惧。谁敢说将来中国没有一天会亡于鸦片与麻将？政府在高唱禁烟禁赌，我以为这还是治标的办法，治本的办法是提倡多方面的正当游戏和娱乐。许多事情都由习惯养成，比如外国传来的跳舞，许多年轻男女都已学会了，难道许多其他比较有益的玩意就学不会吗？唱歌、弹琴、爬山、泅水、划船、打球、骑马、野餐旅行，哪一件不比抽鸦片打麻将强？谁不知抽鸦片打麻将是坏事？但是在中国生活真枯燥，许多人都被单调和厌倦逼得睁着眼睛下火坑。如有正当的娱乐，许多坏嗜好是不禁自禁的。

一个人如果有正当的游戏和娱乐，对于生活兴趣一定浓厚，心境一定没有忧郁或厌倦，精神一定发扬活泼，做事一定能勇往直前。一个民族如果相习成风地嗜好正当的游戏和娱乐，它的生气一定是蓬蓬勃勃的，文化衰落后的种种变态的不康健的恶习一定不能传染到它身上。所以在今日中国青年图谋民族复兴应注意的事项中，我把游戏和娱乐摆在一个极重要的地位。我奉劝我所敬爱的青年们都趁早学几种游戏，寻几种有益身心的娱乐的方法，多唱歌，多驰马试剑，别再像我们这一辈子人们天天在房子里枯坐着，埋怨生活单调苦闷！

光潜

生命

　　说起来已是二十年前的事了。如今我还记得清楚，因为那是我生平中一个最深刻的印象。有一年夏天，我到苏格兰西北海滨一个叫做爱约夏的地方去游历，想趁便去拜访农民诗人彭斯的草庐。那一带地方风景仿佛像日本内海而更曲折多变化。海湾伸入群山间成为无数绿水映着青山的湖。湖和山都老是那样恬静幽闲而且带着荒凉景象，几里路中不容易碰见一个村落，处处都是山、谷、树林和草坪。走到一个湖滨，我突然看见人山人海，男的女的，老的少的，穿深蓝大红衣服的，褴褛蹒跚的，蠕蠕蠢动，闹得喧天震地：原来那是一个有名的浴场。那是星期天，人们在城市里做了六天的牛马，来此过一天快活日子。他们在炫耀他们的服装，他们的嗜好，他们的皮肉，他们的欢爱，他们的文雅与村俗。像湖水的波涛汹涌一样，他们都投在生命的狂澜里，尽情享一日的欢乐。就在这么一个场合中，一位看来像是皮鞋匠的牧师在附近草坪中竖起一个讲台向寻乐的人们布道。他也吸引了一大群人。他喧嚷，群众喧嚷，湖水也喧嚷，他的话无从听清楚，只有"天国""上帝""忏悔""罪孽"几个较熟的字眼偶尔可以分辨出来。那群众常是流动的，时而由湖水里爬上来看牧师，时而由牧师那里走下湖水。游泳的游泳，听道的听道，总之，都在凑热闹。

对着这场热闹，我伫立凝神一反省，心里突然起了一阵空虚寂寞的感觉，我思量到生命的问题。摆在我们面前的显然就是生命。我首先感到的是这生命太不调和。那么幽静的湖山当中有那么一大群嘈杂的人在嬉笑取乐，有如佛堂中的蚂蚁抢搬虫尸，已嫌不称；又加上两位牧师对着那些喝酒、抽烟、穿着游泳衣裸着胳膊大腿卖眼色的男男女女讲"天国"和"忏悔"，这岂不是对于生命的一个强烈的讽刺？约翰授洗者在沙漠中高呼救世主来临的消息，他的声音算是投在虚空中了。那位苏格兰牧师有什么可比得约翰？他以布道为职业，于道未必有所知见，不过剽窃一些空洞的教门中语扔到头脑空洞的人们的耳里，岂不是空虚而又空虚？推而广之，这世间一切，何尝不都是如此？比如那些游泳的人们在尽情欢乐，虽是热烈，却也很盲目，大家不过是机械地受生命的动物的要求在鼓动驱遣，太阳下去了，各自回家，沙滩又恢复它的本来的清寂，有如歌残筵散。当时我感觉空虚寂寞者在此。

但是像那一大群人一样，我也欣喜赶了一场热闹，那一天算是没有虚度，于今回想，仍觉那回事很有趣。生命像在那沙滩所表现的，有图画家所谓阴阳向背，你跳进去扮演一个角色也好，站在旁边闲望也好，应该都可以叫你兴高采烈。在那一顷刻，生命在那些人们中动荡，他们领受了生命而心满意足了，谁有权去鄙视他们，甚至于怜悯他们？厌世疾俗者一半都是妄自尊大，我惭愧我有时未能免俗。

孔子看流水，发过一个最深永的感叹，他说："逝者如斯夫，不舍昼夜！"生命本来就是流动，单就"逝"的一方面来看，不免令人想到毁灭与空虚；但是这并不是有去无来，而是去的若不去，来的就不能来；生生不息，才能念念常新。莎士比亚说生命"像一个白痴说的故事，满是声响和愤激，毫无意义，"虽是慨乎言之，却不是一句见道之语。生命是一个说故事的人，虽老是抱着那么陈腐的"母题"转，而每一顷刻中的故事却是新鲜的，自有意义的。这一顷刻中有了新鲜有意义的故事，这一顷刻中我们心满意足了，这一顷刻的生命便不能算是空虚。生命原是一顷刻接着一顷刻地实现，好在它"不舍昼夜"。算起总账来，层层实数相加，决不会等于零。人们不抓住每一顷刻在实现中的人生，而去追究过去的原因与未来的究竟，那就犹如在相加各项数目的总和之外求这笔加法的得数。追究最初因与最后果，都要走到"无穷追溯"（reductio ad infintum）。这道理哲学家们本应知道，而爱追究最初因与最后果的偏偏是些哲学家们。这不只是不谦虚，而且是不通达。一件事物实现了，它的形相在那里，它的原因和目的也就在那里。种中有果，果中也有种，离开一棵植物无所谓种与果，离开种与果也无所谓一棵植物（像我的朋友废名先生在他的《阿赖耶识论》里所说明的）。比如说一幅画，有什么原因和目的！它现出一个新鲜完美的形相，这岂不就是它的生命、它的原因、它的目的？

且再拿这幅画来比譬生命。我们过去生活正如画一幅画，当前我们所要经心的不是这幅画画成之后会有怎样一个命运，归于永恒或是归于毁灭，而是如何把它画成一幅画，有画所应有的形相与生命。不求诸抓得住的现在而求诸渺茫不可知的未来，这正如佛经所说的身怀珠玉而向他人行乞。但是事实上许多人都在未来的永恒或毁灭上打计算。波斯大帝带着百万大军西征希腊，过海勒斯朋海峡时，他站在将台看他的大军由船桥上源源不绝地渡过海峡，他忽然流涕向他的叔父说："我想到人生的短促，看这样多的大军，百年之后，没有一个人还能活着，心里突然起了阵哀悯。"他的叔父回答说："但是人生中还有更可哀的事咧，我们在世的时间虽短促，世间没有一个人，无论在这大军之内或在这大军之外，能够那样幸运，在一生中不有好几次不愿生而宁愿死。"这两人的话都各有至理，至少是能反映大多数人对于生命的观感。嫌人生短促，于是设种种方法求永恒。秦皇汉武信方士，求神仙，以及后世道家炼丹养气，都是妄想所谓"长生"。"服食求神仙，多为药所误，不如饮美酒，被服纨与素"，这本是诗人愤疾之言，但是反话大可作正话看；也许作正话看，还有更深的意蕴。说来也奇怪，许多英雄豪杰在生命的流连上都未能免俗，我因此想到曹孟德的遗嘱：

吾死之后，葬于邺之西冈上，妾与妓人皆着铜雀台，台上施六尺床，下穗帐。朝晡上酒脯糒之属，每月朝十五，辄向帐前作伎，汝等时登台望吾西陵墓田。

他计算得真周到，可怜虫！谢朓说得好：

穗帷飘井干，樽酒若平生。
郁郁西陵树，讵闻歌吹声！

孔子毕竟是达人，他听说桓司马自为石椁，三年而不成，便说"死不如速朽之为愈也"。谈到朽与不朽问题，这话也很难说。

我们固毋庸计较朽与不朽，朽之中却有不朽者在。曹孟德朽了，陵雀台妓也朽了，但是他的那篇遗嘱，何逊谢朓李贺诸人的铜雀台诗，甚至于铜雀台一片瓦，于今还叫讽咏摩娑的人们欣喜赞叹。"前水复后水，古今相续流"，历史原是纳过去于现在，过去的并不完全过去。其实若就种中有果来说，未来的也并不完全未来。这现在一顷刻实在伟大到不可思议，刹那中自有终古，微尘中自有大千，而汝心中亦自有天国。这是不朽的第一义谛。

相反两极端常相交相合。人渴望长生不朽，也渴望无生速朽。我们回到波斯大帝的叔父的话："世间没有一个人在一生中不有好几次不愿生宁愿死。"痛苦到极点想死，一切自杀者可以为证；快乐到极点也还是想死，我自己就有一两次这样经验，一次是在二十余年前一个中秋前后，我乘船到上海，夜里经过焦山，那时候大月亮正照着山上的庙和树，江里的细浪像金线在轻轻地翻滚，我一个人在甲板上走，船上原是载满了人，我不觉得有一个人，我心里那时候也有那万里无云、水月澄莹的景象，于是非常喜悦，于是突然起了脱离这个世界的愿望。另外一次也是在秋天，时间是傍晚，我在北海里的白塔顶上望北平城里的楼台烟树，望到西郊的远山，望到将要下去的红烈烈的太阳，想起李白的"西风残照，汉家陵阙"那两个名句，觉得目前的境界真是苍凉而雄伟，当时我也感觉到我不应该再留在这个世界里。我自信我的精神正常，但是这两次想死的意念真来得突兀。诗人济慈在《夜莺歌》里于欣赏一个极幽美的夜景之后，也表示过同样的愿望，他说：

Now more than ever seems it rich to die

理想青年

现在死像比任何时都较丰富

他要趁生命最丰富的时候死,过了那良辰美景,死在一个平凡枯燥的场合里,那就死得不值得。甚至于死本身,像鸟歌和花香一样,也可成为生命中一种奢侈的享受。我两次想念到死,下意识中是否也有这种奢侈欲,我不敢断定。但是如今冷静地分析想死的心理,我敢说它和想长生的道理还是一样,都是对于生命的执著。想长生是爱着生命不肯放手,想死是怕放手轻易地让生命溜走,要死得痛快才算活得痛快,死还是为着活,为着活的时候心里的一点快慰。好比贪吃的人想趁吃大鱼大肉的时候死,怕的是将来吃不到那样好的,根本还是由于他贪吃,否则将来吃不到那样好的,对于他毫不感威胁。

生命的执著属于佛家所谓"我执",人生一切灾祸罪孽都由此起。佛家针对着人类的这个普遍的病根,倡无生,破我执,可算对症下药。但是佛家也并不曾主张灭生灭我,不曾叫人类作集体的自杀,而只叫人明白一般人所希求的和所知见的都是空幻。还不仅此,佛家在积极方面还要慈悲救世,对于生命是取护持的态度。舍身饲虎的故事显示我们为着救济他生命,须不惜牺牲己生命。我心里对此曾存一个疑惑:既证明生命空幻而还要这样护持生命是为什么呢?目前我对于佛家的了解还不够使我找出一个圆满的解答。不过我对于这生命问题倒有一个看法,这看法大体源于庄子。(我不敢说它是否合于佛家的意思)庄子曾提到生死问题,在《大宗师》篇说得尤其透辟。在这篇里他着重一个"化"字,我觉得这"化"字非常之妙。中国人称造物为"造化",万物为"万化"。生命原就是化,就是流动与变易。整个宇宙在化,物在化,我也在化。只是化,并非毁灭。草木虫鱼在化,它们并不因此而有所忧喜,而全体宇宙也不因此而有所损益。何以我独于我的化看成世间一件大了不起的事呢?我特别看待我的化,这便是"我执"。庄子对此有一段妙喻:

> 今大冶铸金,金踊跃曰,"我且必为莫邪",大冶必以为不祥之金。今一犯人之形,而曰,"人耳,人耳",夫造化者必以为不祥之人。今以天地为大炉,以造化为大冶,恶乎往而不可哉?成然寐,蘧然觉。

在这个比喻里,庄子破了"我执",也解决了生死问题。人在造化手里,听他铸,听他"化"而已,强立物我分别,是为不祥。庄子所谓寐觉,是比喻生死。睡一觉醒过来,本不算一回事,生死何尝不如此?寐与觉为化,生与死也还是化。庄周梦为蝴蝶,则"栩栩然蝴蝶也";"俄然觉,则蘧蘧然周也";生而为人,死而化为鼠肝虫臂,都只有听之而已。在生时这个我在大化流行中有他的妙用,死后我的化形也还是如此,庄子说:

> 浸假而化予之左臂以为鸡,予因之以求时夜,浸假而化予之右臂以为弹,予因之以求鸮炙……

物质毕竟是不灭的,漫说精神。试想宇宙中有几许因素来化成我,我死后在宇宙中又化成几许事物,经过几许变化,发生几许影响,这是何等伟大而悠久,丰富而曲折的一个游历,一个冒险?这真是所谓"逍遥游"!

这种人生态度就是儒家所谓"赞天地之化育",郭象所谓"随变任化"(见《大宗师》篇"相忘以生"句注),翻成近代语就是"顺从自然"。我不愿辩护这种态度是否为颓废的或消极的,懂得的人自会懂得,毋庸以口舌争。近代人说要"征服自然",道理也很正大。但是怎样征服?还不是要顺从自然的本性?严格地说,世间没有一件不自然的事,也没一件事能不自然。因为这个道理,全体宇宙才是一个整一融贯的有机体,大化运行才是一部和谐的交响曲,而 cosmos 不是 chaos。人的最聪明的办法是与自然合拍,如草木在和风丽日中开着花叶,在严霜中枯谢,如流水行云自在运行无碍,如"鱼相与忘于江湖"。人的厄运在当着自然的大交响曲"唱翻腔",来破坏它的和谐。执我执法,贪生想死,都是"唱翻腔"。

孔子说过:"朝闻道,夕死可矣。"人难能的是这"闻道"。我们谁不自信聪明,自以为比旁人高一着?但是谁的眼睛能跳开他那"小我"的圈子而四方八面地看一看?谁的脑筋不堆着习俗所扔下来的一些垃圾?每个人都有一个密不通风的"障"包围着他。我们的"根本惑"像佛家所说的,是"无明"。我们在这世界里大半是"盲人骑瞎马",横冲直撞,怎能不闯祸事!所以说来说去,人生最要紧的事是"明",是"觉",是佛家所说的"大圆镜智"。法国人说:"了解一切,就是宽恕一切。"我们可以补上一句:"了解一切,就是解决一切。"生命对于我们还有问题,就因为我们对它还没有了解。既没有了解生命,我们凭什么对付生命呢?于是我想到这世间纷纷扰攘的人们。

附：作者自传

我笔名孟实，一八九七年九月十九日出生于安徽桐城乡下一个破落的地主家庭。父亲是个乡村私塾教师。我从六岁到十四岁，在父亲鞭挞之下受了封建私塾教育，读过而且大半背诵过四书五经、《古文观止》和《唐诗三百首》，看过《史记》和《通鉴辑览》，偷看过《西厢记》和《水浒》之类旧小说，学过写科举时代的策论时文。到十五岁才入"洋学堂"（高小），当时已能写出大致通顺的文章。在小学只待半年，就升入桐城中学。这是桐城派古文家吴汝纶创办的，所以特重桐城派古文，主要课本是姚惜抱的《古文辞类纂》，按教师的传授，读时一定要朗诵和背诵，据说这样才能抓住文章的气势和神韵，便于自己学习作文。我从此就放弃时文，转而摸索古文。我得益最多的国文教师是潘季野，他是一个宋诗派的诗人，在他的熏陶之下，我对中国旧诗养成了浓厚的兴趣。一九一六年中学毕业，在家乡当了半年小学教员。本想考北京大学，慕的是它的"国故"，但家贫拿不起路费和学费，只好就近考进了不收费的武昌高等师范学校中文系。我很失望，教师还不如桐城中学的。除了圈点一部段玉裁的《说文解字注》，略窥中国文字学门径之外，一无所获。读了一年之后，就碰上北洋军阀的教育部从全国几所高等师范学校里考选一批学生到香港大学去学教育。我考取了。从一九一八年到一九二二年，我就在这所英国人办的大学里学了一点教育学，但主要地还是学了英国语言和文学，以及生物学和心理学这两门自然科学的一点常识。这就奠定了我这一生教育活动和学术活动的方向。

我到香港大学后不久，就发生了五四运动，洋学堂和五四运动当然漠不相干。不过我在私塾里就酷爱梁启超的《饮冰室文集》，颇有认识新鲜事物的热望。在香港还接触到《新青年》。我看到胡适提倡白话文的文章，心里发生过很大的动荡。我始而反对，因为自己也在"桐城谬种"之列，可是不久也就转过弯来了，毅然决然地放弃了古文和文言，自己也学着写起白话来了。我在美学方面的第一篇处女作《无言之美》就是用白话文写的。写白话文时，我发现文言的修养也还有些用处，就连桐城派古文所要求的纯正简洁也还未可厚非。

香港毕业后，通过同班友好高觉敷的介绍，我结识了吴淞中国公学校长张东荪。应他的邀约，我于一九二二年夏，到吴淞中国公学中学部教英文，兼校刊《旬刊》的主编。当我的编辑助手的学生是当时还以进步面貌出现的姚梦生，即后来的姚蓬子。在吴淞时代我开始尝到复杂的阶级斗争的滋味。我听过李大钊和恽代英两先烈的讲话。由于我受到长期的封建教育和英帝国主义教育，同左派郑振铎和杨贤江，以及右派中国青年党陈启天、李璜等人都有些往来，我虽是心向进步青年却不热心于党派斗争，以为不问政治，就高人一等。江浙战争中吴淞中国公学被打垮了，我就由上海文艺界朋友夏丏尊介绍，到浙江上虞白马湖春晖中学教英文，在短短的几个月之中我结识了后来对我影响颇深的匡互生、朱自清和丰子恺几位好友。匡互生当时和无政府主义者有些往来，还和毛泽东同志同过学，因不满意春晖中学校长的专制作风，建议改革而没有被采纳，就愤而辞去教务主任职，掀起一场风潮。我同情他，跟他一起采取断然态度，离开春晖中学跑到上海去另谋生路。我和他到了上海之后，夏丏尊、章锡琛、丰子恺、周为群等，也陆续离开春晖中学赶到上海。上海方面又陆续加上叶圣陶、胡愈之、周予同、陈之佛、刘大白、夏衍几位朋友。我们成立了一个立达学会，在江湾筹办了一所立达学园。开办的宗旨是在匡互生的授意之下由我草拟后正式公布的。这个宣言提出了教育独立自由的口号，矛头直接针对着北洋军阀的专制教育。与立达学园紧密联系在一起的还有由我们筹办的开明书店和一种刊物（先叫《一般》，后改名《中学生》）。"开明"是"启蒙"的意思，争取的对象是以中学生为主的青年一代。这家书店就是新中国成立后由叶圣陶在北京主持的青年书店，即中国青年出版社的前身。我把上海的这段经历说详细一点，因为这是我一生的一个主要转折点和后来一些活动的起点。我的大部分著述都是为青年写的，而且是由开明书店出版的。

立达学园办起来之后，我就考取安徽官费留英。一九二五年夏，我取道苏联赴英，正值苏联执行新经济政策时代，在火车上和苏联人攀谈过，在莫斯科住过豪华的欧罗巴饭店，也在烟雾弥漫、肮脏嘈杂的小酒店里喝过伏特加，啃过黑面包，留下了一些既兴奋而又不很愉快的印象。到了英国，我就进了由香港大学的苏格兰教师沈顺教授所介绍的爱丁堡大学。我选修的课程有英国文学、哲学、心理学、欧洲古代史和艺术史。令我至今怀念的导师有英国文学方面的谷里尔生教授，他是荡恩派"哲理诗"的宣扬者，对英国艾略特"近代诗派"和对理查兹派文学批评都起过显著的影响。哲学导师是侃普·斯密斯教授，研究康德哲学的权威，而教给我的却是怀疑派休谟的《自然宗教的对话》。列宁在《唯物主义和经验批判主义》里还赞许过他。美术史导师布朗老教授用幻灯来就具体艺术杰作说明艺术发展史，课程结束那一天早晨照例请全班学生们吃一餐早点。一九二九年在爱丁堡毕业后，我就转入伦敦大学的大学学院，听浅保斯教授讲莎士比亚，对他的繁琐考证和所谓"版本批评"我感到厌烦，于是把大部分工夫花在大英博物馆的阅览室里。伦敦和巴黎只隔一个海峡，所以我同时在巴黎大学注册，偶尔过海去听课，听到该校文学院长德拉库瓦教授讲《艺术心理学》，甚感兴趣，他的启发使我起念写《文艺心理学》。前此在爱丁堡大学时我在心理学研究班里宣读过一篇《悲剧的喜感》论文，颇受心理学导师竺来佛博士的嘉许，劝我以此为基础去进行较深入的研究，于是我起念要写一部《悲剧心理学》，作为博士论文。后来就离开了英国，转到莱茵河畔斯特拉斯堡大学。一则因为那是德国大诗人歌德的母校，地方比较僻静，生活较便宜；二则那地方法语和德语通用，可趁机学习对我的专科极为重要的德语。我的论文《悲剧心理学》是在该校心理学教授夏尔·布朗达尔指导之下写成和通过的。

在英法留学八年之中，听课、预备考试只是我的一小部分的工作，大部分的时间都花在大英博物馆和学校的图书馆里，一边阅读，一边写作。原因是我一直在闹穷，官费经常不发，不得不靠写作来挣稿费吃饭。同时，我也发现边阅读、边写作是一个很好的学习方法。这样学习比较容易消化，容易深入些。我的大部分新中国成立前的主要著作都是在学生时代写出的。一到英国，我就替开明书店的刊物《一般》和后来的《中学生》写稿，曾搜辑成《给青年的十二封信》出版。这部处女作现在看来不免有些幼稚可笑，但当时却成了一种最畅销的书，原因在我反映了当时一般青年小知识分子的心理状况。我和广大青年建立了友好关系，就从这本小册子开始。此后我写出文章不愁找不到出版处。接着我就写出了《文艺心理学》和它的缩写本《谈美》；一直是我心中主题的《诗论》，也写出初稿；并译出了我的美学思想的最初来源——克罗齐的《美学原理》。此外，我还写了一部《变态心理学派别》（开明书店）和一部《变态心理学》（商务印书馆），总结了我对变态心理学的认识。在罗素的影响之下，我还写过一部叙述符号逻辑派别的书（稿交商务印书馆，抗日战争中遭火焚掉）。这些科目在现代美学中都还在产生影响。

回国前，由旧中央研究院历史所我的一位高师同班友好徐中舒把我介绍给北京大学文学院长胡适，并且把我的《诗论》初稿交给胡适作为资历的证件。于是胡适就聘我任北大西语系教授。我除在北大西语系讲授西方名著选读和文学批评史之外，还拿《文艺心理学》和《诗论》在北大中文系和由朱自清任主任的清华大学中文系研究班开过课。后来我的留法老友徐悲鸿又约我到中央艺术学院讲了一年《文艺心理学》。

当时正逢"京派"和"海派"对垒。京派大半是文艺界旧知识分子，海派主要指左联。我由胡适约到北大，自然就成了京派人物，京派在"新月"时期最盛，自从诗人徐志摩死于飞机失事之后，就日渐衰落。胡适和杨振声等人想使京派再振作一下，就组织一个八人编委会，筹办一种《文学杂志》。编委会之中有杨振声、沈从文、周作人、俞平伯、朱自清、林徽因等人和我。他们看到我初出茅庐，不大为人所注目或容易成为靶子，就推我当主编。由胡适和王云五接洽，把新诞生的《文学杂志》交商务印书馆出版。在第一期我写了一篇发刊词，大意说在诞生中的中国新文化要走的路宜于广阔些，丰富多彩些，不宜过早地窄狭化到只准走一条路。这是我的文艺独立自由的老调。《文学杂志》尽管是京派刊物，发表的稿件并不限于京派，有不同程度左派色彩的作家们如朱自清、闻一多、冯至、李广田、何其芳、卞之琳等人，也经常出现在《文学杂志》上。杂志一出世，就成为最畅销的一种文艺刊物。尽管它只出了两期就因抗日战争爆发而停刊，但至今文艺界还有不少人记得它（不过抗战胜利后复刊，出了几期就日渐衰落了）。

抗日战争爆发后，我就应新任代理四川大学校长的张颐之约，到川大去当文学院长。刚满一年，国民党二陈派就要撤换张颐而任用他们自己的"四大金刚"之一程天放。我立即挥动"教育自由"的旗帜，掀起轰动一时的"易长风潮"。在这场斗争中我得到了中国共产党的支持，沙汀和周文对我很关心，把消息传到延安，周扬立即通过他们两人交给我一封信，约我去延安参观，我也立即回信给周扬同志说我要去。但是当时我根本没有革命的意志，国民党通过我的一些留欧好友力加劝阻，又通过现代评论派王星拱和陈西滢几位旧友把我拉到武汉大学外文系去任教授。这对我是一次惨痛的教训。意志不坚定，不但谈不上革命，就连争学术自由或文艺自由，也还是空话。到了一九四二年，由于校内有湘皖两派之争，我是皖人而和湘派较友好，王星拱就拉我当教务长来调和内讧。国民党有个老规矩，学校"长字号"人物都必须参加国民党，因此我就由反对国民党转而靠拢了国民党，成了蒋介石的"御用文人"，曾为国民党的《中央周刊》写了两年稿子，后来集成两本册子，一是《谈文学》，一是《谈修养》。

一九四九年冬，我拒绝乘蒋介石派到北京的飞机去台湾，仍留在北大。在新中国成立初思想改造阶段，我是重点对象。我受到很多教育，特别是在参加了文联和全国政协之后，经常得到机会到全国各地参观访问，拿新中国和旧中国对比，我心悦诚服地认识到社会主义是中国所能走的唯一道路。这就决定了我对一九五七年到一九六二年的全国性的美学问题讨论的态度。

我在四川时期，以重庆为抗战中基地的全国文联曾选举我为理事。新中国成立后不久我在北京恢复了文联理事的身份。在美学讨论开始前，胡乔木、邓拓、周扬和邵荃麟等同志就已分别向我打过招呼，说这次美学讨论是为澄清思想，不是要整人。我积极地投入了这场论争，不隐瞒或回避我过去的美学观点，也不轻易地接纳我认为并不正确的批判。这次美学大辩论是新中国文艺界的一件大事，就全国来说，它大大提高了文艺工作者和一般青年研究美学的兴趣和热情；就我个人来说，它帮助我认识自己过去宣扬的美学观点大半是片面唯心的。从此我开始认真钻研辩证唯物主义和历史唯物主义。为此，我在年近六十时，还抽暇把俄文学到能勉强阅读和翻译的程度。我曾精选几本马克思主义经典著作来摸索，译文看不懂的就对照四种文字的版本去琢磨原文的准确含义，对中译文的错误或欠妥处作了笔记。同时我也逐渐看到美学在我国的落后状况，参加美学论争的人往往并没有弄通马克思主义，至于资料的贫乏，对哲学史、心理学、人类学和社会学之类与美学密切相关的科学，有时甚至缺乏常识，尤其令人惊讶。因此我立志要多做一些翻译重要资料的工作。原已译过克罗齐的《美学原理》，新中国成立后又陆续译出柏拉图的《文艺对话集》、莱辛的《拉奥孔》，爱克曼辑的《歌德谈话录》以及黑格尔的《美学》三卷。此外还有些译稿或在《文艺理论译丛》中发表过，或已在"四人帮"时代丧失了。

美学讨论从一九五七年进行到一九六二年，全部发表过的文章搜集成六册《美学问题讨论集》；我自己发表的文章还另搜辑成一个选本，都由作家出版社出版。大约在一九六二年夏天，党中央一些领导同志在高级党校召集过一次会议，胡乔木同志就这次美学讨论作了总结性的发言，肯定了成绩，也指出了今后努力方向。会议还决定派我在高级党校讲三个月的美学史。前此北大哲学系已成立了美学组，把我从西语系调到哲学系，替美学组训练一批美学教师，我讲的也是西方美学史。一九六二年召开的文科教材会议，决定大专院校文科逐步开设美学课，并指定我编一部《西方美学史》。于是我就在前此讲过的粗略讲义和资料译稿的基础上编出两卷《西方美学史》，一九六三年由人民文学出版社印行。"四人帮"把这部美学史打入冷宫十余年，直到一九七九年再版。在再版时，我曾把序论和结论部分作了一些修改。这就是新中国成立后我在美学方面的主要著作，缺点仍甚多，特别是我当时思想还未解放，不敢评介我过去颇下过一些功夫的尼采和叔本华以及弗洛伊德派变态心理学，因为这几位在近代发生巨大影响的思想家在我国都戴过"反动"的帽子。"前修未密，后起转精"，这些遗漏只有待后起者来填补了。

最近几年我参加了关于形象思维的辩论，还应上海文艺出版社之约，写了一本《谈美书简》通俗小册子。不过我的中心工作还是对马克思主义经典著作的摸索。我重新试译了《费尔巴哈论纲》和《经济学—哲学手稿》中一些关键性的章节，并作了注释和评介，想借此澄清一下"异化"、实践观点、人性论和人道主义、美和美感、唯心与唯物的分别和关系等这些全世界学术界都在关心和热烈争论的问题。这些八十岁以后的译文、札记和论文都搜集在百花文艺出版社出版的《美学拾穗集》里。

今年我已开始抽暇试译维柯的《新科学》。这部著作讨论的是人类怎样从野蛮动物逐渐演变成为文明社会的人，涉及神话和宗教、家族和社会、阶级斗争观点、历史发展观点、美学与语言学的一致性以及形象思维先于抽象思维之类重要问题。全书约四十万字，希望明年内可以译完。再下一步就走着看了。需要做的工作总是做不完的。

1980年9月

图书在版编目（CIP）数据

理想青年 / 朱光潜著；刘广，王潇琳编. -- 上海：上海文艺出版社,2019.9
ISBN 978-7-5321-7049-4

Ⅰ.①理… Ⅱ.①朱… ②王… ③刘… Ⅲ.①随笔—作品集—中国—当代
Ⅳ.①I267.1

中国版本图书馆CIP数据核字(2019)第203080号

发 行 人：陈　徵
策 划 人：黄德海　肖海鸥
责任编辑：刘志凌
装帧设计：周安迪
内文制作：常　亭

书　　名：理想青年
作　　者：朱光潜
编　　者：刘　广　王潇琳
出　　版：上海世纪出版集团　上海文艺出版社
地　　址：上海绍兴路7号　200020
发　　行：上海文艺出版社发行中心发行
　　　　　上海市绍兴路50号　200020　www.ewen.co
印　　刷：上海天地海设计印刷有限公司
开　　本：890×1240　1/32
印　　张：10.375
插　　页：2
字　　数：228,000
印　　次：2019年9月第1版　2019年9月第1次印刷
Ｉ Ｓ Ｂ Ｎ：978-7-5321-7049-4/G.0221
定　　价：49.00元
告 读 者：如发现本书有质量问题请与印刷厂质量科联系　T:13817973165